不義密通と近世の性民俗

森山豊明

まえがき

今、男女の性愛は大きく揺らいでいる。かつて「私通」「姦通」「密通」とも呼ばれ、法的社会的に指弾されてきた婚前交渉（最近では、交渉自体が結婚を前提としたものでさえなくなりつつある）や婚外交渉（不倫）は、公の社会で以前ほど逸脱視されることなく、両当事者と家族、配偶者だけの問題として処理されるようになっている。その背景には、セックスを情緒的安定や親密性の確認もしくは快楽のための人間的な営みとしてみるという、性的人間主義モラルの浸透があるのだろう。また、上野千鶴子が主張した「したいときにしたい相手とセックスする自由を、したくない時にしたくない相手とセックスしない自由を、そしてどちらの自由を行使してもどんなサンクションも受けない権利を」という「性の自己決定権」が叫ばれて久しい（上野 一九九八）。しかし、現在、性愛における男女の平等（単に快楽の平等を意味しない）が実現しているのかと問えば、毎日のように新聞紙上を賑わす、強姦（殺人も含む）、強制わいせつ、ストーカー行為、セクシュアルハラスメント、DVなどの言葉を掲げるだけで、依然として、男性本位の極端な非対称の関係にあることがわかる。

混沌とした現代の男女の性愛―なぜ、人は人を愛するのか。性と愛とは。セックスとは。夫婦とは。男女のあり方とは……。これらについてそれぞれ自分なりの解答を出すにはあまりにも課題が大きく、とうていその一つにさえ辿り着く能力がないことを百も承知で、あえて、「その人を恋し結ばれる『自由』が一切禁じられ、それを犯した場合、自らの死でその罪を裁かれた」近世社会の男女の密通（特に人妻）を題材にして、少しでもその解答を導くための手がかりらしきものを得たいと考える。なぜなら、現在のようなあまりに奔放な、性愛における「自由」を取り外してみることで、前記の課題をより鮮明に逆照射できるように思うからである。

すでに、近世の「不義密通・妻敵討」に関しては、数多くの先学の研究がある（特に、氏家幹人は一連の著書で、数多くの妻敵討や密通の事例を紹介しており、本書も引用史料をはじめとして、その成果に依拠している）。本書では、第一部で不義密通を中心とした性犯罪の具体的な事例をとりあげ、法制面や人びとの意識にも触れながら、性犯罪が実際にどのように裁かれたか（解決されたか）を検証し、さらに第二部では性に関する民俗や思想にも触れ性がどのように営まれ、思想や信仰面でどのように人びとの意識の中でとらえられていたかを具体的に探り、近世の性をめぐる全体像に迫ろうと考えた。そしてその過程で、法や権力と、よばいや初夜権、乱婚などの民俗世界との関係や、公的処罰と私刑（妻敵討）の関係を実証的に究明しようとした。また、近世の事象にだけ特定化せずに、それ以前と以後の、中世と近代との関係をできるだけ探り、その歴史的変遷を跡づけるようにした。

「生が性」であるとすれば、性を避けて人間は語れず、性を考えることはとりもなおさず「人間とは何か」を考えることである。はたしてどこまで筆者の意図が達成されたかは、本書をお読みいただくしかないが、仮にそれが、不義密通（婚姻関係以外の全ての性的関係）の羅列に終わっていたとしても、近世に生きた男女の真剣な愛の説話をお読みいただいただけで目的は十分達せられたと思う。

なお、成稿にあたっては以下のごとく統一を図った。

＊本文中に掲げる研究者名には敬称を一切省略することとした。

＊カタカナ、ひらがなの表記および仮名遣いは、全て原文のままとした。また、訓点を施し、濁点を補い、適

宜、句読点を加えた。
＊読みが難解な漢字には、ふりがなを施した。
＊漢字は、一部の固有名詞を除き、新字体とした。
＊史料は必要に応じて、意訳、現代語訳にした場合もある。
＊同一史料による事例の紹介は、その都度その旨を明記し、該当史料（原典）に即して筆者なりに解釈・整理をした。

目次

まえがき

第一部　不義密通の世界 …… 1

はじめに——密通・妻敵討研究の足跡から——　3

第一章　公刑と密通仕置 …… 5

第一節　数字で見る不義密通　5

第二節　密通仕置　9

第三節　公　刑　16

第四節　傷害・殺人　29

第五節　内済となる場合　47

第二章　妻敵討 …… 59

第一節　妻敵討　59

第二節　中世の密懐　61

第三節　密懐法の展開　65
第四節　妻敵討その実際　72
第五節　妻敵討の評価　97
第三章　相対死・強姦・老いらくの恋……101
第一節　妻の操守義務　101
第二節　密通未遂　107
第三節　密通の後で　110
第四節　出　奔　114
第五節　相対死　120
第六節　強　姦　125
第七節　幼女姦　135
第八節　近親相姦　141
第四章　さまざまな性の世界……153
第一節　淫婦伝　153
第二節　後家の性　155
第三節　老いらくの恋　159
第四節　艶　書　165

第五章　性の自由化へ……169
第一節　公認された密通　169
第二節　自由恋愛・自由結婚　172
第三節　密通の原因　177

第二部　近世の性民俗と思想——185

第六章　よばい・初夜権・乱婚……187
第一節　青い眼で見た日本の性　187
第二節　若者組と娘　190
第三節　よばい　201
第四節　私生児　205
第五節　初夜権　211
第六節　乱婚遺風　216
第七節　幕藩法と性民俗　221
第八節　私　刑　224
第九節　上方と江戸　228
第十節　性の珍談いろいろ　230

第七章　性愛と性器信仰……243
第一節　性愛論　243
第二節　増穂残口　257
第三節　安藤昌益　258
第四節　稲荷詣　260
第五節　性器崇拝　262
第六節　真言立川流　276
第七節　不二道　280
第八章　近代的恋愛のゆくえ……285
引用参考史料・文献一覧　295
あとがき　313

第一部　不義密通の世界

はじめに——密通・妻敵討研究の足跡から——

はじめに、密通・妻敵討に関する研究史を概観し、本書の位置づけを明らかにしておきたい。

まず、石川良助は、幕藩法の編纂で得た広範な知見をもとに、幕府関係の史料に基づき、数多くの密通の事例を紹介する一方、多くの一般向けの著述を行った。

それをうけて平松義郎は、初めて刑罰および訴訟手続などを総括的に取り上げ、その後の研究の基礎を築き、妻敵討を私的刑罰権の一つとみなした。

その後、幕府関係の史料を活用し、密通を内済と家・婚姻との関係から論じた山中永之佑、同様に幕府関係の史料を駆使し、密通処理を夫の私的制裁権と公刑罰権との対立の図式でとらえ、『御定書』の密通規定の形成過程や密通の具体的事例を詳細に論じ、妻敵討への評価を実証的な立場から行った山中至の研究がある。二人の共通点は、密通をさまざまな視点からとらえ直した点にある。

次に、加賀藩の密通規定を含む法制を明らかにした服藤弘司、熊本藩の刑政の展開を追究した鎌田浩、同藩の『刑法草書』の形成道程を丹念に追った高塩博の研究が発表されたが、とりわけ岡山藩の史料から密通（妻敵討を含む）事例を抽出し、武士と庶民に大別し、さらに年代順の一覧表にしてその変化を読みとるという画期的な研究方法を確立した女鹿淳子の研究が発表された。

四名の研究に共通しているのは、一つの藩を対象にして、密通を含めた刑法の形成過程や密通の事例（妻敵討を含む）紹介というより個別的な研究に深化した点にある。

また、この時期と前後するが、密通の対象を鎌倉時代に求めた辻垣晃一、公家社会に求めた辻本裕成の研究が発表され、従来の研究対象や内容にとらわれない新しい動きがみられた。

さらに、本夫の密夫・密婦に対する殺害権の特異性に着目し、妻敵討の権利の内容とその変化を明らかにした高柳真三の研究は、それまでの密通の事例紹介には見られない、法理学的な視点から行われたものであった。

次の段階では、氏家幹人が初めて妻敵討の具体的事例を全国の諸藩から広く収集・整理し、一般読者向きに発表した。超人的な調査や豊富な事例の紹介、それらを論理的に合一させて展開する手法は、それまでの歴史観を大きく覆えす魅力に富み、多くの読者を獲得した。

その後、岡山藩で見られた密通と妻敵討を女鹿淳子と同様の方法で分析し、妻敵討を名誉の視点からとらえた谷口眞子の研究が発表され、また、最近では丹野顯や永野義男が、それぞれ一般向に密通に関する諸相を明らかにしている。

本書は、以上の研究史を踏まえ、諸先学の研究成果を参考にしながら、密通と妻敵討の事例を幕府、諸藩（全国）からできるだけ広範に収集したうえで、その実像に迫り、また、当時の性民俗や思想を明らかにし、法や権力と民俗・思想との関係を究明しようとした。

第一章　公刑と密通仕置

第一節　数字で見る不義密通

江戸時代の全ての密通関係の史料を手元に集め、それを分析することは不可能である。時代、地域による史料のバラツキがあるのはもちろん、犯罪の特異性として史料として残されていないケースが大半であろう。試みに、現在までにカード化した密通事件を次頁のような表にしてみた。主な引用史料は、諸先学の研究によったが、特に広範囲にわたって妻敵討や不義密通の事例を収集、紹介した氏家幹人の著書を参考とした。

表は、当時の厳格な身分制社会であったことを念頭に武士身分と、庶民身分に分類した。表作成上の分類基準は以下の通りである。

①「公刑」は、本夫側や周囲の訴えなどから、公権力により裁かれたケースを指し、私刑の反対概念であるが、行論上、同じ公刑に属す傷害殺人や、強姦、幼女姦、密婦殺害・不明誤認・未遂・出奔などとは別に分類した。また、熊本藩のように、公娼以外の私娼との関係も密通とされ処罰された例もあるが、遊女との関係は、相対死を除き、原則的に省き、男色や女犯は全て割愛した。

②「密通→出奔→相対死」のようなケースは「相対死」、「密通→傷害・殺害→公刑」や「強姦→公刑」は「傷

数字で見る不義密通

武士の場合

	17C	18C	19C	不　明	計
公　刑	5	22	8	8	43
傷害殺人	4	9	16	2	31
内　済	1	2	0	5	8
妻敵討	12	35	12	7	66
密婦殺害	1	2	1	1	5
不明誤認	9	6	2	2	19
情けない	0	1	3	2	6
未　遂	2	1	4	1	8
出　奔	0	14	1	4	19
相対死	0	5	3	0	8
強　姦	2	5	5	1	13
幼女姦	0	0	0	0	0
近親相姦	4	2	2	2	10
後　家	0	1	0	0	1
高　齢	1	2	1	2	6
艶　書	1	3	1	0	5
悪　用	1	2	3	0	6
計	43	112	62	37	254

相対死の死者数は、最近では、元禄 15 年（1702）～宝永元年（1704）の 3 年間だけで、約 900 人にものぼったとされている（史料 160）。

庶民の場合

	17C	18C	19C	不　明	計
公　刑	36	29	26	5	96
傷害殺人	24	37	41	5	107
内　済	3	3	6	3	15
妻敵討	12	15	8	4	39
密婦殺害	2	2	5	1	10
不明誤認	7	6	2	5	20
貰　請	2	4	2	0	8
未　遂	2	4	1	1	8
出　奔	8	11	9	1	29
相対死	1	39	15	2	57
強　姦	4	14	13	4	35
幼女姦	1	4	6	2	13
近親相姦	10	1	10	8	29
後　家	0	8	9	1	18
高　齢	0	1	0	1	2
艶　書	3	2	0	0	5
悪　用	0	1	1	0	2
計	115	181	154	43	493

本表作成にあたっては、巻末の引用史料一覧に＊印を付したもの、および「絶蹟索引」、「播州籠野藩儒家日記」、「旧憲類書抜書」、「江戸日記」、「徳丸本村名主（安井家）文書」第三巻、「談笈抜萃」、「江戸参府旅行日記」、「兎園小説余録」、「きゝのまにまに」、「心中大鏡」、「文化秘筆」等から引用した。

害・殺害」、「強姦」と分類し、一事例一項目に分配した。なお、遊女と旗本との相対死は、武士として扱った。表中の数字は件数を示している。

③表中の「不明・誤認」は、密通の証拠が不分明のまま傷害に及んだ、もしくは過って殺害したという意味である。

この表は、その限られた史料を収集し、整理上、分類したものであって、決して当時の実数を表したものではない。しかし、あえて無謀を承知でこの表から何らかの傾向をつかむことができるのではないだろうか。いくつか、特徴をあげてみよう。

(1) 全体の密通数では、表面上、圧倒的に庶民が多く、武士の倍以上になっている。江戸時代の総人口に占める武士と庶民との比率が大きな原因と思われるが、後でみるように武士の場合、藩によっては、密通で御家断絶とされる場合もあり、それが抑止力として大きく働いていたことが考えられる。また、密通を表面化させずに内々に妻を離縁するケースが多かったことや、内済で解決し表面化しなかったことも考えられる。しかし、後述するように、大名や旗本の妻や娘たちの密通は決して少なくはなかったのである。

(2) 内容別に見ると、庶民では、公刑、傷害・殺害、不明・誤認、出奔、強姦、近親相姦が多く、武士では妻敵討、公刑、傷害、殺害、出奔、不明・誤認殺害が多かった。①とも関連するが、武士の場合、失われた名誉と家名は、妻敵討で回復された。不明、誤認殺害もそれとの関連でとらえることができると思われる。逆に、庶民の妻敵討が武士に比べて少なかったのは、家の存続という目的がなかったばかりか（その多くは衡平感覚の回復にあった）、藩によって妻敵討そのものが容易に認められにくかったという事情もあった。

(3) 史料の残存状況から即断はできないが、時代別では、表面上、武士、庶民共に十八世紀が最も多かったが、十九世紀になると、武士は半減、庶民は漸減傾向を示している。十九世紀になると、ますます内済（扱）が行われていったことが予想される。

第二節　密通仕置

徳川幕府の刑罰の目的は、一般人への威嚇（見懲り）や犯罪者の排除や、被害者の復讐心を満足させることにあり、犯罪を悪なるが故に罰するという応報観念は元来、稀薄であった（平松 一九八八）。また、『御定書百箇条』の制定をもって、それ以前の一般予防主義から特別予防主義へ、威嚇厳罰主義から緩刑教育主義への傾斜が見られたが（石井良助 一九四八）、密通仕置は、「徳川氏ノ制、犯姦ノ罪ハ、前代に比スルニ頗ル厳ヲ加ヘ」（史料46）と記されているように厳罰主義的規定を有するようになったとされる。

『御定書百箇条』では（以下、『御定書』）、周知の通り、密夫密婦（有夫女）は共に死罪と規定され、その判例は嘉永六年（一八五三）まで見られ、『御定書』の規定は幕末まで実効力を持っていた。では、死罪の規定はいつ頃まで遡れるのだろうか。宝永年間（一七〇四〜一七一〇）頃に編纂されたと思われる『元禄御法式』によると、主人の妻や娘、親族関係にある女性と密通した場合は死罪が原則であったが、そのような関係のない一般の女房との密通は、密通を申掛けた場合しか載っていないので不明である。しかし、谷口眞子の指摘にあるように、『御定書』で「密通いたし候妻　死罪」「密通之男　死罪」の規定に「従二前々之例一」とあることなどから考え、密通に対する死罪は決して目新しいものではなかったと思われる（谷口 二〇〇五）。

『御定書』では、人妻との密通は死罪、強姦も死罪であるのに対して、未婚女性であれば所払いで済み、誘引しても手鎖、主人の娘の場合でも中追放、強姦も重追放であった（当然、密夫の方が重く罰せられた）。また、相手が主人の妻の場合、両者の合意があったにも関わらず、密夫は引廻のうえ、獄門であるのに対し密婦は死罪（密夫の方が重く罰せられた）、主人の妻へ密通の手引をした者が死罪となっており、「相手の女性が未婚か既婚か、主人の妻か否かが問題であった」ことが分かる。つまり、主人の妻－人妻－未婚女性（後家も含む）の順で、刑罰が軽くなっており、人妻の密通が封建秩序の維持にとってゆるがせにできないものであったことが推測される。それは幕府が文久二年（一八六二）に制定した「赦律」の「密通又ハ強淫いたし候もの之事」で「人之女房と乍レ弁密会之儀申合、又ハ強淫可レ致と仕成、或ハ夫江手向いたし候類、赦免難レ成事」（史料100）と人妻との密通は恩赦の適用外とされていたことからも分かるが、さらに主人の妻という身分の上下関係が量刑に加算されていたことにも注意しよう。

寛刑の「明律」系の法典を整備した諸藩でさえ、密婦が主人の妻の場合、新発田藩では妻は「杖百御領分払」であるのに対し男は「杖百永代御領分払」、紀州藩では妻が「二十里外追放」であるのに対し男は「死罪」と、やはり密夫が密婦に比べ重罪に処されていた（史料115）。

このように見てくると、密通仕置には、夫婦を主従関係とし、妻を夫

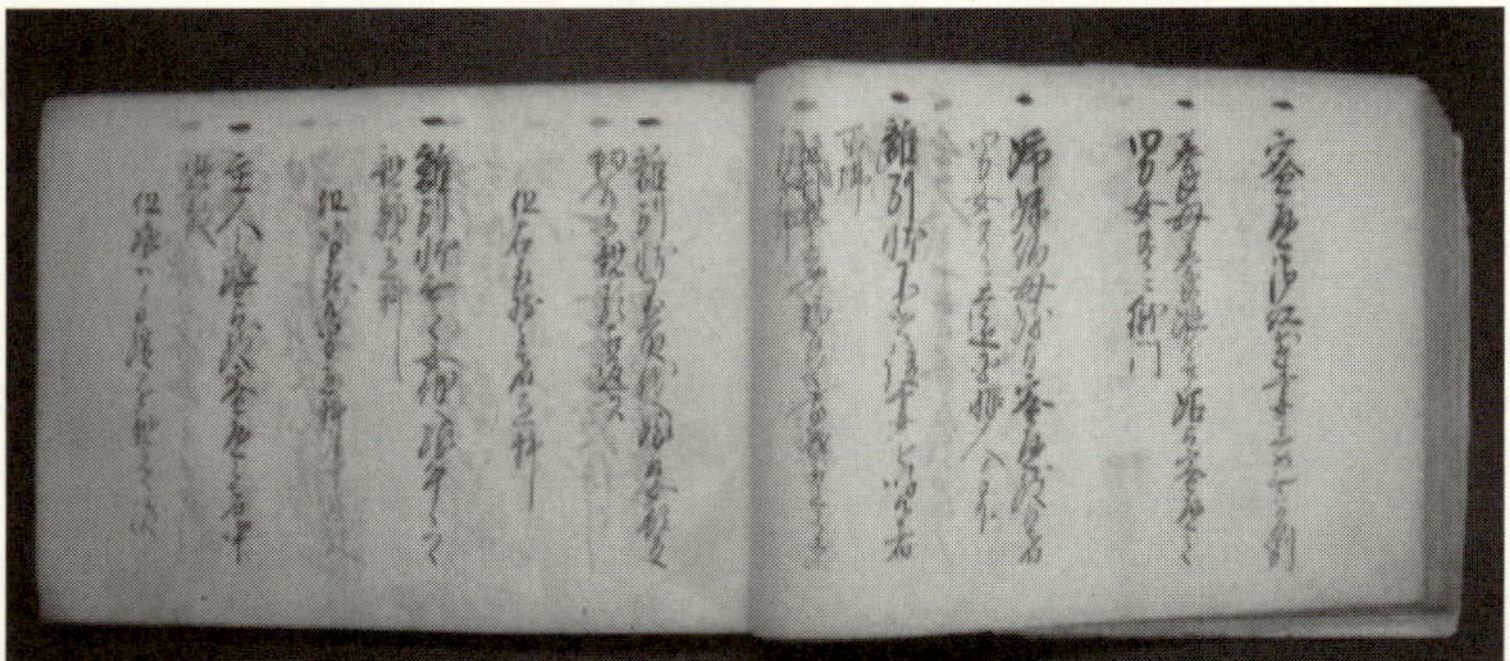

『御定書百箇条』

の従属物とみなし家父長制的家を存続させようとする意志と、封建制的身分制度を維持しようとする公権力の意志の二つが盛り込まれていたと言える。

山中至の指摘にもあるとおり、近世後期に心中が増加したのも、密通すれば死罪になることが広く了解されたからであり、この死罪規定は、裁判役所への密通事件の訴出を逆にいっそう稀少となし、密通犯はますます私的内済で処理される傾向が増大していったのである（山中 一九八二）。

しかし、こうした風潮に批判を加える者もいた。

なんぞかくし男する女、浮世にあまたあれども、男も名の

「公事方御定書」に見る密通仕置の男女の罪状（※は上下関係にある密通）

内　　容	女	男
人妻と密通	△（死罪）	△（死罪）
人妻が実夫殺し	×（引廻之上、磔）	○（獄門、教唆、幇助）
主人の妻と密通　※	○（死罪）	×（引廻之上、獄門）
養母様娘娵と相姦	△（獄門）	△（獄門）
姉妹伯母姪と相姦	△（遠国非人手下）	△（遠国非人手下）
艶書（密通未遂）	△（中追放）	△（中追放）
主人の娘と密通　※	○（手鎖、親元へ）	×（中追放）
娘と密通、誘引	○（親元へ）	×（手鎖）
下女下男の密通	△（主人へ）	△（主人へ）
他の家来、町人、下女と密通（忍び入る）	○（主人の心次第）	×（江戸払い）
計①　△男女同罪を除く	7	13
計②　主従関係を除く	5	7

男女同罪の場合は△　2点　　異性に比べ重い場合は×　3点
異性に比べ軽い場合は○　1点

仙台藩では、侍の妻（主人の妻）を殺し自分も自害した家内の者の処分について、侍の妻の死体は「無御構」、家内の者の死体は「獄門」に懸けられた。本文でも触れたとおり、密通仕置は、男女の身分の上下関係が先ず優先され重く罰せられたのである。

立つ事を悲しみ、沙汰なしに里へ帰し、あるいは見付けて、さもしくも金銭の欲にふけて曖《あつか》ひにして済まし、手ぬるく命を助くるがゆゑに、この事の止みがたし（井原西鶴『好色五人女』）。

実夫は空気ものになりて恥辱を十分に被り、密夫は怜悧なる奴となりて仕廻《しま》ふ故、密夫たる者の過ちを知らず、却って誉れ人の様になり行くなり。これ奉行役人また領主地頭の取扱ひの宜しからざる故なり。よくよく心を用いて、当座の戯れごと空言などと、軽き事に思ひなさず、右体国家において大切の事、殊に軽き者たりとも一家の身上に拘わることなれば、その程を思ひ遣《や》り、たとひ明白の裁判をなさずとも、実夫の身晴れの出来るよう心の済むやうに致し遣はし、密夫は獄屋に入りてよくよく懲らしめ、いかにも悪人に極め、世の交りも出来ぬる程に致したきものなり（史料74）。

『御定書』制定以降、前述のように大半の藩では幕府法か、藩の判例で刑を科し独自の法を制定しなかった場合が圧倒的に多かったとされている（伊東 一九六二）。さらに藩法を制定した諸藩の中でも、厳刑の『御定書』系に属するものは、越前藩の『御仕置定書』、鳥取藩の『御国御法度』、南部藩の『文化律』などで、寛刑の「明律」系に属するものは、新発田藩の『新律』、紀伊藩の『国律』、熊本藩の『刑法草書』、津軽藩の『寛政律』、佐賀藩の『条例記』などである（井上和夫 一九六五、藤井 一九八七）。いずれにしても、妻敵討はどの藩でも公認されたが、以下、諸藩の人妻の密通仕置について見てみよう。

［事例1］

紀州藩では、密通男女が本夫を殺したことが判明すれば、二人をその村（町）方で馬に乗せ引廻したうえで磔にし、密夫が家主であれば田地を取上げ、家屋敷家財はその妻子に下す。また、本夫も、普段から油断し家の取締を怠っていたのでこのようなことが起こったので追放に処し、田地家財は妻子に与える。夫が殺されなかったような場合、追放、田地闕所とし、密婦は坊主にして追放された（史料46）。

［事例2］

金沢藩では、例外的な仕置として、寛文五年（一六六五）に生つり胴が行われた（普通は斬罪）。生つり胴とは、罪人の両手を後ろに縛りその縄で体を宙に吊るし、胴を切って胴体が転倒するところを返す刀で首を刎ねるという壮絶なものであった（史料25）。

［事例3］

会津藩では、人妻と密通した場合、密通男女を市中に晒したうえ、男は男根を切り、女は鼻を削ぎ、後家や人の娘を犯した場合、密夫の額に火印を施すことなっていた（清水 二〇〇四、森永 一九六二）。

この女性の鼻削ぎ耳削ぎ刑に注目した清水克之は、それらの刑は本来、処刑されるべき者に対する宥免措置で、当時、女性の殺害を忌避する観念があったとし、会津藩や岡山藩では遅くまで耳鼻削ぎ刑が行われ、耳鼻のない者は「会津者」とも呼ばれていたとを指摘した（清水 二〇〇四）。余談になるが、十八世紀の末までは、幕府の刑法で関所破りなど大罪を犯しても、女性は従犯とされ男性よりも軽く罰せられ（長野ひろ子 一九八二）、夫や親の申付けで悪事を働いても女性は従犯、中立てでも男性は代人が許されないが、女性なら差添人を立てることができ、また、口書（予審調書）も男性がいかなることがあっても変更できなかったが、女性は「逆上した」と言えば変更もでき、将軍のおなりであっても、女性は座敷に座って行列を拝見できたという（三田村 一九九六）。

一見、女性の人権を擁護しているかのように見えるが、その根底には、「女性は社会的責任能力を持てない者」という強い差別観が横たわっていたことを忘れてはならないだろう（関 一九九六）。こうした女性に対する見方は、

「女之儀ニて弁無レ之しとは申ながら」「女之儀に付」「女之儀とハ乍レ申」という『御仕置例類集』に頻出する法的慣用句からも窺い知ることができる。

岡山藩では、嫁入り後も以前の情人と密会し、藩の定めに従い新夫が自ら処刑しなければならなかった。もしもその成敗が失敗した場合は夫の御家が断絶されたという。以下の光景はその検視に立ち会った人物の話である。（以下、事例の多くは冒頭に◎印を付した）

［事例４］

◎　姦婦は嫁入りの時の白無垢姿。座敷の畳を裏返した上に悄然と座り首を垂れている。嫁の里から父と兄が立会として来て、検使の側に座ると娘は父に不孝を詫び兄にも詫び夫にも謝罪して観念の目を閉じれば、白袴白鉢巻きをして一刀を携えた新夫は新婦の後ろに回り、「やっ」という声と共に閃く刃の元に首は前に落ちた。この光景に兄は「お見事」と声をかけ、首は検使の前に供え、死骸を首と共に菰に包みその上をケットに包んで駕籠に入れ父と兄が付き添って家に帰って行ったという（史料25）。

藩がお膳立てした妻敵討とでも言うべきか。新婦の父や兄が立会として登場するのも、武士社会の非情さを垣間見る思いがする。

密通の証拠の中でも本人の白状が最も重要視されたことは前に述べた。その白状を導くためにさまざまな拷問を女囚に加えることもあったが、なかなか困難な場合もよくあった。

◎　ある女囚が密夫と相談し本夫を殺害した。密夫はすでに白状したが、女は白状せず、拷問にかけ縛り一打ちすると直ちに気絶。仕方がないので日を延ばし、また、打つと前回同様直ぐに気絶。これが再三に及び吟味が捗《はかど》らないと判断し、次に石を抱かせたところ、苦痛をにじませ漸く白状した。牢内に探りを入れると、女は打たれると直ぐ絶息する工夫を覚え、そのうち出火でもあれば切放され命が助かることもあるだろうと楽しみにしていたが、石を抱かされては気絶するわけにはいかず残念ながら白状したという。また、ある女を一打ちたたかせたところ、忽ち後ろに倒れ両足を広げて陰部をはばかりもなく現し、明らかにその失態で役人を困らせようとの企みだったので、石抱きにしたところ、耐え難く即座に白状した。また、よく大小便をして一時の責め苦から逃れようとする者も多く、吊しにかけた時、注意しなければ小便をかけられることもよくあったという（原 一九八二）。

明律系の藩法を制定した諸藩では、密通に対し死罪に代えて笞刑を科す場合が多かった。人妻の場合、新発田藩では二人共「杖百三組払」、弘前藩では二人共「笞三十」、紀州藩では二人共「三十里外追放」、熊本藩では二人共「笞五十」（有夫の場合は一等を加える）、仙台藩では「獄門→切捨→島之奴」などとされ、密通に対しこうした寛刑で臨もうとしていたこと自体、密通そのものを重大犯罪と考えない為政者の意志がうかがわれる。さらに、氏家幹人が紹介しているように、それまで厳刑で臨んでいた熊本藩は、宝暦四年（一七五四）の『刑法草書《けいほうくさがき》』制定以後、笞刑に切り換えていたが（鎌田 一九七七）、次のような記録がある。

刑のみ厳にして不行。隣国の熊本にては、堀平太左衛門以来、姦婦の刑を引き下げて笞刑とせり。法を犯す者あれば、男女共に裸にし、下帯のみにて之を笞つ。但、女子は大抵下帯なき由を申立て、襦袢のまゝにて笞を受くる法なり。法は遙かに寛なれども却って死罪の法を立ておく国々よりも、姦婦少なしといふ（史料97）。

厳刑よりも寛刑の法が密通が少ないというのは実に示唆深い記述ではないか。

また、朱佩章が澤見久太夫を介して徳川吉宗の質問に答えた問答をまとめた（氏家幹人が紹介した）『仕置方問答書』によれば、「清朝では、姦夫姦婦共に板で三十打ち、袴を脱がせることもある。あるいは、男は打ち、女は打たず男女一所に長い首枷に入れ晒すこともある。また、首枷に入れないで、本夫の願いに免じて、女を元のように帰す場合もある」と。吉宗の「なぜ女は刑が軽いのか」との質問に対し、「惣而《そうじて》女ノ刑ハ男に比候而ハ殊軽く行ひ候法ニ候」と答えている。

日本より男尊女卑の風潮の激しかった中国では、女は一人前ではなくその責任能力を認められていなかったのである。十八世紀末、乾隆年間の則例によると、普通の姦通の場合、密夫の妻を本夫に与え、五罰九の罰畜を払わせ、密婦は本夫に引き渡し殺させたこともあったと言われている（仁井田　一九九一）。

第三節　公　刑

不義密通とは、近世では「婚姻関係以外の全ての性的関係」を指す言葉であった。既婚者はもちろん、未婚男女の恋愛すら、処罰の対象であった。周知の通り、平安末期から始まる武家の嫁入り婚や、家父長権の確立の過程で、女性は父や夫の強い支配下に置かれ、近世に至って「武家も町家も不義は御法度」（史料19）と、家父長制的家の存続、血統の維持から、妻の婚外交渉や娘の自由恋愛は法的にも社会的にも禁圧されていた。

それに対し「男なき女の、一生に一人の男を不義とは申されまじ」（『西鶴諸国ばなし』）、「男は定まったる女房の外に妾あしかけを置きならべ、其の上に遊女狂ひして心のまゝにたのしまるゝに、女は一生そふ男の器量ふきりやうのゑらみなく親のさづけし男一人を一生まもり、異男とたはぶれいう事もならぬ様に片手打なる掟」（『咲分五人娘』）とあるように、近世社会では、明らかに男女の性規範のダブルスタンダード（二重基準）

がまかり通っていた。しかし、後述するように、当時の女性たちは、そうした不自由な時代にありながら、自由奔放な恋愛を数多くしていたのである。

庶民（百姓・町人）、武士共に、その妻、娘の密通の相手は圧倒的に同身分の者が多く、当時の厳格な身分制社会がここにも姿を現している。後述するように、庶民の場合には、大半が主人の妻や娘（男性の場合は召使、手代、職人の弟子）、兄嫁や姪、下女などで、武士の妻・娘の場合は、同じ武士以外に、自家の下僕・中間・草履取りなどが多かった。彼女たちの行動範囲（当時は、夜行はもちろん、日中の一人歩きは家名に関わるものとして禁じられていた）を考えると納得できよう。いずれにしても、同居しているか、かなり頻繁に出入りしている者どうしの間に密通が起きている。まずは庶民の事例から見ていこう。

庶民の場合

他国に男と逃げた妻を下女として貰い受けた夫の話である。

◎寛文二（一六六二）年四月、熊本益城御船町五兵衛は人の女房に執心し他国に連れ出したが夫が追いかけ取り戻した。夫が言うには、「女房も従者なので、誅伐を命ぜられれば身上がつぶれてしまう。妻を下女なりとも私に下されば召仕にします」というので夫に下されたという（高塩 一九九二）。

次は、複数の男と密通した娘の話。

◎貞享元年（一六八四）一月、熊本、生所川尻のかめは、いたずら者で親から追い出され、方々で「鉢を開き」、御家中長屋に宿泊。途中でも「不行儀仕」、刎首となった（同前）。

さらに、本夫に密婦が追いかけられるのを、止めなかった密夫の話。

◎明和九年（一七七二）、摂州川辺郡小戸村儀兵衛は、女房とよと佐兵衛が密通しているのではないかと疑い、かれこれ申し争いしているうちに、とよが逃げ出したのを儀兵衛が刃物を持って追いかけ廻した。その後の取り調べで密夫の「佐兵衛はとよが髪を切られないように取り鎮めるべきところ、臆して逃げ帰ってしまったので」、急度叱りとなった（史料18）。

夫からの音信が不通となった妻が他の男と密通した場合はどうなるのだろう。

◎夫勇吉は生国が江州で、老父、病身の兄がおり介抱が行き届かなかったので、今回、「伊勢参宮から江州へ立ち寄るつもりだが、とても無事に帰ってこれないだろうから、その時は離別を心得、自由にして良い」と女房に申し残して出立した。その後、養娘が亡くなり深く悲しんでいるところを利兵衛店の重五郎が何かと助けてくれ勇吉からはその後も便りもなかったのでもう帰ってくることはないと判断し、重五郎と密通し出奔した。さらに両者の合意のうえで、遊女奉公に出た。その後、突然、勇吉から奉行所に訴えがあり、たとえ、勇吉の申置きがあったとしても、「便り可二相待一處、無二其儀一、重追放」となった。寛政十二年（一八〇〇）のことである（史料18）。

当時は、夫が音信不通となって十ヶ月（後に十二ヶ月）で、初めて妻は自由の身となれたのである。

◎密通にことのほか厳刑で臨んでいた会津藩で、享保十九年（一七三四）三月十二日に次のような事件が起きた。御蔵入小出村の勘右衛門は水呑同然で、郷頭五十嵐伊八郎の所に数年来出入りし耕作の手伝いをしていたが、伊八郎の娘みよは、一旦、縁づき出産後、病気になり夫から暇状を出され実家に帰っていた。去年四月中から、人目を忍んで勘右衛門と密会し、夫婦の約束をするほどまでになったので媒人をもって妻に貰いたいと申し入れたところ、伊八郎は、「田地もなく日雇い同様の者に娘を嫁がせるつもりはない」

と思ったが、言葉にせず、「嫁ぎ先から分限送り手道具なども返されていないのでその埒が明けるまでは待って欲しい」と言うと、勘右衛門はことのほか立腹し、みよを刺殺しても鬱憤を晴らすと思い詰め、そのうち伊八郎の屋敷に放火するかもしれないという風説も立ったので、伊八郎は、勘右衛門を兄辰右衛門と姉婿喜右衛門に身柄を預け、さらに五人組番に申しつけ威嚇のために夜中、売（空）鉄砲を放ち、「勘右衛門が無断で屋敷に来たら、打捨てるよう」、村中に触れ厳しく用心を申し渡した。すると、伊八郎を憎んでいた者どもが勧めたものであろうか、勘右衛門を預かっていた辰右衛門と喜右衛門が、「耕作の時節に小百姓の身分で勘右衛門を預かっては田地は荒れ年貢の差支えとなる」旨を公事所に直訴した。公事所での取り調べで、二人とも密通を白状し、勘右衛門、みよ共に一旦、刎首の刑となった。加判之者（家老、奉行で構成される）はこの原案を江戸に伺いを立てると、「二人の密通のことは離別以後のことで本夫がある女と密通したのとは違う。何とか二人を許し命を救えないものか。公事奉行にもよく相談するように」との下命があったが、加判之者は「古来より密通は磔あるいは誅伐梟首を仰せつけられ死刑は免れない」と意見は変わらなかった。そこで、家老西郷頼母が、幕閣の豊前守に伺ったところ、「暇状を出した後のことなので不埒の仕置で十分である。二人とも死刑に処するとなると御蔵入（幕府直轄地）の者なので公儀御勘定所の伺いが必要となる。同地は保科正之、正保肥後守の代から私領同然の扱いであり、死刑に相当しないときは両人とも他邦に追放することになっているが、女を追払った例がなく（略）」と最終的に、勘右衛門、伊八郎は他邦追放、みよは婢とされた（史料1）。

密通を犯した妻の助命嘆願を夫が出したらどうなるのだろう。

◎享保二十年（一七三五）四月七日、湯島三組町家主仁兵衛の元召仕清助は、一昨年夏より、主人仁兵衛女

房きよと度々密通を繰り返していた。きよは、思い切って「あなたと別れ清助と夫婦になりたいので何とか暇をくれないか」と言うと、「私は入婿だから暇はあげれない」と拒否された。きよは、清助に「私が欠落するから、先に暇を取って」と示し合わせ、湯島三丁目横町平八方まで来るようにと相談し、清助は昨年八月一日に暇を取り、きよも同四日家出し平八方で二人は出会った。ところが、「他にもっと良い方法もあるだろうからとここは一旦、帰宅した方がいいかもしれない」と清助に言われ、まっすぐ家にも帰りづらかったので、紺屋町の伯母方に行き、鎌倉尼寺に行きたいと告げると差し止められ、仕方なく家に帰ると、母からいろいろと聞かれ大いに叱られ思いとどまるように言われた。実は、母は元召使の久四郎を招き、二人の関係を聞き清助に意見して欲しいと頼み、そのことを清助に伝えた。一方、清助はきよが二人のことを母に話したと思い、また、請人の耳にも入ってしまった以上、「世上之沙汰ニ罷成《まかりなり》、最早《もはや》其分ニ難二差置一候」と思い詰め、仁兵衛方に行って、きよを貰いかけ、「くれなければきよを殺し自分も死ぬ」と暴行に及んだ。その後、夫の仁兵衛から妻の助命願（母、危篤につき）が出されたが、却下されている（史料77）。清助は引廻しのうえ、獄門、きよは死罪となった。

実はこうした本夫の密婦の助命願いは、八年前にも出されていたが、その時も「御免無レ之」であった。

妻が元売女であれば、密通罪は適用されるのか。

◎喜兵衛店伊兵衛は、去年七月から、改代町市右エ門の妻しゅんと密通していた。この二月十二日夜、しゅんは家出をし伊兵衛方にやってきたので、改代町袖右エ門を頼んで市右衛門に貰懸け、さらに麹町に店を借り夫婦同様の生活をしていた。伊兵衛は当然、死罪となるべきところ、しゅんが元売女であったことから、敲・所払となり、しゅんも元売女なので、新吉原町へ年期無限で取遣わされた。寛保三年（一七四三）

の出来事であった。

この事例から、元売女であれば、普通の密通の扱い（死罪）はされず一段低い扱いであったことが分かる（史料120）。この他、仲人なく男子と同棲した女は、人別帳に妻と肩書してあっても妻ではなく、姦通罪に問われなかった事例もあった（中田 一九七〇）。

すでに氏家幹人が紹介しているが、一人の下男を夫婦で共有していた事例が『仙台藩刑罰記』に収録されている。

◎柳町御そうめん師田中屋喜右衛門は妻を囲に入れていたことを五人組から訴えられた。調べによると、喜右衛門は、下人の権八を男色の相手とし妻を構ってやらなかったので妻が嫉妬し、「私にも権八を貸して頂戴」と強く迫られ、拒否すれば毒でももられるかもしれないと思い権八を妻に貸してやったが、「見苦敷《みぐるしき》仕方有レ之ニ付」、権八に暇を出したところ、ますます妻の態度が悪くなったので、親類共々相談し囲に入れたという。喜右衛門は「夫之身分ニ而不義をゆるし」たので、北上川北へ御追放、家財欠所となり、妻は「縦《たとい》夫ゆるし候とも不義可《つかまつるべき》レ仕事ニ無レ之候所、不届き至極《しごく》ニ付」網地へ遠島、持道具欠所、相手の権八は遠島となった。享保九年（一七二四）四月十八日のことであった。

当時、「亭主が伊勢参宮の留守に女房が密通すれば、身体が離れぬ」という俗信があったが、それが本当に起こった珍事件があった。

◎元禄十四年（一七〇一）三月のこと。江戸村松町の者が伊勢参宮の時、女房が隣の山伏と密通した。山伏宅に護符をもらいに行き戯れ交合し離れなくなってしまった。これにより、両人、日本橋で晒され、二・三日後ようやく離れたが、双方とも顔をつかみ裂き半死状態であったという（史料41）。

当時の川柳にもこの題材は好んで取り上げられている（以下、川柳については『川柳末摘花輪講』初篇〜四篇）。

ぬけぬぞと女房をおどし伊せへ立（明四儀10）
ぬっと入レまつぬいてみる伊せの留守（明四礼8）
ぬけないとおどされてせぬいせのるす（三27ウ）

さらに、旅の留守中については、

もっとしたかるはづだかと旅もどり（明八宮3）
旅のるすまあにして置く月足らず（三24オ）（月足らずで生まれたが、まあいいことにしよう）
陰ケ膳ンのやきもちをやくふてへやつ（三33ウ）（主人の旅の無事を祈り陰膳を。それを図太く食べる間男）

次に、少し心温まる事例を紹介してみよう。

◎武州熊谷の百姓、母と妻の三人暮らしをしていたが、田地を質入れし借金も膨らんできたので、江戸に出稼ぎをし金子を貯め、質地を取り返そうと、妻に「艱難をしのび母の面倒をよく見ておいてくれ」と出立した。その夜、老夫婦に十二・三歳の一人娘がいる百姓家に泊まったが、その娘が特に賢く夜具や食事の世話を細々としてくれたので、哀憐を覚え、朝、出立する際に銭二百文を紙に包み、辞退する老夫婦に「この娘が必要とするものを何か買ってあげてください」と言いようやく受け取ってもらった。江戸に着いた男は、新吉原の妓館丁字屋で働き始めたが、律儀一遍でしっかり者だったので主人の信頼を得、米つきから、台所の賄い、茶屋の責任者と勤め上げ、気がつくともう六年の歳月が経ち百七十両もの蓄えになっていた。「これだけあれば、借金も返せるだろう」と、中帰りの願いを出して意気揚々と帰郷の途についた。

ところが、板橋から怪しい男がつけ、どこまでも追ってくるので、酒屋に入って裏の背戸から外の道へ出てようやくまき、桶川の旅籠に泊まったが、門の戸を険しくたたく音がして、「今晩ここに泊まっている一人の旅の男がいる。それに用あり」というので、宿の主人も仕方なく門を開け中に入れてみると、あのつきまとっていた盗人だった。その顔を見るにつけても身の毛がよだつ心地がしたが、黙って見ていると盗人はそのまま竈の側で寝てしまったようだ。この旅籠に、二一・二歳くらいの女が一人いて、特に優しく接し、宵からの賄いでも心がこもっていたが、女はふっとこの男の側に来て、「あなたを何となく知っているような気がする」と話をしているうちに、六年前に銭二百文あげたあの娘であったことが分かり、二人は六年ぶりの再会を喜び合った。男は、「今日一日、盗人につきまとわれどうか助けて欲しい」と女に相談すると、女は「その金を私に預けてください。その証に私の櫛を差し上げます。その櫛を持ってくればお金を返します」と快く引き受けた。

村に帰った男は、たいそうな歓迎を受け、ようやく静かになってから、母と妻に事情を告げ、この櫛を神棚に収め、「明日、誰か親しい者に頼み受取にやろう」と言うと、二人共喜ぶこと限りなかった。

翌朝、早速、神棚から櫛を取り出そうとしたが櫛はなく、ありとあらゆる所を何度も調べたが結局出てこなかったので、「櫛がなくとも、自分が行って女と話をすれば金子を渡してくれるに違いない」と思い、知人二、三人と共に、その日の暮方に着き、早速、娘に「あのお金を渡してくれるように」言うと、「お金はあなた様のお使いと言ってもらいにきた男に渡しました。櫛も」と言って髪から取ってみせると、男はあまりのことに無言のまま、頭を深く垂れてしまった。女は「私をお疑いのようですが、お金を預かったことはこの家の主にも話をせずにいたのに、口惜しく恥ずかしく……。ただし、お心を鎮めてとくとお考えください。私の考え通りにやれば必ずお金を取り戻すことができます。村に帰り、このことで騒いだりしないで、久々に江戸から帰ってきたので村中の人びとをそば切りなどでもてなし、私はここに櫛と引換にお金を渡した人の顔はよく覚えていますから、その日が決まったら教えてください」

その日、祝いの半ば、女は秘かに勝手に来て障子の破れから座中の人びとを見させたところ、「上客の次に座っている人だ」と指さし、よく見れば名主の息子ではないか。男が、「さて、この席で申し出すのもどういうものか」とためらっていると、この女は、「この席を過ごしてしまえば、後にも糺す証拠はありません。あの人を捕らえて、事の由を言いなさい。あなたができなければ、私が出て行って申しましょう」と毅然と言ったので、この男も、ついに出て行き座中で事情を話し、名主の息子が犯人であると断言した。名主は「倅に盗人持ったと言われては一分立たず」と息子共々立腹した。そこで男は、「桶川の女をここに呼び寄せている」と息子と対面させ、息子に間違いないと証言させた。そこで、名主は、一旦、家に帰り調べてみると、「箪笥の底に金子があった」と男に返し詫びたが、その隙に、息子と男の妻の姿が見えなくなってしまった。村人たちは、男に、「あなたが留守にしている間に二人は懇ろにし（密通し）目に余ったが、今までお知らせしなかった」と謝罪。母も老い、介抱する人もなく、桶川の女は発明（利発）であるうえ、再宿の縁もあり年はかなり違ったが、妻に迎えればよいと人の勧めもあり二人は後に夫婦になったという（史料84）。

武士の場合

武士の密通の場合、庶民以上にその波紋は大きかった。

◎まずは、息子の留守中に密通、放火した母親の話。

元禄九年（一六九六）、岡山藩の神戸覚右ヱ門の母熊は、生来淫奔で、息子が江戸詰の留守中に、東中嶋町の岸本用意と密通していたが、娘婿宅に同居し、しかも娘婿の家は姉婿の家にも近く、もっと自由に密通できるようにと（自宅に戻れるようにと）所々に放火し、揚り屋で取調中、先年の神戸左ヱ門宅焼失の件も白状し火罪に処せられた。なお、その際に玉屋十左ヱ門との密通も明らかになった。密夫の岸本用意は獄中で病死してしまった。驚くのはその縁者への影響で、息子の覚右ヱ門は江戸から帰る途中、出奔。娘婿村上弥一兵衛は江戸で出奔。さらに弟弥五郎、熊の妹婿村上儀右衛門は共に追放に処された（史料6）。

◎次は、身分違いの恋の例。

尾張藩の内藤所右衛門の隣の屋敷に草履取の喜八という者がいた。所右衛門の娘がこれを見て惚れ艶書を遣わし、ついに喜八は塀を跳び越え娘と密通をし、今年の正月初め、二人は出奔した。喜八の伯母が西枇杷島の郷にいたが、子どもがなく喜八を養子とし女も一緒に暮らさせた。伯母は所右衛門の所に行き娘をぜひもらいたいと言うとその時は異議を表明しなかった。しかし、このことが露見し世間の評判も悪くなるにつれ、所右衛門は親類とも相談して娘を取り返そうと思ったが、どう思ったのか、自分の頭に相談すると、「お前は自分の娘一人を連れてくることができるのか、こちらより召捕れ」と国奉行の足軽たちがその庵に押し込み両名を捕らえ、その夜のうちに、二人共、牢屋の前で成敗された。二人共、まだ十九歳であった。翌十二日、所右衛門は改易（御馬廻、百五十石）、五ケ国御構（追放）の処分を受けた。元禄七年（一六九四）二月十一日のことであった（史料92）。

実は後述するように、当時、娘が密通を犯した場合、娘の父は娘を成敗しなければならなかったのである。

未婚男女の場合はどうだったか。

◎文化十四年（一八一七）十月三日、米沢藩御中之間年寄三左衛門の嫡子庄吉郎は、御使番桜井市兵衛の娘しゅうと不義を犯した。この結果、庄吉郎は、嫡子除、蟄居一カ年、しゅうは、断髪、蟄居一カ年、しゅうの母みよは、禁足五十日、密夫、密婦の父、原三左衛門と市兵衛は共に遠慮二十日の処分を受けた（史料87）。

面白いのは、同藩では、未婚の密婦に対し、断髪を命じるケースが圧倒的に多かったようである。妹の婿と密通した姉はどうなっただろうか。

◎天保十一年（一八四〇）七月、幕府小普請組山崎惣太郎は山崎家に急養子にいった際、娘が二人いた。姉は名をお志津といい器量も良く御奉公に出（二十四歳）、妹のおよしは盲人であったが、惣太郎が成人後、夫婦となっていた。一昨年、養母が大病につき、姉が看病のため宿下がりをした際、直ちに惣太郎と密通をした。母が死んでからも奉公に戻るつもりはなく、ぜひ、惣太郎と夫婦になりたいと親類一同相談のうえ、およしにそのことを話し、「私は盲人だから姉が言うこともやむを得ない」ことと納得し、ついに惣太郎は姉と祝言を挙げた。ところが、姉はしだいに妹を邪魔にし、一間に押し込め、食べ物その他一切与えず、二人で妹を非道に取り扱った。妹は無念に思いこの春からぶらぶら（気鬱症）を煩い、そのことだけを恨んでこの十三日に二十一歳で病死してしまったが、その最期に「ぜひ、七日までに迎えにくる」と惣太郎に言い放った。遺体は瓶に入れたが、その夜の丑三つ、瓶が動き、およしの霊はそのまま姉にとりつき、惣太郎に恨みの数々を罵り、「七日のうちに取り殺さないでおくべきか」と惣太郎の胸ぐらにしがみつくうちに、姉は気を失ってしまった。それからというもの、およしの霊は毎日のように惣太郎につきまとい、食事はさておき湯水を一口も飲ませず、同十九日、とうとう惣太郎は苦しみながら死んでしまったという（史料123）。

密通された本夫が刎首の太刀取をすることもあった。

◎天和三年（一六八三）三月、熊本藩御掃除坊主山田正斎は相組佐藤一斎の女房と「心有レ之」（相思相愛）であった。正斎は一斎の留守に忍び込んで一緒にいたところを一斎の親に見られ逃走した。女房は舅に見られ面目なく思ったのだろうか自害をし、正斎は捕まり刎首に処されたが、その時の太刀取は、本夫の一斎であった（高塩 一九九二）。

本人からの依頼か、藩の差配によるものかは明確ではないが、おそらく本人からのたっての依頼に藩が応えたものであろうか。後述するように、特に密夫の殺害は、武士社会にあって、本夫および一族の名誉と家の存続を賭けた現実問題であったのである。

また、密通の疑いによる悲劇も多かった。

◎会津藩物頭望月新兵衛（三百石）の妻は、昨年十一月十七日、元下男弾助が奥庭に忍び入り縁の下に隠れていたのを見つけ、「怪しい者がいる」と叫び立てたので、新兵衛の甥庄之助と足軽吉田菅右衛門が出合い、弾助に斬りつけたが、雪囲いに障り打ち漏らした。弾助は手傷を受け宿元に帰ってきたが人びとが不審に思い公事所に訴え出た。

公事所で弾助に数回詰縄をかけ拷問したところ、「新兵衛の妻と密通のうえ、艶書を取り交わし、先立っての時も妻の手引によるもので、今まで取り遣わした文は焼き捨ててしまったが、忍び入った時、塀の杭木に挟んでおいた」という供述だったので、早速検使を遣わし調べたが艶書の類は一紙も発見できなかった。盗賊の所行であれば夜更に忍び入るはずで、宵から奥庭に入ることは内通のものがいなければできない。さらに、「菅右衛門も妻と密通していた」と弾助が証言したので、菅右衛門を糺し詰縄（拷問）したところ、一旦はそれを認めた。その後、前言を撤回したが、全く嘘を言っているようには思えなかった。加判之者の判決は以下の通りであった。弾助は誅伐梟首。妻は密通の証拠がないので無罪。夫の新兵衛は家内への申付が疎かなので、御役儀召上、五月一日まで閉門。可哀想だったのは菅右衛門で、「拷問に苦しみ筋のないことを言ったのは、奉公人に似合わない行いであり、弾助が侵入してきた際、未熟にも打漏らした」ので打首となった。宝永三年（一七〇六）三月二十五日のことであった（史料1）。

前の事例のように、密通の場合、本当に密通なのかどうかはきわめて曖昧な部分が大きく、その分、公権力が裁く場合、その証拠が何よりも重要視された。後述する妻敵討ちの場合が特に問題とされたのである。先述のように、武士（大名クラスでも）の間でも妻や娘の密通は決して少なくなかった。たとえば、『よしの冊子』の次の一節。

天野山城守は大ばか者で、自分の妻が姦通したことがあってもいっこうに構わなかったとか。さらに、娘を土屋忠次郎に縁づかせたが、娘が婚姻前に姦通していたことが先方に知れ、離縁された。実は娘は実家にいる時に娘一人を産み、土屋へ嫁ぐ際、娘を自分の妹分にしたともいう。娘は実家にいた時に、多くの男たちと姦通し、「接待娘」とも呼ばれていた。寛政元年（一七八九）の頃の話である。

かと思えば、大奥で赤ん坊の死体が発見されたこともある。

大奥では、男子立入りは厳禁だが、女臈方の部屋には父母兄弟など年回忌日は誦経のために比丘尼が立ち入り泊まることもあった。ある日、長局の不浄所（便所）を掃除する時、糞桶を担ぎ出るのを御門の役人が調べると、糞中に鼻目を具えた赤子の死体があったので、早速、頭《かしら》に告げ調べていくと、女臈方の部屋に出入りする比丘尼の中に、男が扮装して泊まっている者がおり、堕胎に及んだことが分かった。このことを徹底的に究明していけば、このために罪を蒙る者が多数に及ぶので、誰が言い出したのか、部屋〻に誦経のため招いた尼は、皆下々より入来る者なので不浄のこともあるだろうから、向後は風呂をもうけ湯浴みをさせてから誦経などさせることになったという（史料24）。

第四節　傷害・殺人

前述のように密通が何者かによって訴えられ公権力によって裁かれる以前に、当事者同士での私闘に発展してしまう場合も多かった。当事者の関係で分類すると、庶民の場合は、「密夫が密婦に対して」が三十一件、「密夫が本夫に対して」が二十件（密夫密婦が本夫に対してが九件、合わせて二十九件）と接近している。武士の場合、「密夫が密婦に対して」が最も多く、「密夫が本夫に対して」と続く。つまり、庶民の場合は、密婦以外に本夫に向けられたのに対して、武士の場合は、特にその暴力が密婦に向けられた。

さらに原因を分類すると、庶民の場合は、密婦が対象の場合は、「夫婦になるという約束違反」「心変わり」「もう一人の密夫」「態度が悪い」の順で多く、本夫が対象の場合は、「邪魔」「自分の妻にするため」が何と言っても多いのに対して、武士の場合、密婦（密夫）が「心変わりしたから」などが多い。まず、庶民の事例から見ていこう。

◎庶民の場合

密通で実父を殺した現夫を十年後に殺した息子がいた。

文化三年（一八〇六）六月、相州藤川の鍛冶屋の倅（十三歳）が、ある時、父と共に出刃包丁を持ち、「この包丁は切れるの」と親父に聞くと、「人間の首も簡単に切れるぞ」と答えるなり、その包丁で父の首を切り落としてしまった。驚いた名主が駆けつけても倅は少しも騒がず、「早々に御奉行所へ訴え親殺しの罪に仰せつけられたい」と答えた。その後、息子は御奉行所で子細を尋ねられ一旦、牢に入れられたが、息子から「今一度、与力衆に話したいことがあります」と申し出があったので、再度取り調べが行われた。それによると「私が三歳の時、今の父が母と密通し実父を殺したことを一昨年、私の叔父の最期の時に初めて聞き、敵を討ちました。とはいえ、今の父も私を幼年から育んでもらったので、どうか私を親殺しの罪で処分してください」ということだった。与力は直ちに母を呼び出し、近辺の老人をも呼び出し子細を糺したというが、「御咎メいかが候哉相知れ兼〻申候」としか記録に残されていない（史料123）。

◎

寛永元年（一六二四）八月十四日。福岡藩田川郡あたか村で、助兵衛という百姓が、四郎右衛門という百姓を鉈で切りつけた。助兵衛の女房を四郎右衛門が内々に心を寄せ盗み出そうとしていると聞いたのでやったという。しかし、確かな証拠もなく、女に「てつ火」など取らせたが手も焼けず、四郎右衛門に尋ねると、「どのような取り調べになっても全く身に覚えがない。推量すれば、当春、助兵衛が欠落したのを郡代に訴えたことを遺恨に思ったのかもしれない」とのことだった（史料149）。結局、事件の結末がどのようになったのかは不明であった。

史料中の「てつ火」とは、熱く焼けた鉄の棒を握らせその火傷の具合で、証言の真偽を確かめる神判行為のことで、古代の盟神探湯、中世の湯起請の系譜を持つ法慣習がこの時代でも行われていたのは興味深いが、この事例から、密通は憎む相手を傷つける口実にも使われる場合（もしくは美人局のような強請）もあり、その証拠の究明が何より重視されていたことが分かる。

◎密通の約束をした男の陰茎を切り落とした人妻。

西堀川出水下ル町近江屋仁兵衛の妻いそは、丹後屋五兵衛から密通を申しかけられたが、夫もいるのでと一旦は断ったが、再三申掛けられついに承知し折を見て密会しようと申し合わせていた。ところが、五兵衛はいそと密通し妻にもするらしいという風聞が立ち、いそは、そのことを糺し威してやろうと持っていた剃刀を懐に入れ五兵衛方に行き、早速、その件について尋ねると、「たとえ密通したとしてもそんなことを言いふらすわけがない」と空とぼけたのでいそは逆上し、五兵衛の陰茎を切り離し陰嚢へも傷つけた。いそは、未だ密会を遂げなくとも陰茎を残らず切り落とした罪で遠島となった。文化五年（一八〇八）のことである（史料100）。

◎婚礼のその夜、足軽に切られた花嫁。

文政六年（一八二三）十一月、外神田の糠屋次助（二十七）は、毎晩、小日向辺に糠買いに行っていたが、水戸殿百間長屋不明門手前に醴酒屋店《あまざけ》があり、お花という美しい娘（二十三）がいた。次助はその娘と段々と親しくなり、麹屋伊勢屋三郎兵衛を媒に婚礼のその日を迎えた。次助宅では、婚礼の準備の際、大事な魚だから煮付ける時に首が落ちてはいけないと、鯛に鉢巻きをして調理し、神棚へ煮花をあげた際に、不吉なことに過って茶碗を割ってしまった。夜、五つ頃、嫁が門口まで来て戸を開けた時、後ろから男が突然「お花、覚えたか」と声をかけ、傘の上から切り懸け右の方から乳の下まで一尺余り切り下げ、男はあっという間に逃げた。お花は切られながらも必死の形相で屋敷まで揚がり、声を掛けてもうなるばかりで、町医小泉仙庵を至急呼び診てもらったが手の施しようもなかった。媒の三郎兵衛はこんなことになってしまい次助に申し訳なく、この事件は、次助宅にやってくる途中で起こった事件ということにして、遺体を、戸板に乗せ諏訪町に戻ったがその途中ついに息を引き取った。犯人の手掛りを探し求めたところ、お花の店に水戸様御門番清吉が度々遊びにきていたことが分かり、南懸り（南町奉行所担当で）で捕らえられ白状した。清吉（三四・五）は斬罪。媒の三郎兵衛は咎メ手錠。なお、次助は店をたたんで生国の信州へ帰り、百姓南雲勇作方に婿入りし三年目に女子が生まれたが、あまりにお花に似ていたので名をお花とつけたという（史料123）。

◎本夫を殺した百姓。

寛文七年（一六六七）二月。岡山藩赤坂郡大屋村の喜兵衛と同村七兵衛の妻が密通をした。二人は、七兵衛を殺そうと、この二月二日夜、七兵衛が寝た後、妻は戸を細く開け火を灯して七兵衛の首がよく見えるようにし、自分は七兵衛の後ろに臥せていた。喜兵衛がやってきて鉞《まさかり》を七兵衛の首に打ち立て殺し、盗人の仕業に見せかけたがばれてしまい、斬罪に処せられた。

この事件で注意をひくのは、喜兵衛には男子三人、女子二人の子供がいたにも関わらず、こうした事件にまで発展してしまったことである。男女の愛欲は、時として理性を遠ざけてしまうほど、激しものなのであろうか。なお、密夫の喜兵衛の田畑八石余は全て召上げられ、本夫の七兵衛の田畑三石三斗は子供に相続が認められている（史料36）。

◎密夫同士の鉢合わせ。

寺の下男治兵衛は、角兵衛の妻ミつが西横町杢左衛門方にいた時から申し合わせ、その後、常慶寺町、当堅町に移ってからも度々通い、自分の洗濯物をさせたり、質物を請け戻させるほど、親しくなっていた。しかし、いつのまにやら、ミつは会所物書有持源太夫とも親密となっていた。この三月四日の晩、源太夫はミつの所にやってきていたが、それとは知らず、治兵衛もやってきた。

表蔀で、様子を立ち聞けばいつもと違い中に人がいるような様子だったので、内に廻って「もう寝ましたでしょうか」と問えば、「まだ寝ていません」とミつの答え。思い切って、戸を押し開け中にはいると、いよいよ人がいる様子だったので、ごまかすために咄嗟に「洗濯物を取りに伺いました」と言うと、その声を聞いたミつはうろたえてしまった。源太夫が「洗濯物を渡して早々に帰ってもらえ」と叱ったので、ミつは源太夫の布子を渡した。「家にいるのは何者であろうか」と、治兵衛は、火を吹き付け、松火を差し上げたところ、源太夫が突然、刀を抜いて治兵衛の右腕を切ったので、治兵衛も脇差しで源太夫の額を切った。源太夫はさらに治兵衛の耳上、右腕を切ったが、誤って転倒してしまい、今度は治兵衛が上に乗りかかったが、両腕が利かず踏み倒され、源大夫は治兵衛の首の廻り二・三カ所、腹、顎にかけ二太刀あびせ走り出てしまった。ミつはこの少し前に家を出たが、西竜寺門南の河原で源太夫によって首を刎ねられてしまった。

その後、治兵衛は密通を白状し、ミつと共に磔（源太夫も一緒に行刑のところ、行方不明）、源太夫の父名兵衛は牢揚り屋入りとなった。貞享二年（一六八五）七月十一日、会津領内での出来事であった（史料1）。

次の事例はすでに氏家幹人が紹介しているが、筆者なりに解釈してみよう。座頭の密通の事例である。

◎正保二年（一六四五）二月。会津の宇賀都《はん》と能都《はん》の妻は五年間も密通を続けていた。二人は能都の殺害を能都の相婿赤枝村六左衛門に依頼し、殺害後、遺体を山中に埋めその上に薪を積み目立たないようにしていた。能都の妻は犯行の二日前から檜原村へ座頭の仕事に出かけ帰ってきてから夫の行方を捜す振りをした。二人の関係を知り、不審を抱いた中田付村のにた都《はん》は、寺内村の御都「御穿鑿方」に訴え出た。六左衛門は取調中に自殺したことから、関係者の取り調べは「厳及㆓拷問㆒候」て、ついに両名共白状し殺害から三ヶ月後に遺体は発掘された。宇賀都は耶麻郡の座頭頭へ引き渡され、石子詰にされ、能都妻は、松明炙りに処された。能都の娘は五歳になっていたが、父親が確定できないまま吟味中に病死してしまったが、その子は予定では火炙りに処せられるはずだった（史料1）。

石子詰とは、深い穴の中に杭を打ち罪人を縛りつけ、その頭上から座頭たちが一人一人名を告げながら石を投げつけ殺害する方法で、松明炙とは、罪人を杭に縛りつけ両手に竹之輪を抱置かせ、麻や葦などを束ねて燃やし、罪人の左右前後から炙り立てて殺す方法であった（氏家 一九九五）。

◎傍輩に笑われ。

沼津の大工伊兵衛が間田屋市右衛門の下女を切り殺した。その訳は、伊兵衛は彼女と懇ろであったが、伊兵衛が五十六歳、女は十六歳で、それを傍輩に笑われこの行動をとった。特に伊兵衛は「大醜男」で、その後は姿をくらまし行方は今でも分からない（史料112）。

当時の人びとにとって、他人から「笑われる」時に受けた感情は、現代人のそれよりも激しく、強烈な復讐感情に転化する。普通に考えると、この場合、笑った傍輩に向けられるべきなのだが、この男は「大醜男」だったことから、その感情が屈折し将来を悲観して下女を殺害したものと思われる。明和四年（一七六七）十一月八日の事である。同様の事例は会津でも拾える。

◎寛文十年（一六七〇）六月、会津甲村久右衛門の妻が、杉内村の勘左衛門と夫の留守中に密通しているところを、甲村茂兵衛下男菅三郎がやってきて、現場を見て笑ったことから口論となった。翌日、菅三郎が所用で久右衛門の所にやってきた時、妻は「よくも私たちのことを見て笑ったわね」と憤り、菅三郎に挑みかかりって突き殺し、自殺したかのように見せかけ偽装したが、後に勘左衛門、妻共に誅伐された（史料1）。

◎密通した娘の殺害を兄に命じた母。

城州愛宕郡一乗寺村の源太は妹やゑが放埒で同村渡部国次の倅右内と密通し、何度家族で異見しても聞き入れず不孝の限りを尽くしていた。そして源太は母の申し付け通り妹を殺してしまった。当時は、父が不孝の子を殺しても無罪。母の場合も同じで、本来であれば急度叱りのところだが、母は入牢していたので有免となった。母つやは、二人に悪い噂が立ったので源太に、「相手の父国次方にやゑを連れて行って話し合いで穏便に済めばよし、国治の出方によってはやゑを切ってもいい」と命じたという。源太は「卒忽《そこつ》之申付方、不埒ニ候得共《そうらえども》」中追放から無構となった。国次は、密通を止めるように右内に申し右内を縁者方に預けていたが、源太への「挨拶之いたし方も可レ有レ之処無二其儀一」、源太がやゑを打ち倒しても取り押さえなかったことが問われ、五十日押込。右内は役儀（庄屋）取放、三十日手鎖。他に、国次の下女かめ、同村作左ヱ門は風聞を弁えずに言い触らしことから、叱りの処分を受けた。明和五年（一七六八）一二月十日のことである（史料120）。

当時は、忠孝道徳の視点から、父の教令に従わない子供は父に殺されても無構（無罪）とされたが、主人、親殺しの場合は、逆罪といい磔・獄門の極刑に処された。火事の際に、親を見捨てて逃げた子は死罪に処されたケースもあり、そうした場合は、一緒に連れて逃げたが途中で見失ってしまったと奉行所で弁明すれば命は助かったという（平松 一九八八）。

◎ 二人で本夫を殺したが、幽霊が。

牛込改代町萱屋根職鉄三郎の妻いと（三十三）は、武州菅津村の喜太郎（三十一）と密通していた。六月十七日暁頃、鉄三郎が休んでいるところへ前々から計画していたのか、二人で鉄三郎の口へ藁を押し込め窒息させ土蔵の床下に埋め、親類や長屋には大山石尊に参詣に行ったと繕っていたが、中々戻ってこないので、「神隠しにあったのでは」などと偽っていた。ある日、長屋の者が早朝に水を汲み上げるに釣瓶に髪の毛がかかり怪しみ、「最近、水に臭気があるぞ」と長屋中で井戸替えをしようと大勢で井戸の水を汲み干しその底に降りてみると、鉄三郎の死体に石臼を縛り付け沈むようにし細工されていた。それを大勢で引き上げ二人はその直後、召捕えられた。

実は、最初、鉄三郎の死体は床下に埋めたが、夜中鉄三郎の姿が髣髴《ほうふつ》と現れ恐れをなした二人は、また、死体を掘り出し、石臼を結びつけ長屋の井戸に捨てたのだという。その後、全く知らない顔で自分たちだけ外から水を汲んで使っていた。たとえ気味が悪くとも、そのまま縁の下に埋めておけば少しは長く知られなかったろうに。いとは、引廻しのうえ、磔、喜太郎は獄門となった。井戸に捨てたのは浅はかな計らいで、「是天より誅伐し玉ふなるべし」と『街談文々集要』の著者は結んでいる。文化四年（一八〇七）のことであった（史料21）。

その処刑の日、小塚原御仕置場は見物人でごった返し、花川戸より先は、食物、飴、菓子、果物まで残らず売り切れであったという。同様のケースが、嘉永二年（一八四九）十二月に上総国でも起きている。それは、剃刀で本夫の咽を切り、死体を縁の下に埋め、腐ってしまうように熱湯をかけたがその臭いが甚だしく近所の評判となったがあえて誰も言う者がいなかった。ところが、犬がその死体の片腕をくわえて出てきたので村中の詮議になったというのである（史料123）。

いずれにしても、殺人事件の場合、その死体の処分方法がいかに難しいものであったかが分かる。

◎　元密夫が現密夫の妻と共謀して密婦を殺害。

寛政十二年（一八〇〇）八月十九日、会津南山御蔵入の塩沢村の源左衛門は、蒲生村の武右衛門の母なよと数年来不義の関係を続けていた。ところが、最近、なよは同村の平右衛門と懇ろになり源左衛門に無関心になってきたので、源左衛門は、なよを恨み、また、平右衛門の妻しゅんも夫となよが密通しているので嫉妬に苦しんでいた。しゅんは、「もう生き甲斐もないので死にたい」と源左衛門に打ち明けると、源左衛門は、「そこまで思い詰めているならばいっそのこと闇打ちにして二人を殺してしまおう」と提案。一昨年、四月二十六日夜、庚申講があり、なよの子武右衛門もそこに来ており家を留守にしていた。しゅんはなよの所に夜更けに忍び込むので源左衛門に手伝ってくれるよう頼み、源左衛門は短刀、しゅんは出刃包丁を持ち、なよが寝ているところを、源左衛門は額をしゅんは股の辺りを数カ所突き刺した。二人は急いでそこを出て、刃物を只見川に捨て姿をくらました。

なよの叫び声に驚いて武右衛門の妻が起き出して見つけ、五人組の者が集まり、農繁期のことでもあり村中の迷惑になるので急死したことにして届け出、取り調べが始まった。そのうち、しゅんがなよを殺したとの噂が立ち、しゅんは娘に「もう生きていられない」と言い残し只見川に投身自殺。源左衛門は殺害の翌日から気分が優れず薬を飲むなどしていたが、前々から、武右衛門の家に親しく出入りしていたがあれ以来全く来なくなり、葬式後に来た時には顔色が特に悪かったので皆に疑われ、ついに取り調べで白状した。源左衛門は市中三日晒、薬師堂河原で刎首、梟首となったが、平右衛門については、記述がない（史料1）。

◎

浅草蔵前辺の小間物屋と下谷辺の木薬屋は、毎日、観音様へ参詣しているうちに顔見知りとなり水茶屋で落ち合うなど親友となった。ある日、小間物屋が参詣し帰り道にも木薬屋と会わなかったので後に事情を聞いてみると、顔色も悪く心配そうな様子で「昨日、一人の男がこのような島の羽織、大島の単衣物を着け、砒霜（毒）を買ったが店の者がうっかり証文もなく、身分、取り計らいも聞かないで売ってしまったのです。どこの者と詮議してもどこの者とも分からず、人に害を与える恐怖に昨夜より食事も通らず悲しみ、せめて日頃信心している観音菩薩の仏力でこの愁いを免れるようにやってきました」と語った。小間物屋は、その衣類の様子を詳しく尋ね自宅に帰ると、棹にかけて干している羽織を見て木薬屋が話したあの羽織に違いないと、「誰の羽織か」と店の者に聞くと、「伴類（番頭）が外に出て雨に濡れたので干していたのです」との答え。さらに主人は伴類が大島の着物を着けていたのでますます怪しく思った。

その日、女房は里に用事があるというので牡丹餅を重に入れ「あなたの御好物でしょ。今朝、沢山こしらえましたのでさあどうぞ食べてください」と差し出したが、「これこそ疑わしい」ことと思い、「今はいらぬ」と答えると伴類までが必死に勧める様子が不自然であった。そして、妻は「留守中に後でお食べになってください」と言い里へ行ってしまった。小間物屋は近くの兄弟を呼び寄せ、「きっと、女房と伴類が密通しているに違いない」と相談し、伴類を呼び「心当たりがあるだろう。お前が企んだことを公に訴えれば重罪になるが、町人のことなのでそんなことは好まない。暇を出すから今すぐ立ち去れ。また、この町内に戻ってくるようなことがあればそのままでは置かない」「いったい、何の咎でございます」「であれば、この牡丹餅を目の前で食べてみよ」と怒ると伴類は真っ青になり一言の返答もできずすごすごと立ち去ってしまった。また、女房へは去り状を認め弟に重箱を持たせ里に行かせ、「離別状に不審があり否定するのであればこの餅を食べて立ち帰るのがよい。でなければ、離別状を取り収めよ」との口上に女房は赤面し二の句を告げなかったという（史料135）。

この後に著者の根岸鎮衛は、「誠に町家の取計には左もあるべき事にて、観音の利益、知温（親友）の親せつ、おもしろき事故ここに記す」と記している。

毒殺には、他に硫黄の粉や鼠取薬が用いられたケースがあったが（史料138）、共に本夫殺害には失敗している。

◎密婦殺しと孝。

会津南山御蔵入大倉村の善右衛門は六十三歳にもなり妻もありながら同村平兵衛の妻ちゃうと二十年余りの間密会を続けていた。善右衛門はちゃうへの愛情にひかれしばしば金銭や品物を与え、このことにより善右衛門方の家計は傾くばかりになっていた。善右衛門の倅善助は、こうした事情から身の上のためにもならないことは勿論、父を不義に陥れたちゃうが悪いのだとしだいに遺恨を持つようになっていた。

去年の二月二十三日夜、ちゃうが忍んできた。帰るところを善助が聞きつけ「泥棒だ」と言って灯火を照らしたところ、善右衛門が灯火をかき消し、厩の戸口からちゃうを送り出すところであった。そこを善助が戸口で待ち受け棒の切れ端で打ち殺してしまった。善助はこれを同村の叔父弥助に相談した。弥助は兄や善助の罪を隠してやりたい気持ちになりやむを得ず指図し、村から二百間ばかり離れている伊南川原の林の中まで死体を運び、細柳の枝に女の帯をかけ輪に結びそこに顎をかけ首吊りのように見せかけた。翌日、死体は発見されたが、膝は地に着き身体に傷があり首吊りにはどうしても見えなかったので訴えられた。善助は当初無実を主張したが、父共々、市中三日晒のうえ、誅伐。ちゃうは刎首、梟首となった。叔父の弥助は額に入墨をし市中三日晒のうえ、他邦永代追放に処された。安永九年（一七八〇）六月二十二日のことであった（史料1）。

他に、母の所に忍び込んできた密夫を盗人と思い伜が殺害した事例があるが（史料123）、旅宿していた傘張りの町人と密通した母の悪名が世に広まるのを恥じて、息子が喧嘩に見せかけ相手を傷つけた事例もある。その場合、密通した二人は斬罪、息子は「奇特ニ被二思召一候、そのまま当地に住宅可レ仕」とされている（史料92）。

武士の場合

◎密婦の処刑を願い出た本夫。

福岡藩加々山権左衛門与《あずか》りの清太夫は、密通していた鉄砲足軽町人女房を切りつけ切腹して果てた。その調べが終わらないうちにその女房の夫が今朝、私（吉田縫）の所に来て言うには、「あの清太夫は間男に間違いなく、私は（仕事の都合で）妻と一所におれず、月の五・三日もいたことなく、まさかこのようになるとは面目もない。もし知っていたら二人を殺害できたものをと無念に思う。いっそ、自分が腹を切ろうかとも考えたがそうした前例はなく、このうえはせめて妻を自分の手で殺したい」と願い出て許された。寛永六年（一六二九）八月十三日のことである（史料115）

◎年上の女に妻にしてほしいとせがまれ。

元禄四年（一六九一）七月、美濃郡奉行手代の甥、服部七郎右衛門が、尾張郡奉行恒河弥五平の所に見習いに行った時、弥五平の妻は、七郎右衛門が若く美しかったので見初め人づてに文を遣わし、七郎右衛門も何の考えもなく度々出会っていた。ある夜、女に「あなたの妻になりたい」と打ち明けられ、その時、七郎右衛門は有頂天であったので承諾したものの、しばらくしてよく考えてみると、女は三十六、七、自分は二十二、母のようなものを妻にすることはできないと考え、弥五平に暇を乞うたが許されなかった。七郎右衛門はいろいろな口実をもうけてその返事を引き延ばしていたが、尾頭の茶屋に女の叔母がおり、女はそこから七郎右衛門を呼びつけ、またしても「ぜひ、私を妻にして」と執拗にせがんだ。七郎右衛門が応諾しなかったので、女はしきりにせがみついには「私を殺して。さてさて男の不甲斐ない」などと言い出したので、ついに義理に詰まったのか女を引き寄せ指し殺し、七郎右衛門も、刀を腹に突き立てた。叔母は急いで自殺を止めたが刀が長く七郎右衛門は二日後に死んでしまったという（史料92）。

◎

母の密夫に父を殺された倅は。

鈴木金五郎（二十二、三）と酒井雅楽頭家来成田弥三郎の妻（四十九）が密通していた。金五郎はこの六月二十六日夜、弥三郎方へ来て弥三郎を一討ちにして立退いた。弥三郎の倅五大夫（二十四、五）は早速、金五郎の姿を捜したが広い屋敷なのでどこへ行ったか分からず、金五郎方へ行き、「私の父はあなたの息子金五郎に討たれました」と、金五郎に代わりその父金左衛門を討ち止めた。弥三郎の妻は井戸へ身を投げたが、引き上げられ入牢。一方、金五郎は、四・五日後、大塚の近くの猫又橋というところで、自害の体で水に浮かんでいた。しかし、よく見れば自殺ではない様子だったという風聞が立った。金五郎の弟三弥は五太夫長屋裏に来て、藪の中で自害した。五太夫は切腹を命じられ、妻子、召使らは勝手次第とさの密通で命を失っている。

密夫が本夫を殺害し、本夫の息子が密夫の父を殺害、密夫は他殺（?）、密夫の弟は自害と、四人の者がこの密通で命を失っている。

れた。享保年間のことである（史料30）。

◎　密通を諫め顔を踏まれ。

正保三年（一六四六）、会津藩において浪人十右衛門は、清蔵から江戸詰中、妻子のことを依頼されていたが、正月十三日、御厩の者市右衛門が清蔵の家でその妻と密通しているところを見てしまった。妻がこっそりやってきて「このことは何とぞ御内密にお願いします」と神妙に言ったので、「其心相正《あいただし》候様ニ」誓詞を書かせた。ところが、その後、その妻が嘉左衛門とも噂があったので、また、誓詞を書かせ自分の妻に預けておいたが、嘉左衛門は相変わらず清蔵の家に通っていた。十右衛門は、嘉左衛門と兼ねてから懇ろにしていたので、嘉左衛門にお互い往来しないように意見し一旦了承したが、相変わらず不行儀は止まなかった。

五月十一日、嘉左衛門が清蔵宅にやってきて声高に物申し、「十右衛門」と叫び続けたので、十右衛門は疝気を煩い臥せっていたが何とか杖をついて清蔵宅に行ったところ、嘉左衛門は何かと立腹していたが、十右衛門は取り合わず、気分が悪くなったので帰宅した。嘉左衛門は、仲間と共に、十右衛門が逆恨みして不届きな異見を言ったというので、十右衛門が臥せっているところをその面を踏みつけ立ち去った。面目を失った十右衛門は、「嘉左衛門を討ち果たてやる」と甥の同心八左衛門を通し、小頭太郎兵衛、頭有滝才兵衛にその旨を伝えた。そして十右衛門は、八左衛門、実子六兵衛、八左衛門の妻の兄又左衛門らを集め、その訳を話し、「決して手出しはせず、嘉左衛門が逃げないように遠見して欲しい。もし、私が殺されたら、密通のことを役所に届け骨を拾ってくれるように」と頼んだ。

五月十七日、十右衛門が、嘉左衛門宅に行ったところ、嘉左衛門は刀を抜いて向かってきたが、「まず、神妙に話を聞け」と穏やかに話し、相手が少したためらったその瞬間に十右衛門は刀を抜き、嘉左衛門に三太刀浴びせ、裏に逃げ出したので追いかけ、手に傷を負っていたので刀を捨て脇差しで切り、倒れたところを突き、止めとして二刀浴びせた。十右衛門はその場で自殺しようとしたが、居合わせた者が押しとどめ長善寺へ連れて行った。事情を聞いた同心たちは長善寺を取り囲んだので、再び、自害しようとしたが、住職が、まずは御奉行所に検使を要請してからということになり十右衛門は公事所に連行された。取り調べの結果は以下のような処分となった。

十右衛門は「神妙之致方ニ付、一命被㆑成㆓御助㆒、何方ニ罷在《まかりあり》候共御構無㆑之」、清蔵妻は磔。最初の密夫市右衛門は、嘉左衛門が討たれたのを聞きその日のうちに出奔してしまった（史料1）。

◎同僚の妻を犯しめった叩きにあいあほう払いになった侍。

寛政元年（一七八九）五月、会津藩の新番組守屋忠吾の弟俊蔵と、御家老付寄合組赤羽太郎左衛門は読書会などで仲が良かったが、ある時、俊蔵は太郎左衛門の家に行き、太郎左衛門が代官勤めのため留守だったので、太郎左衛門の妻やそと密通してしまった。その後も、三度、密通に及んだが、やそは、ついに全てを夫に告げ、「得心のないまま俊蔵の手込めにあい不義を犯し、いつか雪辱をしたいと考えていたが、何分女のこと故面目なく今日まで過ごして参りました」と語った。

九月二日夜、太郎左衛門の家で読書会が開かれ俊蔵が来た。太郎左衛門は恨みを晴らそうと思い何気ない様子で挨拶し、俊蔵が便所に入った時に一挙に討ち果たそうとも考えたが、打ち据えたうえに御裁断をお願した方がいいと思い直し、蕎打ち槌で後ろから不意に首根を打ち伏せ、「妻と密通したことは不届きである」と言うと、やそはこれを聞きつけ脇差しを抜き身のまま手に提げて「自分も殺してくれるよう」詰め寄った。「その方など構っておられぬ」と、俊蔵をさらに押し伏せ打ち叩いた。そして動けぬように投綱で後手に縛り上げた。俊蔵は何度も許してくれるよう頼み、「兄忠吾を呼び謝り証文を書きお詫びしたい」と懇願したが、太郎左衛門は承知せず、俊蔵はしだいにぐったりしてきたので湯を飲ませ食事も勧め、一、二箸ずつ食わせ小用にも太郎左衛門が付き添っていった。連絡を受けた忠吾は、「弟を乱心者として引き取り囲に入れ教え戒めたい」と何度も内々にしてくれるよう申し入れたが太郎左衛門は納得せず、仕方なく忠吾からその筋に申し達し、取り調べの後、次のような処分が下された。俊蔵は、片言しか話せず死罪は許されたが、大小取り上げ、あほう払い。やそは、切腹すべきところ、前例がないので髪剃落とし、太郎左衛門共々、他邦追放。忠吾は、知行召上となった（史料1）。

この場合、太郎左衛門の行為は傷害罪として裁かれ、密夫を殺していれば妻敵討ちとして無罪となったはずである。また、妻の密通も当初は強姦に近いものであったことが予想されるが、三度の密通に及んだ結果が考慮されての処分だったのだろう。

◎父を殺し母と出奔した密夫を討つ。

安政元年（一八五四）六月二十六日夜、江戸住吉町で交替寄合本霊内膳、元家来太田六助（二十九）が父の敵水野出羽守家来山田金平（五十一）を討ち取った。そこへ娘が出てきたので自身番の場所を尋ねたが六助の抜き身を見て逃げ出し、蕎麦屋担ぎも来たので尋ねると逃げ出し、近くの麦飯屋に入って尋ねても逃げ出し、番太郎女房からようやく自身番を教えられ自ら出頭した。死骸の側には茄子と寝ござが置かれてあった。六助の供述によると次の事実が判明した。

二十二年前、六助の父太田幸四郎の妻美つは、知行所があった常州新治郡志築村の百姓吉次（後の山田金平）と密通のうえ、出奔した。翌年十月に陣屋付近で二人と父が出くわし、父から「見逃してやるから以後、村内に入ってはならぬ」と言われたが、金平は鎌で父の頭に傷を負わせその傷が元で父は亡くなった。六助がそのことを知ったのはだいぶ成長してからだったが、その後、六助は親戚の清右衛門の世話になり、十一歳から十九歳まで、御家老横手喜三郎方で若党奉公の傍ら村方で農業をし、三年前から内膳様足軽組頭となり、今月四日、暇を取り敵討のため、跡部主税助義内弟子となり剣術の稽古に励んでいた。幸いなことに吉次は改名し出羽守様御中屋敷にいると聞き、早速、行ってみたが留守で、母だけおり面目なく後悔している様子だったが、そこへ金平が帰り、母から「国元に残してきた息子です」と聞くと、金平は刀掛から刀を持ってきて、「ここで私を討て」と言った。その時、六助は様子を探りに無刀でやってきていたので早々に立ち戻ったが、眼前に父の敵を見ながら、先方から名乗ったのをそのまま捨てておいたのは「孝道立難く心外に存じ」、金平が出かけるのを待ちかまえて、昨二十六日五つ半頃討ち果たした。六助は、一旦牢舎、南御奉行所御尋の後、跡部主税助に御預となった（史料123）。

◎中間と密通・欠落した旗本の娘。

嘉永三年（一八五〇）七月、本所辺の二百石の御旗本の娘が、中間と密通し屋敷を欠落した。娘は渡部氏に奉公に出し、中間は三助をしそのうち二人で世帯を持ち仲良く暮らそうと約束していたが、娘は、男がいつも真っ黒になっている様子にしだいに嫌気がさしてきた。渡部氏はこの娘に目をつけ、娘も「三助と添うても高の知れた裏長屋。こちらの言うことを聞けば、初めは妾でも後には奥様になれる。そうなれば実の親元にも出入りが叶う」と考えていたところ、ある日、家中の者が皆外出したのを幸いに、主人は娘を膝元に呼び寄せ「ようやく私の思いが通じ嬉しく思う。お前が承知してくれるなら世間体もあるので、まずは、妾としてゆくゆくは奥にと考えている」と甘言で誘った。直ちにその話に応じようという気にはなったが、それをぐっと鎮め「仰せはありがたいのですが、私には若気で外に言い交わした男がいます。その男も今、困窮していますので金子を少々やり手切れとし、そのうえにては如何様にもあなたの御心次第です」と答えた。渡部氏は娘にぞっこんだったので、早速人に頼み三助と手切れをさせ妾にして毎夜楽しんだ。

一方、別れた三助は寝ても覚めても娘のことが忘れられず、夢で夫婦となり睦まじく生活しているのを見て、覚めてもなお悔しがり、湯屋の親方から暇をもらい、近辺に隠れ忍び渡部の当番（留守）の日を待った。七月十八日、ついにその日がやってきた。三助は出刃包丁を持って昼中、屋敷に忍び込んだ。肝をつぶした娘は二階へ逃げようとしたが、三助は追っかけて娘の片腕に切りつけ、横っ腹にも突き通した。てっきり娘は死んだと思い、自分も包丁を腹に突き立てたが死ねず、二階から降りて水瓶で水を飲みそのまま倒れて死んでしまった。ところが、女は死なず、現在、傷口を縫い療養しているという（史料123）。

次の事例はすでに氏家幹人が紹介しているものだが、筆者なりに整理してみよう。

◎文化元年（一八〇四）六月十一日、青山原宿御留守居同心の女房が、主人が寝入ったのを確かめ、白帷子を着し脚絆をはき蚊帳の中に入り刀で主人の胸元を一突きし、蚊帳から外へ出ようとしたところ、同心は一刀に驚き目を覚まし枕元を見れば血刀を持っている女がいたので慌てて走り出し戸口を蹴放し逃げようとしたが背中に一刀を浴びた。同心は必死の形相で地主の門までやってきたが、門を開く間もなく後ろから女がやってきて髻を取り背中へさらに一刀を浴びせ、腹に突込みえぐった。同心はまた、走り出した。この時、すでに腹わたが出ていたという。この騒ぎに大屋が戸から出てきて手負いがいるので驚き、さらに後ろから女が走ってくるのでさらに驚き、近辺の人を集めようとしたが女の持っている血刀を見て大屋の子供が泣き出した。しかし、大屋の女房（四十）が外へ走り出して何の苦もなく女から刀をもぎ取り近所の人たちでついに搦め捕った。この騒動が起こった理由は、過去にこの同心と女房が密通し、先の亭主を毒を与えて殺し、「一生不便をかけることはしない」と約束したにも関わらず、女は四十歳、同心は二十歳になり、最近は外に女でもできたと見え、女の所にいっこうに寄りつかなくなり大いに立腹し、先の亭主の敵討と称してこの挙に及んだという。同心には弟がいてこれにも女は密通を申しかけたが全く無視された。だから、搦め捕られた時、「今一人の男（弟）を殺すはずだったのに逃してしまった」といかにも無念そうに言ったという。同心は数か所の傷で落命し、女は牢舎となったが御咎めはまだ分からない。なお、大屋の女房は、検使の御徒目付より褒美を下されている（史料113）。

第五節　内済となる場合

密通が内済で解決された世情を『世事見聞録《せじけんもくろく》』（文化十三年完成、扱っている範囲は寛政の改革から天保の改革の中間）は次のように記している。

扨また武家にて不義密通のこと珍しからず。近来甚だ等閑なる沙汰になりて段々乱るゝなり。当世たとひ右等のこと露見しても、第一犯したるものより犯されたるものの恥辱となり、また犯せしものは全体不埒ものとなり、また当世怯懦千万の世の中なれば、何か手柄をいたしたる如き振合ひになり行くなり。また犯さる丶程のものは多少とも身柄のあるものなれば、前後に身分の障りを厭ひ、先づ世間へ洩れ聞えぬやうに、穏便に仕廻ふ事を近来の風とするなり。それゆゑ段々女の道乱れ行くなり。元来、右体の不届ものある時は、或は折檻し、又は打ち捨てにも致すべき筈なるに、近年その様なこと行ひては、終には身の瑕瑾《かきん》跡に残ることゆゑ、絶えて致さぬ事になりぬ。

密通が発覚した場合、本夫が取り得る行為は次の三つであった。

①妻敵討で、密夫密婦を殺害する。言わば私刑で解決する。

②幕府や藩に訴え公刑で処罰してもらう。

③公的内済で解決する（原則的に私的内済である「扱」は禁止されそれが、発覚すれば関係者は罰金刑などに処された。「扱」とは、庶民の間で当事者間、仲介人の取扱によって慰謝料、離縁などによって解決する慣習を指す。密通罪は親告罪であり、提訴するかどうかは本夫、その周囲の地縁的、血縁的人間関係の中で決められた）。

①②に関しては、①は②に優先するが、詳細は後述することとして、密通の圧倒的多数は③によって解決されていた。よく引かれる史料であるが、延享二年（一七四五）八月の、徳川吉宗の「密通仕置」に関する質問に対する大岡忠相らによる請書によると（史料100）、

①吟味を願い出る者は稀少であった。

②願い出た場合は、双方の名主家主五人組に内済で解決するよう命じた（公的内済制度）。

③②の埒が明かなければ、裏紙差紙を遣わして双方を呼び出し吟味を始めた。

ということが確認できる。

さらに『聞伝叢書巻十』によると「最初は夫は憤りに任せて厳しく申し立てても、吟味中に人の意見に和らぎ大概願下等になることが多く、初めから『密夫之仕掛にて治定致し候』という口書を申し付けては、内済の差し支えになるのでその心得で取り計らうべきである。『譬《たとえ》密通に候共、済口證文を上手に取り、夫疑相晴れ申分無之と申文言さへ有ㇾ之候得ば、御奉行所は相済候事』」と述べている（史料157）。つまり、「夫疑相晴れ申分無ㇾ之と申文言」を入れた済口證文を夫から奉行所に提出すれば、密通の事実はなかったことになり、一旦提出された訴えは願下げられ、内済が許されたのである。また、別の事件で過去の密通が露見しても遡及して処罰することはしなかった。

初めから「扱」に委ねてしまえばいいものだが、幕府はあくまでも「表面上、密通仕置のたて前を保持しながら庶民の婚姻生活に対する規制を考えていたのである」（山中永之佑 一九六二）。『旧事諮問録』の「奉行が間男などを引出すのは恥辱でありました」という記述も、公的内済に誘導することが奉行の力量とさえ考えられていたことを示している。

以上のように、幕府が一貫して、内済を奨励していることが分かるが、元々、密通事件は吟味物（刑事犯）で、本来は内済による吟味願下げは許されないはずなのに特例的に許され、密通事件の処理は刑・民両法を巧みに混同した特殊なもので、「幕府当局者は施政遂行上、かかる事件の裁判に拘わることは極力避けたいという政治上の配慮があった」（氏家 一九九六）と思われる。また、「事件の性質上、その立証が困難で、かつ私的、個人的な問題で、必ずしも訴訟になじむものではなかった」（山中至 一九八〇・八一）し、単なる密通はむしろ社会が解決する（扱を含む）ことを望んでいた。さらには、江戸時代後期、武士や庶民の妻女の密通が頻繁になりいちいち処理しきれなくなった事情もその背景にあったろう（氏家 二〇〇七）。権力の関心は、密通に絡んで実力行使が行われた場合、妻敵討か、それに名を借りた暴力行為か、密夫密婦による本夫殺害かなどの確定であったと言ってもよかった。いくつか内済（扱い）の具体例を当時の詫証文から見てみよう。まず、氏家幹人が紹介している次の事例。

◎安永四年（一七七五）八月、佐渡で、不義を犯した娘（人妻）について、父親の記した詫証文は、「私の娘くら、八年前に其許女房に進じたが松之助と密通し、この七月二十日夜、その現場を見られ、高下御目付へ訴えられました。法の通りであれば御役所で三日、当村で三日晒、さらに海府二十四浦、相川中追放となるところでしたが、晒の儀は至って不憫に思い、田野浦村木立院、高下村兵兵衛様御隠居、同村源蔵様に仲介をお願いして、何度もお詫びし、生晒の件は何とか御免下されました。その代わり、今後は、海府中は言うに及ばず、相川の中で身上を持っている者には娘を決して奉公させるようなことは致させません」という内容のものである（史料147）。

◎延宝八年（一六八〇）一月、福井。「甚五郎女房を、十兵衛が盗んだことについて、御公儀へ訴えられ、きっと罪になるべきところ、佐野村惣百姓が詫を入れ、十兵衛、首の代わり（首代、慰謝料）を甚五郎に出し、女房頭ヲそり詫言申す」と一旦、治まったかに見えた。ところが、十兵衛側が、甚五郎と妻との美人局であったなどと嘘偽りを申したため、再度、役所に訴えられそうになったが、これも村人が手を尽くして詫びを入れてくれたので沙汰止みとなったという（史料147）。

ここには、当事者である密夫の男とその親が、密通を表沙汰にしないよう奔走する姿がよくうかがわれる。

◎文久二年（一八六二）五月、福井。「私はあなたの御内儀およに不作法なる儀をしたことは、およも白状しそのままにしてはおかれず、村人衆中が詫を入れあなたも御堪忍下され大変有難いと思っている。この際、およには悪名がついてしまっているので私の妻にしたいと思っている。このような女なので、以後、およの身の上に関してはあなたは勿論、親兄弟へも厄介少しも懸けず、子伝次郎はあなた方で引き取り、親子の縁を切ったうえは成人後も対面するようなことは決して致させません」と、本人（密夫）多七、女親まさ連署で、およの夫（本夫）武右衛門に差し出されている（山田 一九九五）。

前述のように、「扱い」が発覚すれば過料（罰金）が課されたが（史料18）、現実には、「扱い」は広く行われていた解決方法であった。しかし、本夫が密夫から銀子を取り三人で決して表沙汰にしないよう午王を焼きそれを飲んで契約したが、妻が自害したことことから密通がばれ、密夫は成敗、本夫も御国払になった場合もあり（史料36）、決して内済（扱い）がスムーズに運ばれるとは限らなかった。すでに氏家幹人が紹介している次の事例がそれを物語る。

◎　田原藩の『万留帳』には八間屋庄五郎が江戸稼ぎに出て妻子三人が留守をしていた。そこへ、加治村の太兵衛が朝暮に出入りし庄五郎の妻と密通したので、太兵衛の女房が庄五郎の女房の額に少々傷をつけた。そのことで問題がこじれ加治村庄屋、田原町庄屋が相談しようやく内済までこぎつけたところ、庄五郎の五人組の一人角右衛門が納得せず御上の沙汰を受けるべきであると我意を申し立てたので立ち消えとなってしまった。困った庄屋はその旨を藩に届け出たところ、「此度之届之儀ハ自分共前ニて承り捨致候間、左様相心得候様申遣候」と、役人は是が非でも内済にするよう努力せよと命じ、「扱」をしたいという庄屋たちの申し出を当然として在地での「扱」を積極的に奨励した。結局、密夫の太兵衛は処罰されず、内済に異論を唱えた角右衛門は押込に処された。庄五郎の妻、太兵衛の女房は共に離縁させ、一家組合に預けられた。本夫庄五郎は江戸に行っていたので、早速、一家組合から呼び戻すよう命じられた（史料83）。この事例から、田原藩は不義密通事件は当事者間の示談で解決すべしという方針を強引に貫こうとしていたことがうかがえる。

◎また、両方の妻を離縁し、本夫の密夫殺害（妻敵討）をあきらめさせ内談を成立させた事例もある。

越後蒲原郡のある百姓が持っていた田地の中に十畝くらいの田があったが、毎年、肥料をやり手を掛けてもいっこうに実りがなく、もしかすると地中に何かあるのではと、地面から三、四尺掘ってみると、古代の銭が沢山出てきた。この百姓は、この銭の錆で生育できなかったと考え官に届け自分の田だったのでその後、裕福に暮らした。

同村の五郎右衛門の田の中にも同じような箇所があったので、ある人が「掘ってみれば」と勧めると「掘って銭か何かあればそのままになるが、何もなかった時には五郎右衛門は人が銭を得たのを羨んで田地を掘ったと言われるのも口惜しいので」と掘らなかった。さらに「こうした田地を持つことは心の勧め無駄なく身の慎みともなるので、この田地を子孫に譲るのも油断を慎む一助となり、私は人がやったことを決してしない」と言うのを聞き皆感じ入った。こうした人物だったので村中から尊敬を受けていた。

ある年、この村で人妻と密通した者がおりそれが露見した。本夫は怒り「二人共ころしてやろう」と逆上していることを聞いた五郎右衛門は、させてはならじと中人に入り、本夫に言うには「この一件、私に全てお任せ下されば首尾よろしく扱うことができます」と請け負い、また、密夫側に行き「人の妻と密通するとはあるまじきこと。あなたの妻の心になって考えると、他の女に心が奪われている男といても面白いわけがない。こうなったら妻を離別しなさい」と離縁状を取り親の方へ帰し、その親に「こうなった以上、娘をこの村には置けない。他所へ送り縁辺の者に相談するとも勝手になさるがよい」と説得した。そして今度は、本夫方へ行き、「密夫の妻をこのように片付けてきました。然ればあなたの妻も長年連れ添ってきた恩を忘れ他心を挟み、心にも面白いわけがないので速やかに離別しなさい」と言うと、本夫は怒り「密夫をそのままにしておくのは合点がいかない」と憤りをぶつけてきた。五郎右衛門は「たとえ密夫でも互いに百姓のことである。鍬鎌で殺すのはいざ知らず、もし太刀や刀で殺せば、百姓は元々帯刀すべきでなく人殺しの罪は逃れがたい。仇心持つ者のために命を失うのは返す返すも無念。だから、両方の妻を離別して元の苦しからざる人に戻ればそのうえに怨みはないはず。それをとやかく言うは他心ある女に心引かれている何よりの証拠。そうした心では本当に人を切害できるか怪しい。万一、この扱いを聞けなければ其方をここで討ち果たすぞ」と説得した。本夫はその理に折れついに内済が行われたという（史料84）。

この事例は、内済が、本夫の衡平感覚を満足させれなければ、妻敵討や、公刑での処罰を請求する場面に容易に転化できたことを示しているが、両方の妻の離縁といういわば相殺主義によって、紛争が解決されていることに注意しよう。後述するように、密通に限らずさまざまな紛争解決で、最も重要であったのは当事者の生の衡平感覚であったのだから。

『灯前一睡夢』には、次のような幕府の裁きを載せている。

◎本郷三丁目、前栽商人久助の妻は伝七と密通をしていた。久助は「妻がお好みであれば差し上げますが、少しでもその証として申し請けたい」と持ちかけると、伝七も合点し、五両を肴代として渡した。すると、久助は「たとえ示談とはいえ近所の聞こえも良くないのでどうか外の地へ移転してもらいたい」と何度も申し入れたが伝七に無視され、毎日のように酒宴、新婚の賀を祝していたのでついに訴え出ることになった。「なぜ、移転せぬのか」という質問に「移転料がございませんので」と答えたので、御上から銭五貫文が与えられた。伝七は「女房は取る、移転料は御上からいただく何たる幸せ」と家に帰ってみると、屋敷は封印されており、慌てて家主の所へ行くと、「先般、役人衆が来られ公儀からお金をもらって移転を命じられたうえは、この家は伝七のものではなく家財も残らず欠所とし、久助のものとする」と処置されたと話したという。

同書はこの話を「茫然としてゆめのさめたる如くなりとぞ」と結んでいる。

次の事例はすでに氏家幹人が紹介しているのものだが、大田南畝の『半日閑話』に記された話である。筆者なりに解釈してみよう。

◎　文化十四年（一八一七）六月のこと。新御番渡部喜右衛門組吉澤五郎右衛門という番士の養父は普段から放蕩者で、本所辺に住んでいたが同町の座頭と仲良くなり頻繁に出入りしていた。三味線弾きの稽古で座頭の妻と出会いついに密通に及んだ。それが座頭にばれ、仲介が入り座頭に金を渡し何事なく収まったが、大屋がこれを聞いて、そのような者（座頭）が町内にいてはまたどのようなことが起こるかもしれず、座頭に○○日まで店を出て行くように迫った。座頭は困り抜き、吉澤の隠居に頼み日延してくれるようお願いしたが、その話を聞いた大屋はますます立腹。悪口雑言に及んだので、ついに、隠居が大屋を打ち大騒ぎになったが表沙汰とはならずようやく内済となった。実は隠居も大屋も座頭の妻と密通していたのだ。南畝は「彼の大屋も至って症わる者の沙汰ありしなり」と結んでいるが、当時は、一人の女を囲と称して数人で共有していたこともあるし、前記のように密夫同士で争う場面もよく見かけられたのである。

前夫との性的関係も密通とされたケースもある。朝日重明の『鸚鵡籠中記』正徳三年閏五月二十四日条に、古渡村の入り婿が性悪なので去年、追い出し、他の者を婿としたが、前夫が戻ってきて密通をし、その最中に今の夫が帰り二人を縛ったというのである。この事例は内済で済んだらしいが、同書には、「前夫は大陰茎の持ち主であった」と記されている。

また、母親ばかりか、二人の娘まで犯しながら、内済で処罰を免れた者もいた。

◎　天保十一年（一八四〇）六月のこと。神田久右衛門丁源七の所にちょくちょく来ていた馬喰丁手代治兵衛は源七の妻と密通。源七はそのことに気づき、入り婿だからと、世間の風聞も治まったらまた、復縁しようと書付を出し、妻からも詫書を差し出させ離縁し自分から家を出た。その後、治兵衛は亭主気取りで入り浸り、姉娘の瞽女とも密通。昨春、妻が死亡してからは、姉の琴の指南で相応に暮らしていたが、この五月、治兵衛は十三歳の妹を二階に連れ行き無理やり、手込めにしてしまった。その後、またまた、二階に連れ行き無理やり、交合しようとしたところ、あちこちに逃げ回るのを力で押さえつけ手荒に扱ったので、陰門が破れ思った以上に腫れ上がりそのせいか毛髪が抜け（性病の感染か）痛みに苦しんだ。元夫の源七は見るに忍びず、北町奉行遠山左衛門尉役宅に出訴した。治兵衛は「強情申張」無実を主張したが、盆前に金二十両で内済となった（史料123）。

これほどの重罪で金で内済とは驚くより他にないが、当時は前述のように、幕府は極力、密通事件を内済で解決することを期待していたのである。

『世間娘気質』には、密通をした娘を持つ親の苦労が描かれている。

◎　なつという娘が本町呉服屋に縁づいたが、下々と密通し離縁され立ち帰った。両親は、また浮名が立たぬうちにと、「其まゝ振袖着せて少しも年のひねぬ様子に見すべきとて、細眉つくらせ白粉濃紅つけて尼棚の塗物屋へ明日の夜よめらす契約」まで何とかこぎ着けた。と、そこへ武家の召使いが現れ、おなつ自筆の「其方と密通せし事あらはれ、いかなる憂き目にあひまいらせ候とも、互の心かはらず来世迄もそひ申べく候」という起請文を見せられ、両親は、内済金を段々とつりあげられ二五〇両で何とか決着をつけたが、そのうえ口留めとして酒をたらふく飲ませようやく帰ってもらったという。

ところで、『夏祭浪花鑑』には密通処理の三段階として明快にその解決法を整理しているので紹介してみよう。

密夫の行ひ様に上中下三段あり。（略）先づ其中下の了簡といふは今其方がする様に討果たすか、重ねて置いて四つにするを極極下の下の下の思案。何故といへ、男らしい事をしたと言はれうとすると、盗まれた鼻毛の恥が世間へぱつと立つ。そこを思うて内證で耳を削ぎ鼻を削ぎ坊主にするをよい様に思へども是がまだ第二番目の思案。極上々の思案といふは、堪忍の胸を擦って世間へも知らさぬ様に内證でさらりつと隙やつて仕舞ふが大極上々箱人の思案といふ。

俗に、間男料七両二分（大坂では五両）の由来は、『世事見聞録』にも、享保の頃、あまりにも密通事件が多かったので「大岡越前守工夫にて、過怠金一枚（大判一枚）出させしといふ」とあり、享保三年の金銀改鋳

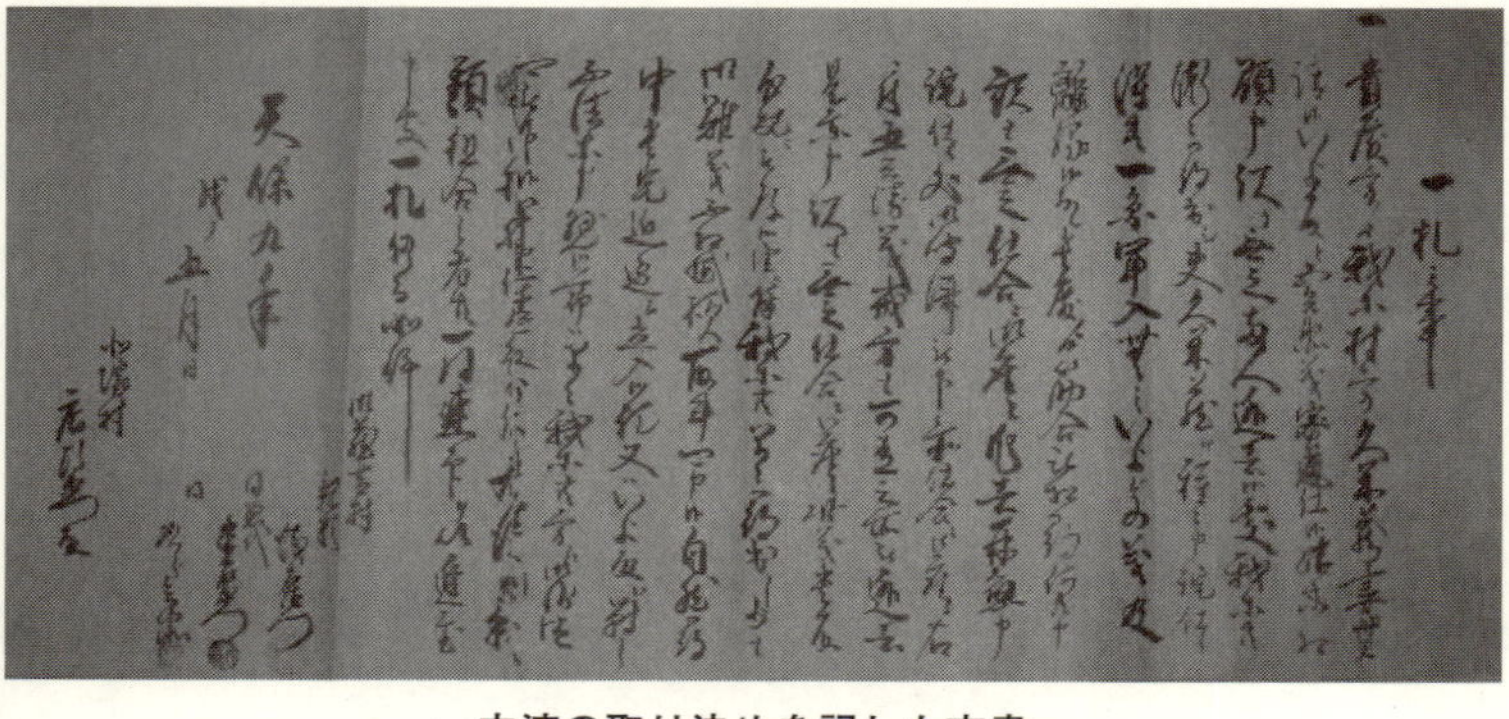
内済の取り決めを記した文書

で、大判一枚を七両二分で取り扱うようにしたことに始まるという。大坂では、「さわり三百」とも言い、大判一枚が三百匁＝五両に相当することから、「堪忍五両」とも呼ばれた（西岡 一九九三）。

村によっては、若者連が密夫から謝り金をとり、さらに本夫からも「女房を寝取られた」という理由で阿房金をふんだくる場合もあった。野州の某村では、それを「油断金」と称したという。それは、本夫に油断があったので女房が密夫をこしらえ、村に手数を懸けたのだという理由からであった（饗庭 一九三二）。

川柳にも、この内済を詠んだものが数多い。

ゆげのたつへのこ大屋をよんでみせ（不明）

二人とも帯をしやれと大屋いひ（末初35）

あつかいで村男は五俵だし（安元桜4）（五両に較べると安い。農民を馬鹿にした作り句）

すへられて七両弐分のぜんをくい（柳拾三十恋10）

内イ済でいけまぢまぢと女房居る（明七桜4）

江戸時代の商品貨幣経済の浸透により、公娼、私娼を問わず性が容易に金銭で売買されていった背景が、密通も金銭で内済とする風潮を助長した。内済に関する次の笑話にはそのことが色濃く影を落としている。

◎ある所の亭主、隣へ来ていふ様、「何でもおらが嚊《かかあ》が間男をしています。つけあてゝ四ツにしてやる」とせいていふ故、隣の夫婦、「それはママあったにせぬがよい。きっと見すまして、切るとも突くとも存分にしたがよい」となだめ、それより亭主いつもの如く朝より出でて、隣に忍んで様子を見る。密夫の来たる見すまして庭から忍び入り、障子を開けてみれば、枕屏風の外に金八両並べてあり。これを見ると後しざりにそろそろ取って帰る。隣には滅多なことでもできなければよいが、と案じるところへ、かの亭主すごすご帰るをみて、隣の夫婦、「どうしたどうした、見届けたか」といへば、かの亭主「これおかみさん、一寸、二分貸しな」（史料29）。

◎さる処に、まおとこ見付けられ、漸〻に侘して小判五両にてあつかひけれど、さいかくになんぎして本妻につげしが、本妻おどろき吟味する。今は是非なく、たった一度の事をおさゑられしと語る。本妻はそらさん顔にて、重ねてたしなましやれ。去りながら此たひは案ることはないほどに、向さまからさし引き金十両取て御座れ。わしはあのお人と三度じゃものといふた）。

言うまでもなく、先述の間男料大判一枚の相場が、享保十年では江戸では七両二分、大坂では五両（銀三百匁）であった。間男料五両とすれば、妻が三度で十五両、夫が一度で五両、さし引き十両となる（史料26）。

最後に、随分ふざけた内容の明治の詫証文を紹介して次節に移ろう。

◎明治十六年（一八八三）、備中小田郡三山村山田某の長男正太郎は、老若醜美の別なく他人の妻と密通するのを楽しみ、同村山田弥吉妻マキとの野合を夫に見つかり仲裁が入り、詫証文に金三円を添え内済となった。その時の証文。

「貴殿の女房槇殿と今日姦通の所を取り押さえられやかましく申され候えども、七、八年前よりたびたびの事にて今に始まり候にこれなく、よって承服致しかね候処、今般杉原正蔵立ち入り、明治十五年より刑法と云うものこれあり。間夫をなすと赤衣を着るとの御理解故よんどころなく金三円差し出し御断り申し上げ候。もっとも向後槇どのと云々候時、御取り押えに相成り候わば、槇どのを貰いうけ、その償いとして我等身体半分を貴殿へ差し出しいささか申し分御座なく候。よって後日のために差し入れ申す証文件のごとし」（史料161）。

第二章　妻敵討

第一節　妻敵討

妻敵討とは、近世においては、本夫が、密夫密婦をその場で殺害（即座之妻敵討）、あるいは逃亡した密夫密婦あるいは密夫の後を追いかけ殺害することを指した言葉で（折口 一九七六、平松 一九六〇）、室町時代から史料のうえでは「親敵」と同様に扱われていた（石井良助 一九四二）。また、手続きも敵討と同様に事前の届け出制（帳付け）を原則としたが、討ち果たした後で届けても、妻敵討に間違いなければ、処罰されることはなかった。

徳川吉宗と、二度長崎に来航した朱佩章《しゅはいしょう》との問答をまとめた『仕置方問答書』によれば、当時の清でも、密通現場で姦夫姦婦を殺害すれば、本夫は無罪とされていた。「本夫其密通の場所にて即座に姦夫姦婦を殺し候時ハ、二人の首を切り二人の袴に包候て持出候得《そうらえ》ハ、官所にて本夫を先四五板打申候。其後紅の絹を掛させ大鼓笛にて其家に送帰し申候。若男女之内一人を殺し候得ハ其密通の證據無レ之候故人を殺候罪に行はれ候」と規定されていた。吉宗の「なぜ、四、五回板で本夫を打つのか」という質問に対して、朱佩章は「是ハ熟威杖と申候而其勇猛に誇り候気を静め候為に打申候。虎を手つから殺候者も先如レ此打申候其意同前ニ候」と答えている。仁井田陞によれば、元代法以降、現場で姦夫姦婦を殺すことが、本夫の無罪の要件とされ、本夫が訴え出る時は姦夫姦婦の二つの首を必要とし、こうした姦通に対する私刑主義は中国だけではなく、アジア諸民族の間でも同様に行われたという（仁井田 一九九一）。

これまで、幕府や各藩の密通仕置に関してはある程度まとまった研究があるが、妻敵討は、氏家幹人を除き、密通の一部として触れられることが多かった。平松義郎は「姦夫姦婦殺害は、幕末まで行われているが幕府は不出来なることとみて決して奨励しなかった」（平松 一九六〇）とし、また、豊富な史料を丹念に拾い上げ、全国的な事例の検討を行った氏家幹人は、山中至の「本夫の制裁権の行使は、当時にあっては恥を世間に公表するようなものであると意識されており」（山中至 一九八〇・八二）を引きながら、「江戸後期になると幕府や藩は一応合法としながら実のところ歓迎しなくなっていった。〈恋の自由化〉で、家の血を汚す行為であるという意識が稀薄になったためである」と評価した（氏家 一九九六）。さらに岡山藩の密通事件を丹念に分析した女鹿淳子は、「（岡山藩では）江戸中期以降、後半になると妻敵討は圧倒的に多くなる」と指摘し（女鹿 一九九二）、最近では、谷口眞子が、岡山藩の事例をさらに補完し、「家の恥になるので妻敵討は行われなかったという通説は逆に理解すべきで、恥だからそれを雪いで名誉を回復するために妻敵討は行われた」と評価している（谷口 二〇〇五）。

その評価については後述することとして、本節では、近世の具体的な事例を掲げてゆく前に、妻敵討の法理の淵源と歴史的な推移について、妻敵討の原初形態ともいえる、「本夫の密夫殺害行為」が姿を現す中世から概観してみよう。

第二節　中世の密懐

中世の密懐について諸先学の研究に依拠しながら素描をしてみよう。本夫の密夫殺害は今昔物語などの諸説話に数多く登場する。たとえば、盗人から密夫と妻の本夫殺害計画を密告され天井の刺客を捕らえて検非違使に引き渡した話（『今昔物語』二十九ノ十三）、間男に間違われ本夫に刺殺された僧の話（同二十六ノ二十二）、自分の妻の所に忍んでくる源義家を討とうとしたがその武勇に恐れ逃げ去った法師の話（『古今著聞集』巻九　武勇第十二）、藤原明衡が指貫のお蔭で密夫として殺されずに済んだ話（『宇治拾遺物語』）、密懐の現場に証人を呼び妻や家来を密夫に与える代わりに密夫の妻・家人・財産と交換することで恥や損を回復した侍の話（『沙石集』巻第九ノ十二）等々。

すでに勝俣鎮夫の指摘にあるように、本夫の屋敷内での密夫殺害は平安時代末頃から社会的に広く容認された慣習であったが（勝俣 一九七九）、その背景には、当時の強い独立性、アジール性（不可侵性）を有していたイエという空間があった。

戸田芳実は、イエは「卯花垣で区画された農民屋敷地、園、垣内は居住と経営のトリデとして強い所有権を持ち、一種の聖域としての不可侵性を持ち、（略）十世紀では、国司が調絹を徴集する使者を現地に派遣する場合でも、民烟に着くと馬から降り着座する礼式が定まっていた。いきなり家中に踏み込んで徴集するごとき行為は、公務と言えども許されなかった」（戸田 一九七五）と述べ、「敷地支配と人格支配が結合した領主の敷地が一種の治外法権的な不可侵性を帯びている」（戸田 一九七二）と結論づけた。石井進も、イエを、「軍事上、農業経営上のセンター、手工業、商業のセンター、自力救済、裁判の主体」と位置づけ、その独立、不可侵性を強調している（石井他 一九八二）。また、網野善彦は、無縁の原理に貫かれているからこそイエの私的所有権は成り立つという説を展開しているが（網野 一九七八）、とりわけ館の中の「塗籠」（奥の部屋の左手にある小倉庫）＝夫婦の寝室は、夫婦の性と種籾の豊穣を関係づける呪術的な観念が存在し、そこは、守宮神《すくうしん》といわれる納戸神、屋敷神が住む場所と観念されていたという（坪井 一九七六、保立 一九九九）。こうしたイエのアジール性は後の分国法や、近世の各藩邸の不可侵性や（氏家 一九八八）、駆け込み慣行（笠谷 二〇〇二）、寺院への欠入り（佐藤孝之 二〇〇六、勝俣 一九八六）にまで脈々と受け継がれていった。

一方、貴族社会では密通はどのように処理されたのであろうか。長久二年（一〇四一）三月二十七日、中務宮邸で男の叫び声があった。殺人事件だというので、検非違使が四方を取り囲み、看督長を垣穴から入れ下人から事情を密かに聞くと、高階成棟が突き殺されたとのこと。中務宮敦貞親王に公式に問い合わせると強盗に殺され下手人はもういないとの返答であったが、翌日、下手人中原師範は門前で引き渡され、縄を付し引率され獄所に拘禁された。この事件は、成棟が師範の妻と密通していたことが原因であった（史料65）。また、建暦二年（一二一二）六月六日、右衛門尉の妻と左近大夫某が密通し、本夫が密夫の召出しを訴えたのに対し、院は、「不㆔能治㆓其閨門㆒、不㆑及㆓訴訟㆒歟」と素っ気なく却下している（史料137）。

高群逸枝は、「平安時代末から夫婦の同居傾向が強まるにつれ密通問題は激化するが、密通そのものは公権力により罰せられず、自族的私刑に委ねられ、私刑者を社会が罰した」と指摘した（高群 一九六三）。同書で高群があげている以下の事例はそのことを物語る。

嘉禄元年（一二二五）二月十三日、大炊御門万里小路に住む継母の密夫（禁裡近習）を子が太刀で峰打ちしさらにその面を打ち六波羅に突き出そうとしたが、母の請いで恩免した事例（史料137）。また、嘉禄二年（一二二六）六月二十三日、異母姉弟であった侍従親行と基忠の妻が本夫の家から逃げ、両人の父源雅行が両名の首を刎ね六条朱雀に二人の死体を放置した事例（雅行は後に子息を害した件で放逐の罪に問われている）（史料137）。つまり、貴族社会では、本夫の密夫殺害は認められず、普通の殺人罪と同様に取り扱われ、密婦の髪を切っただけでも検非違使の追捕の対象とされていた例もあり（史料131）、さらに鎌倉時代でも、本夫の密夫への復讐観念が弱く、武家のように一族をあげての合戦にまで発展する可能性がなく、密婦に対しても、武士が追放したのと違い、単に本夫が密婦の許に行かずに婚姻を自然に解消するだけという相違があった。すでに、辻垣晃一が述べているように、それは、武士の場合が嫁入り婚、貴族の場合が婿入り婚という婚姻形態からの、妻の夫への従属度の差違に大きな原因があったと思われる（辻垣一九九七）。

では、貴族の場合密夫殺害も訴訟の道も閉ざされていたとすれば本夫にいったい何ができたのだろう。すでに、辻本裕成は、密夫が本夫の権力下にある場合のみ、恩恵停止、追放といった合法的な復讐を果たすことに限られていたことを明らかにしている（辻本二〇〇二）。

公家と武家の密懐に関する見解の相違は、次の事件からもうかがうことができる。正治二年（一二〇〇）三月二十七日、六条万里小路で、若狭前司保季が、掃部入道郎党吉田右馬允親清の妻を白昼犯した。そこへ六波羅から帰ってきた本夫がこのことを知り、早速これを追い、六条南万里小路西丸条平門で切り殺したが、検非違使が逮捕に向かう直前に親清は逐電してしまった。この記録を書き残している藤原定家は、密夫の保季を非難する一方で「諸院殿上以上物白昼殺害、又世間重事歟」とし、さらに「本夫先《まずもって》以大刀数刀切レ之、従者又寄打殺云々。於二武士一又高名、甚異様事也」と武士の密夫殺害の慣行を「異様事也」と非難しているのである（もっとも、この場合、主従で行った制裁を非難しているのかもしれないが）（史料137）。

次に、『吾妻鏡』から鎌倉幕府の御家人間の密通事件を見てみよう。承元三年（一二〇九）十二月十一日、美作蔵人朝親の妻が、小鹿嶋橋左衛門尉公業の家で密懐した。朝親が復讐をしようと軍勢を差し向け合戦が始まろうとしたが、報せを受けた北条泰時は、公業に、朝親の妻の返還を命じたが、なかなか承引せず、再三の命令でようやく引き渡した。しかも、密夫の公業は、幕府から何ら罰せられることはなかった。先述の、イエのアジール性の裏返しの事例である。

この、本夫による密夫殺害の慣習は具体的にいつ頃から生まれたのだろうか。『今昔物語』を丹念に分析した星野志津子によれば、九世紀中頃から上層で妻の性的従属が強化され、十世にはその傾向が下層にまで及び、本夫の密夫殺害が生まれ、『宇治拾遺物語』が成立した十三世紀初頭には慣習化したという（星野 一九九〇）。先述のように配偶者以外の異性との性的関係を排除しない対偶婚から一夫一妻制に基づく単婚、婿入り婚から嫁入り婚への変化、家父長制的家の成立などの社会的な変化が、先述のアジール性をもつイエの出現共々、その背景にあった。

その後、式目三十四条では初めて密懐法が明示され、「強和姦を論ぜず、人妻を抱いた者は所領半分没収し出仕を停止する。所領がなければ遠流。女も所領半分没収し、所領がなければ配流」とした。強姦でも、女性が同様に罰せられたのは疑問が残るが、この傾向は戦国時代の分国法でも同様で、当時の社会が、後述するように、強姦などという性観念が稀薄で、処女や貞操観念などの性規範そのものが成立していなかったことを示すと思われる。また、この密懐法が後世のそれと比べ緩やかなのは、所領諸職を持参して婚姻した武士の妻は、家の中で夫と対等の地位を占めていたからに他ならない。さらに式目追加二九二条では、庶民の密懐法が明記され「訴えがあり両人を召し証拠が分明であれば、名主輩は過料二十貫、百姓等は過料五貫文科す」とし、女性も同様とされた。

このように、鎌倉幕府法では、武士も庶民も所領、銭貨の違いはあっても、密夫・密婦を等しく罰するという特色を持っていた。この女性も同罪とする考え方が次に述べる妻敵討事件での密婦殺害の慣習化につながるのである（田端 一九八七）。

第三節　密懐法の展開

平安末期から中世に行われた本夫の密夫殺害は、根強い復讐感情や自力救済から、本夫に殺害された密夫側がさらに本夫を殺害し、双方の損害を相殺して解決されることも度々あった（西尾二〇〇八）。

そうした密夫、本夫殺害という解決方法に大きな転換を強いる事件が、文明十一年五月、京都の五条烏丸で起こった。その地の梅酒屋小原某が妻の密懐の相手として赤松氏被官甘草を五条坊門油小路で殺害した。すると赤松氏は復讐のため討手を差し向けたが、小原某の子が斯波義廉の被官板倉氏の被官で板倉氏、さらに山名氏が合力し、両軍集結しあわや合戦という状態にまで陥った。すでに、この頃の密懐は、本夫の寝所ではなく家の外の空間で行われ、本夫も他人を語らって密懐の宿所へ出向いており、かつての、本夫の家の内部での事件から大きくその姿を変えていた。ここで室町幕府（足利義政）はその調停に乗り出し、鎌倉幕府の式目密懐法をようやく発見したが（法曹官僚はその読み方すら覚束なかったが）、その規定が事態解決に何の役にも立たないことから、新しい法理を作り出す。赤松氏は「為㆓婦敵㆒令㆓殺害㆒之時、本夫可㆑全㆑命事如何、以㆓殺害之科一、被レ処二同罪一候儀、近代武家之儀、度々例存之由（妻敵として密夫を殺害した場合、本夫が何の処罰を受けないのは如何であろうか。殺害の場合は、同罪に処せられるのは、近代武家の習いで度々そうした例もある）」（史料104）と、本夫の殺害を主張したが、幕府は「為二妻敵一殺害、其妻令レ害者同罪、其外本夫為二同罪一可レ被レ殺事不レ叶二道理一（本夫が妻敵を殺害し、密婦も殺害しそのうえ、本夫が同罪として殺害されるのは道理に合わない）」（史料104）と説得し、抵抗する赤松氏は最終的にそれを受諾し両軍は引き上げた。ここで初めて「密婦を本夫側で殺すこと」で被害者（密夫）の復讐を諦めさせる方法が案出され、「以後可レ為二此法式一」とされていった（田端一九八七）。

勝俣鎮夫はこれを相当之儀＝相殺主義と名づけたが（勝俣 一九七九）、後に本夫の密婦への私的刑罰権と評価される密婦殺害も、元々は殺害された密夫側からの復讐を諦めさせ、両者の衡平感覚を満たし、大きな紛争に発展することを未然に防ぐためにとられたきわめて政治的な措置でもあったことに注意しよう。私は、この相殺主義は、当時、紛争解決として頻繁に利用されていた「折中の法」から生み出され、それは、後の「喧嘩両成敗」にも通じる法理であったと考えている。

中世には、身代わり、わびごと（藤木 一九八七）、下手人の制（羽下 一九七七）や、降参半分の法（石井進 一九七四）など、さまざまな紛争解決法が行われていた。その中でも、第三者が紛争の調停を行い和解を講じる慣行―「中人制」が最も広く行われたが、それは「折中の法」に基づくものであった（勝俣 一九七六）。笠松宏至は「中人制が中分、折半をその調停の基本に置くがゆえに、その法式そのものが折中と呼ばれ、いずれの側にも必ず何らかの理があり、必ず何分かの非があるに違いないという根本の法思想こそ、折中に一種の没理性的な効力を付与し続けた」と述べ、「中分とは具体的な折半の場合もあるが、一般的にいえば、当事者双方の主観的衡平感覚を満足させることである」と結論づけた（笠松 一九八四）。

さらに、清水克行は、これを踏まえ、「やられた分だけやり返すのが、中世人の衡平感覚であり、折中の法は神の意思を越える究極の解決策としての役割を果たした」と述べ、さらに「喧嘩両成敗法の目的は、威圧、威嚇にあるのではなく、両者の損害を衡平にすることにあり、それは、折中の法に由来する伝統ある法であった」と位置づけしている（清水 二〇〇四）。

とすれば、密婦殺害は、殺された密夫側と妻を寝取られた本夫の衡平感覚を満足させるうえでは、折中の法、喧嘩両成敗、もっと簡潔に言えば、現在でも行われている「痛み分け」という社会的慣習と大変深い関係を有していたと考えざるを得ない。その当初は、集団間の紛争解決というきわめて政治的な法的措置から生まれた、本夫による密夫密婦の殺害権は、初めて合法化され、その後、個人間の密通問題でも適法化され広くかつ長期にわたって行われていくのである。

以下、いくつか代表的な分国法を見てみよう。

一、ひっくわい（密懐）のやから、ほんのをつと（夫）のかたより、しやうがい（生害）さするのとき、をんなをたすくる事、はうにあらず。たゝしねや（寝屋）におゐてうつのとき、女（女房）はうちはづし候ハバ、うちてをつと（越度）有べからざるなり。（『塵芥集』百六十四条）

一、妻敵之事、件女密夫一同仁可レ討事。（『六角氏式目』四十九条）

一、他人之女ヲをかす事、縦雖レ為二歴然一、男女共同然不二相果一者、可レ行二死罪一。
付、親類令二同心一討事、非道之上、可レ為二曲事一、若其男ふがいなく、又ハ留守之時、外聞相洩於二猥族一者、為二在所中一可二相果一事。（『長宗我部氏掟書』三十二）

一、人之女密懐之儀、何方にても不レ去二寝所一、可レ討二果之一。大形浮世之取沙汰計ニて、無二証拠一儀ハ、法度も如何。是又男女之分別肝要。且ハ可レ依二其時之沙汰一事。
（『吉川氏法度』五十九条）

『塵芥集』で「をんなをたすくる事、はうにあらす」とあるように、本夫は密懐の男女を共に殺害すべき事が強く要請されていたが、寝所で密夫を殺し、密婦を打ち損じても越度にはならなかった（寝所で二人を押さえたので密懐の証拠となった）。また、『長宗我部氏掟書』では、密通の男女を討果さなければ本夫が死罪とされ（大竹・牧 一九七五）、本夫が何らかの事情で討果たせない場合は、在地の者で密通男女を殺害することを命じている。総じて、分国法では、妻の貞操権侵害行為は、夫の権利侵害行為と見なされ、密通男女を共に殺害することが半ば強制され成文化された。谷口眞子は、この事に関して、一人が逃げてしまった場合、密通が事実だったか確認できず、本夫が殺人犯になってしまう可能性を当時の領主が危惧していたことや、寝所以外では、両方を殺し双方の衡平感覚を満たされると考えられていたことを推測しているが（谷口 二〇〇五）、おそらくそうであったに違いない。

　では、江戸時代ではどう変化したのだろう。

①一、密二懐他人妻一輩、於二其所一男女共討留ハ、不レ可レ有二子細一證據分明に申出候ハバ、穿鑿《せんさく》之上、可レ處二男女同罪一、然上ハ為レ私不レ可レ掛二遺恨一事。
（『江戸町中定』）

②一、人之妻密懐之儀、自二往古一如二法式一、何方ニ而も不レ去二寝所一可二討果一専一也。亦大形浮世之取沙汰計にて無二證據一、自二公儀一申付儀如何。是、又夫之分別肝要。
（『京都所司代板倉氏父子公事扱掟条々』）

③一、妻敵之事、寝髪を押へ、男女共に於レ致二殺害一は、尤本夫に構無レ之。
（『御當家令條』）

④一、惣て密通之儀、密会之所を押候か、或は艶書等其外慥《たしかなる》成證據等有レ之、密通と議定致す通例也。

（『律令要略』）

『公事方御定書』の第四十八条「密通御仕置之事」の条文中、本夫の私的刑罰権を認めている部分は冒頭の次の二箇所しかない。

⑤一　密通致し候妻　死罪
一　密通之男　死罪

追加
寛保三年極
一　密通之男女共ニ夫殺候ハバ、無レ紛においてハ、無レ構（A）

追加
同
一　密夫を殺、妻存命候ハバ、其妻　死罪
但、若密夫逃去候ハバ、妻ハ夫之心次第ニ可二申付一、

追加
同
一　女同心無レ之に、密通を申掛ケ、或家内江忍入候男を夫殺候時、不義を申掛候證據於二分明一ハ男女共無レ構
（B）

以上①から⑤に至るまで、その現場（本夫の屋敷内という限定はない）で、密通男女を殺害し、證據が明確であれば本夫は無罪とされていたことが分かる。

すでに山中至が述べているように、本夫の私的刑罰権を認めた⑤のA・B共に、いずれも公事方御定書制定段階では規定に盛り込まれず、翌年の寛保三年（一七四三）の追加になっていた点に注意したい（山中 一九八〇・八二）。これは、有夫女の密通に対して、私刑よりも公刑を優先させようとする幕府の意図が現れているが、平安時代からの私的刑罰権をやはり無視できなかったことを表している。

では、一方が逃げてしまった場合はどうなるのだろうか。寛政期以降の作と考えられる『聞伝叢書』には「證據か何か怪しいこともなく、女房ばかり殺し男を取り逃がした場合でも、押込位の御仕置になり、密通に紛れなければ、一人切り損じても咎めを受けることはない。また、女房を先に殺し、年月を経て他所で男を見つけ殺しても（両度に殺しても）、何ら御咎を受けることはない」とあり、逆の場合、密夫を殺害したが密婦を殺害しなかった武士は藩によって禁獄や退去の事例も見られた（史料9）。江戸中期以降、本夫の自由な殺害権は拡大され、「無紛」「證據分明」であれば、それまでの「密通の現場で、二人同時に」という条件は解除され、妻敵討は制度的に容認されていったのである。

かつて、高柳真三は、本夫の密夫密婦殺害を法理的には、密夫に対する私的報復権と密婦に対する私的刑罰権の結合したものという独自な位置づけをし、当初、それらを分離すれば、証拠を明確にできなかったことから、「密通の現場で、二人共同時に」という条件が付されたが、裁判制度が確立し犯罪の審理が慎重に行われるようになると、分離させても悪用される危険が加わる恐れがなくなり、「二人共同時に」という制約は解除されていったという見通しを立て、それは「妻に対する刑罰権が内容を増大させたのではなく、報復権において拡大の形態をとった」とした（高柳 一九八八）。

妻敵討の被害者による復讐に関して『酒井家教令』によれば、「一、密夫之儀、大法之通、其品分明に、密夫密婦殺害之上は、親子兄弟親類仇討遺恨不レ可レ存事」と、敵討同様、その報復を禁じている一方で、「其身双方之親子兄弟、不レ及二遠慮一奉公可二相務一事」と以前と変わらぬ奉公を保障している。あえてこうした規定を設けなければならなかったところに、近世初期には、中世以来の復讐感情がまだ依然として人びとの意識の中に強く根付いていたことが推測される。

幕府が最終的に「無紛」「證據分明」にこだわったのは、密通がさまざまな目的に悪用されたからに他ならない。その中でも最も多かったのは美人局であった。美人局に関する次のような川柳がある。

よかるのをあいづと夫婦だんじ合（安二松3）

女房をゆるくしばって五両とり（安永1川柳評）

また、本夫が仲間に頼み妻と密通を仕組みそれを口実に離縁に持ち込んだり（史料139）、妻に申し含ませ密通をさせ、その相手（自分の敵）を打ち殺したりという事例もある（史料1）。

近世における妻敵討について長野ひろ子は「夫婦は主従の関係で、妻は夫に絶対的に服従し忠誠を守るべきもので、密通はそれに対する最大の反逆行為であるという幕府権力の認識があった」とした（長野 一九八二）。夫が妻を主人に奉公に出し、主人が妻を懐妊させてしまったので、夫が密通を訴えたところ、それを担当した京都所司代板倉重宗は、「妻を奉公に出した時にすでに夫婦関係は切れているので」と却下したという（脇田修 一九八二）。武士の主従関係は「三世」とされ、「二世」の夫婦関係に優越したのである。

こうした妻敵討の慣行は、明治政府にも受け継がれ、明治三年の『新律綱領』、明治六年の『改定律令　第百七十二条』、明治十三年の旧刑法でも本夫の密夫密婦殺害権は認められ（無罪、減刑）、明治四十年の新刑法でようやく本夫の殺害権は廃止されるのである。

第四節　妻敵討その実際

Ⅰ　武士の場合

密通男女もしくは密夫が逃走した場合、本夫は妻敵討のために主君に暇を乞い、その届けは主君を通して江戸の町奉行に帳付され（事後でも可）、その復讐の旅に出た。帳付はすでに正徳期に認められていたらしいが（谷口二〇〇五）、岡山藩では、妻敵討に成功しても、一旦、退去し（その際、岡山藩では、屋敷に槍を残しておく慣習があった）、藩からの召し返しを待って帰参するのが一般的であった。

彼らを妻敵討に走らせたのは、家の存続、というものの他に、名誉の問題―「一分」や「義理」―というものが複雑に絡み合うものであった。「一分」は武士の内面的な規範、道徳と言うよりは「個人に即した心の動き」のことで、「義理」は、「武士の道徳として論理的に要請される規範」「世間が認めると思われる行動をする意思」のことだが、「世間」とは「この二つが立たないと思わせる判定者」で、武士の倫理観の最も根底をなすものであった（山本二〇〇三）。まず、妻敵討の史料が豊富な岡山藩から（史料6）。すでに同藩の不義密通については、女鹿淳子の詳細な研究があるが、以下、筆者なりに解釈してみよう。

◎　享保四年（一七一九）、岩田勝兵衛の妻と座頭知品都が密通した。勝兵衛は五月十八日妻を殺害し「盲人をば切るべき刀なし」と、知品都を岡村検校に引渡し出奔した。密夫は柳原で斬罪（私刑）され、勝兵衛は現三百石の半分で召し返された。これは明らかに本夫が直接、密夫を殺していないことからの藩の厳しい処置であったと思われる。

◎宝暦六年（一七五六）、中條八郎右衛門の娘は家臣と姦通したので、親八郎右衛門は、二人を殺害。これは当時、娘が密通した場合、その親が娘を殺害しなければ、娘の家が断絶となるからであったが、その後の詳細は分からない。

◎寛政九年（一七九七）、御右筆長崎吉郎の娘と同家の僕金平が出奔した。父吉郎は息子二人を連れ退去。在府中の吉郎の弟河村庄右衛門も退去。その後、二人が児島郡八浜村辺に隠れているのを見つけ、吉郎は、娘を同郡天城村の墓所で殺害したが金平は逃走した。叔父の庄右衛門は、寛政十年五月十三日に帰参が認められ、元の四十五俵四人扶持、城代支配中小姓になったが、親吉郎の帰参については記述がない。

◎文政元年（一八一八）、徒目付小橋伝蔵（婿養子）の妻は、積気療養のため、叔父の吉岡與一郎宅に在宅中、出入りしていた三吉と出奔した。三吉は小橋善次郎の長屋に住んでいたが、妻を床下（炬燵の下）に匿っており、二月二十五日、二人とも捕らえられ即日伝蔵宅で本夫により殺害された。伝蔵は殺害直後、子供を引き連れ退去。叔父である小橋善次郎（城代支配徒格）も二十七日退去したが、叔父は三月二日、元の通り帰参。伝蔵はそれからかなり遅く九月二十三日に、元の約半分二十五俵三人扶で帰参した。

◎享保十三年（一七二八）、狩野傳直の妻と傳直の友人小出弁之進が密通をした。本夫は、十月二十五日に二人を切り殺し出奔した。妻の父狩野三徳も二十五日に出奔し、十二月一日に召し帰され、妻の母方の叔父児島団九郎も江戸で出奔したが、十二月二十八日に帰参し前役を仰せつかった。しかし、肝心の本夫の処遇については記述がない。

◎天保十年（一八三九）、河村傳九郎の妻と召仕の清次郎が密通。三月二十七日に出奔して赤穂へ向かい、二日後、傳九郎が連れ帰り二人を殺害したが、「一分立難」直ちに退去、家屋敷は藩へ返納した。傳九郎は翌年二月二十四日に帰参したが、その待遇は五十石減の百三十石城代浮組であった。

◎安政三年（一八五六）、古田加兵衛の妻と、同家の召仕仁左衛門が八月二日出奔した。その後、二人は邑久郡東片岡村法田の海岸で溺死体で発見された。加兵衛は死骸を自宅まで連れ帰り改めて死骸に手をかけ娘と共に退去した。妻の兄寺崎勇次郎も出奔したが、翌年十一月に帰参。城代浮組に編入。本夫については不明であった（史料6・36）。

谷口眞子は同藩の事例から、「密通が発生した時点で、少なくとも密夫か、密婦を出した家のどちらかが断絶した」とし、「二人とも出奔し殺害できなければ両家断絶、密婦側が二人を殺せば密婦の家のみ存続、密夫側が密夫を殺せば密夫の家のみ存続し、密夫をどちらが殺害するかが家存続、断絶を左右した」と述べている（谷口 二〇〇五）。前記の事例からもそのことがうかがえるが、岡山藩では身内内で密通が発覚した時点で、親族中で出奔、退去するのは本人たちの意思というよりは、すでに慣習化していたこと。また、妻敵討を成し遂げても、召し返しに意外と時間がかかっていること（長くて一年）、帰参の待遇が、以前の禄高よりも多くの場合、減額されていることにも注意を払う必要があろう。時間がかかっているのは、「家内不取締り」に関する罰則的な意味があり、また、禄高減額については、妻を寝取られた夫に対する評価がやはりあまり芳しいものではなかった結果であることを示唆しているように思える。もう少し、妻敵討の世界に分け入ってみよう。

◎享和年間の出来事だが、大井新右衛門の妻は養子吉五郎と密通をした。このことを知った新右衛門は九月十七日城から退出し、上下のまま両人を斬殺してしまった。吉五郎は類なき美男で実家にいた頃、築地業平と美称されていたが、そのことを届けると、妻の死骸は取り捨て、吉五郎の死骸は実家で引き取らせよとのことであった。妻の死骸は、馬が死んだ時のような取扱で、運び賃五両で非人に遣わすと、門前に妻の里方の家来が待ち受け、十両で買い取り、非人共は「新右衛門のお陰で思わぬ横財を得た」と喜んで周囲に話をするにつけ、悪評はますます高くなった。翌年、正月十一日、新右衛門は使番となったが、同十七日、乱心して自害してしまった。二人を殺したのは去年の九月十七日、自害したのは正月十七日、実に不思議なことである（史料32）。

武士の場合、密通の多くは、本夫の江戸詰の留守中に発生することが圧倒的で、その風聞や報せを受け取った本夫は、主君に暇を乞い、急ぎ、国元に立ち戻り妻敵討を行ったが、実際にはさまざまなケースがあった。次の事例は、氏家幹人が紹介したものだが、筆者なりに整理してみよう。

◎延宝元年（一六七三）一月。福岡藩の篠尾八兵衛が帰宅すると妻の姿が見えず、ようやく奥から出てきた。妻を問い質すと、相組の水尾佐左衛門が留守中にやってきて、無作法を仕掛けてきたので必死に断ったがついに刀に手を掛けて強姦に及んだという。さらに今日、八兵衛が五、六日の町廻りでその留守にも忍び入ったことを妻は詳しく白状した。八兵衛がこの事を知ったのを佐左衛門は察したらしく覚悟をし、佐左衛門が門から出てくるのを見たので八兵衛から仕掛け殺してしまった。佐左衛門は丸腰だったので延期しようかとも思ったが、日頃はなかなか出会わないので殺したという。

八兵衛が言うには、「女房の髪を切り命を助けたのは、事実をありのままに白状してくれ、そのうえ、私は傍輩を殺め切腹すべきところ、白状した女房が後々の証拠にもなるだろうと思い助けておいたのだ」という。

吟味の結果は、佐左衛門の不義は明白で、「きられそんの分」であるとされた。八兵衛はそのまま、女房も「不義者ニ付、片耳を切り追捨、但し女之儀故、住所は御構なし」とされたが、さらに注意を惹くのは、殺された佐左衛門の姪婿清水助太夫と、甥で十五、六歳になる者が、八兵衛に怨みを抱かないようにと集められ、堅く書面で申し渡されたことである（史料122）。

ここでもまた、この妻のように、和姦ではなく強姦であったにも関わらず、「不義者」とされた点に、当時の、女性にのみ貞潔を求める儒教的道徳を指摘することができる。

◎延享元年（一七四四）、大坂の青木藤七女房ふさは、平田平左衛門と前々から密通をしていた。ふさは書置を残して出奔し、三月上旬に平左衛門と大坂を発ち山城国葛野郡妙成寺に知り合いの僧がおりそこに逗留していた。藤七は武士の意義立難く土佐守に暇を乞い、三月二十一日大坂を出たがその際、二人の子供に「おしむなよやかて散る花土産にせん」なる一句を残した。

当時、藤七には老母と八歳になる駒五郎、五歳の林之助がいたが、さすが武士の子、潔く暇乞いし父を見送った。人目を隠し非人同様に姿を変え京へ上ったが敵の所在が分からず、あちらこちらと忍びながら探し回った。ようやく所在を突き止め四月十二日の暮方、妙成寺に着いたが最早深更に及び門を叩くと同宿の坊主が出てきて、「誰か」と尋ねたので名を名乗り「御寺内の来客に会って話したいことがあるので門を開きたまえ」と言うと、「今宵は住持が外出しておる故、簡単には開けられぬ。その客の名を御存知か」と問うたので即座に答え、坊主は心配はいらぬと思い中に入れると、「平左衛門は拙者の妻を伴い寺内にいると聞く。ここまで来たので平左衛門をここへ出して欲しい」と言えば、平左衛門も最早逃れられないと思い出てきた。「自分は武士の意義立難くここまでやってきた。其許も覚悟をして尋常に勝負いたすべし」「このようになることは、前々から覚悟のうえなれば」とて坊主に頼み、墓所をよく掃除し四方を囲い八方に火を灯し両名と妻、坊主がその墓所に行き刀を抜合い戦った。一時間ほども切り結んだが勝負がつかず、そのうち藤七が小指一本を切り落とされたが、平左衛門の眉間に一太刀負わせ大袈裟に切り倒した。坊主、ふさは思わず「お手柄」と言うばかりであった。藤七はふさに二刀刺し通し、坊主に「当地の名主組頭まで伝え、そのうえ、御公儀の御検使も受けたい」と頼んだ。この騒ぎを聞きつけ村中は上へ下へと大騒ぎをし、若者たちは手に鉈、鎌よと慌てふためき、名主を先頭に数百人が寺にやってきたが、藤七は冷静に事情を話し、「急ぎこのことをお役所へ連絡して欲しい」と頼み、事態はようやく治まった。平左衛門三十一歳、ふさ二十八歳であった（史料62）。

◎享保九年（一七二四）十二月二十八日、金沢で吉田與兵衛の妻が、隣家の大脇豊右衛門と密通をした。與兵衛の伜がそれを知っていたことから露見し、與兵衛は伜の助太刀を得ながら、豊右衛門を切り殺し妻をも刺殺したうえで、豊右衛門兄の伴之丞方へ行き、その事情を説明し「存念があればお相手を致す」と申し入れたところ、「弟の不義のことなので存念もない」ということだったので、自宅に帰り支配中に断りを入れ検使を済ませたという。別話に、與兵衛の毒殺を図る手紙を伜が見つけ父に知らせたところ、そのままにはしておけないので、豊右衛門を呼び寄せ問い糾すと逃げたので追いかけたところ、逆に與兵衛は下に組み伏せられたが、與兵衛方に同居していた斎藤孫左衛門が走ってきて助け、さらに與兵衛舎弟、伜の三人で切り殺し、妻をも切り殺したという（史料72）。

この話では、本夫を含む四人で密夫を殺害したわけで、現代人の目から見れば決してスマートとは言えないが、妻敵討で本夫が密夫に殺されるような危険な場面も十分あり得たのである。

高柳真三は、密夫への報復権には「復讐を淵源とするところ、一脈相通じた思想が流れていた」とし、妻敵討の根底に深い復讐感情の存在を指摘した（高柳　一九八八）。もっとも、本夫を突き動かしていたのは、社会的な名誉の回復や家の存続という現実的な問題もあるにはあったが、本源的には密夫密婦への復讐感情ではなかったか。たとえば、次のような事例はそれらを物語る。

◎　宝暦十三年（一七六三）四月二二日、暮六ツ過。福井藩の鈴木市右衛門は、筆頭松江市左衛門方に口上書を持ってきた。それによると「一昨年、欠落した私の妻を探し回っていたが、三国辺また砂子坂から糸崎辺で見かけたという噂があり、手遅れになってはいけないので御咎めは覚悟のうえで『御断捨ニ仕』にまかり越しました」というのである。近所の町人二人（金兵衛、武兵衛）を連れて早速出かけ、物買いに出ていた婆から、安養寺垣地に夫婦者が住んでいるというのでその家を確かめて一旦戻り、また、出直しその家の窓からこっそり覗くと、男は竈に向かって胡座で片手を懐に入れて煙草を呑んでいた。女は男から三尺も離れ煙管をくわえていたが両名に間違いなしと、武兵衛を裏口に金兵衛を表口に置き、市右衛門はずかずかと入り与兵衛が膝を直そうとしているところに飛びつき押し伏せ、胸に二突き、女に飛びつき「覚悟せよ」といい胸に二刀、その時、与兵衛が立ち上がったところを押し倒し何度もひぐり（えぐり）とどめを刺し、女にもとどめを刺した。流石に腰物を水で垢を落とし、竈に水を掛け持仏灯明も消し死骸に筵をまくりかけた（史料45）

また、氏家幹人が紹介しているように、密通が発覚した直後に、妻を殺し、その翌日、密夫の両親、妹、乳母、腰元の六人も殺害した鳥取藩での事例（史料9）があるかと思えば、密婦を殺害するときに、背負っていた子供も殺し、「世上の人口から遁れ難く永ノ暇を申し上げ」たが、藩から奉公はこれ迄通りと帰参を許された弘前藩士の場合もある（史料48）。

情けない武士

何らかの事情で主体的な行動がとれず妻敵討ができなかった情けない武士も多数いた。

◎元禄十二年（一六九九）八月二九日、尾張藩の稲葉弥右衛門の妻と草履取りが密通をしていた。弥右衛門が夏頃、夜帰宅すると、僕が紙帳の中から裸体の女房と出てきたので大いに怒り二人を切ろうとしたところへ、弥右衛門の継母が間に入って止めようとし、母が傷を負った。一旦、弥右衛門も当惑しその後はそのままにしていたが、我慢がならずついにその僕を切った。妻は乱心して親谷田茂伯方へ遣わし籠に入れられた（史料92）。

◎『享保日記』、享保十一年（一七二六）八月の条に次のような記述がある。大御番師岡藤次郎が御番留守の際、妻と青柳村六郎治は密通をしていた。妻は家来一人を召し連れ、夜更まで所々に外出していたが、藤次郎はそのことを知りながら詮索をせずそのままにし、妻が外出し不義をし放埒な行動を取っても全く知らずにいた。また、留守の時に、手前長屋に六郎治と妻がいて一緒に帰るのを見かけ疑わしく思い六郎治を討ち留めようとしたが、妻に大小をもぎ取られその際、少しばかり手を切り絶え入ったのでそのままにし、さらにその訳も糺さず、その後、六郎治を呼び寄せ、「先だってのことは底意があったわけではなく、前々通り、出入りするように」と話した。これだけでも、士道立難いのに、ついに妻の心底が分からず離縁しようとしたが、舅近藤半衛門は義絶の故をもって受け取らなかったので、下賤の者に申し含めて妻を他に遣わし、「今後一切関係がない」との証文まで遣わした。勿論、人道に背いた者の儀ではあるが、卑しくも諸士の娘で一旦、妻にもしたうえはたとえ舅が受け取らないといっても、他にも取り計らいの方法もあったにも関わらず、大法を蔑み幼少の子を捨て立退き、「二道にも相欠け士風を失」ったので、藤次郎は、町中引廻のうえ、斬罪となり、密夫の六郎治は、上下御町に一日、居村に一日晒のうえ、斬首梟首、六郎治の父七郎衛門は、四郡御構遠郷松岡領へ御追放、妻の父近藤半衛門は永ノ御暇にそれぞれ処された。しかし、密婦の処分のついての記述はない（史料31）。

◎同日記には、翌年に起きた同じような密通事件を記している。それによると、加藤権十郎は普段から太田丈衛門と昵懇の間柄であったが、丈衛門が煩っている時は自宅で療養させるほどの仲であった。妻と丈衛門との密通に気づきながら、問い糾すこともなければ、注意を与えることもせず打ちすぎていたが、丈衛門がやってきて自害すると言い出した時でさえ夫婦で止め、妻、丈衛門が共に密通について白状してもそのまま放置し、伜長七が、そのことで自害した後もそのまま打ち捨て、かえって丈衛門に以前同様、出入りをさせていた。幕府の判決は厳しく、権十郎は、「士道難相立」斬罪、丈衛門も斬罪、妻は斬罪梟首、密夫の兄二人は、押込、逼塞となっている。

このように、密通処理に際し、士道立ち難く、斬罪となった武士がいたことを確認しておこう。

◎享保十二年（一七二七）、仙台藩の原権之丞は自分の妻と井上善太夫が密通していることを書き置きしこの二月に出奔したが、この度帰ってきた。「取計い方もさまざまあったにも関わらず、士ニ不似合仕形ニ候」と、他国御追放となった（史料76）。

◎氏家幹人が紹介した次の事例。

享保十三（一七二八）年六月二三日。鳥取藩士榎本善蔵の妻は小平治と密通をしていた。善蔵はまず、妻を殺しそれから小平治方へ行ったところ、父弥十郎が立ち合い、「この件に関してはあなたの越度にはしないので一まず帰って欲しい」と言われややむなく帰っている間に、父は小平治に自害させ兄に介錯させてしまった。善蔵はこのことを知り、自分の本意を達することができなかったことに慚愧し、ついに自刃して果てた（史料9）。

◎安永二年（一七七三）十月、浪人菊地宗太郎は妻きよと、澤村弥六が密会しているのを見つけ、弥六を討ち留めようとしたが逃げられきよを殺害した。そのままその場所に置き見分を受けるべきはずなのにそうせず三畳半の座敷に死体を引き移してしまった。「不埒に付、急度叱り」となった（史料102）。

◎寛政三年（一七九一）、大島重九郎は婿養子であったが、妻は不人物で婿入り後、三度も密通を繰り返した。どれも肴売りなどの身分の軽い者たちで、三度目の密夫は前の用人で屋敷の衣服金子などを盗み出し出奔したが、ようやく取り返した。それほどの不義でも重九郎はさして構わず、「養子もばかニても候や、當時其儘妻ニ成居候」であったという（史料139）。

◎寛政十一年（一七九九）正月十六日、会津藩の棘沼治右衛門は、密夫赤羽小八と密婦殺害のうえ、自害を図ったが助かり、「御咎方之無者候」とされた（史料1）。

◎文政十二年（一八二九）、麻田直兵衛妻しゅうと、摂州西桑津村久左衛門が密通をしていた。直兵衛は久左衛門に傷を負わせたが逃げたので、討ち取りたいと申し出、主人の内膳正は暇を遣わし大阪町奉行に届け直兵衛からも届け出を済ませた。内膳正は、久左衛門を討てば帰参を命じるつもりで、また、家中の良い教戒にもなると考えていた。ところが、久左衛門は会津藩主保科弾正忠方に捕まり、奉行所の吟味となり、妻敵討の願いは「筋違い」とされ、ついに志を遂げることができなかった。なお、その取り調べの際、しゅうは討たれる前に密通を白状しており、直兵衛が久左衛門を討ち漏らしても闇夜のことであり不束之筋もないので「無構」とされた。公刑が私刑に優先した場合である（史料18）。

◎藤次猪十郎は、妻ふしと堀中弥八郎が不義しているのを見届け討ち留めようと手傷を負わせたが、その際、見ている者もなく、証拠のために奥山源左衛門を呼んだが、源左衛門、弥八郎が必死に詫びているのがしだいに不憫に思え、そうこうしているうちに弥八郎の母とその父、家主までやってきて猪十郎に取りすがり、密夫の弥八郎、源左衛門から連署の書付を取り、内分で済ましてしまったので、猪十郎は「不束之至、不埒ニ付百日押込」、ふしは死罪、弥八郎は傷が元で死亡、源左衛門、弥八郎の母、その父らは押込、急度叱などの処分を受けた（史料20）。

松平定信が老中首座に就任したその日から筆を起こしたとされる側近水野為長の『よしの冊子』には大名、旗本の妻や娘たちの密通を全く知らぬ主人の姿が何人か描かれているが、「松紀侯が大病で、狂乱の気味があった時、妾と小姓が艶書のやり取りをしたので、妾を庭で切り捨てた（小姓はその前に出奔）。妾は町人の娘で、小姓は家の子だったのでますますその評判が悪くなり娘の側からもかれこれ申してきたので金子を出し、病気で暇を出したことにした」という記述があり、『御定書』制定以後、大名の屋敷内での私的刑罰権でさえ、容易に行使できなかった状況がうかがわれる。

密通の疑惑

前述したとおり、「慥証拠」が本夫が無構となる要件であったが、疑惑のために証拠不分明のまま殺害に及んだ場合や、本夫に何らかの落度があった場合はどう処分されたのだろう。

◎延宝四年（一六七六）十一月二四日、岡山藩の塩田孫大夫は妻敵として八田喜助に切りつけ右の腕を切り落とし、その夜、喜助は絶命した。喜助の供述によると、「妻敵のことは全く覚えがなく、孫大夫は今月九日に祝言をあげたが、それ以後は門外に孫大夫に出てきてもらい、女を一度も見たこともなかった」というのに対し、孫大夫は、「二人は不義をしたので、妻から喜助を討ってと度々言われ、妻の下女や長屋にいる者に喜助を討つように言っても不義を見つけることができず、今までずっと堪忍してきたが、道中の宿々でも喜助が言っていた女は全て自分の妻のことだと思いついに堪忍できずに討ったのだ」と供述した。さらに取り調べていくと、喜助は道中で一言も孫大夫の妻に関しては話しておらず、孫左衛門の一方的な思いこみによる殺人とされ宿の裏で打ち首にあった（史料36）。

◎宝暦十一年（一七六一）三月十一日、幕臣坂入武右衛門は、妾うまと茂兵衛の不義を疑い、昨三月、よく確かめもせずうまに暇を出し、五月になって茂兵衛を切り殺した。また、吟味の際も証拠が不十分にも関わらず何度も不義であると我意を言い張り、ようやく、「始末失念之取計」であったことを認め、重追放の処分を受けた（史料101）。

◎天明二年（一七八二）十一月、同心岩岡勝三郎は去年四月に妻みねが、伜鉄三郎を出生してから何を考えているのか態度が悪く、密夫でもいて自分を蔑んでいるのではと思ったが、そうした事実を確かめることもできなかった。この七月十日夜に外出し酒を飲んで四半時分に帰ってみると、みねは伜に添い寝していたので蚊帳の中で一緒に横になろうとすると突き返され、密夫でもいるに違いないとみねを殺害した。勝三郎は下手人となった（史料7）。

審理の過程で妻敵討の原因や経過に問題があり本夫が処罰された事例もある。

◎寛文五年（一六六五）八月、岡山藩の草履取喜之助は、槍持六右衛門の宿へ度々やってきて、六右衛門の妻と親しみ、養子の契約をしたところ、不義の噂が町内中に広まり、妻の妹までそのことを言うまでになったので八月十二日夜、六右衛門は門前に佇み暁に喜之助が宿から出てくるところを数カ所切りその場で殺してしまった。さらに妻も切り殺そうとしたが、町内の者共が出合い殺すことはできなかった。六右衛門の妻敵討は一応認められたが、「喜之助は知人でもなくどこの者とも知れぬ者を肝煎のないまま養子にしたのは軽はずみであり、不義のことを知ったうえは家に寄せつけないようにするべきであった」として、六右衛門は奉公を留められ在所へ入れ置かれ、妻は斬罪、妻の母、弟は追放の処分を受けた（史料36）。

◎延宝二年（一六七四）六月、岡山藩での出来事。はした奉公みどりと同家槍持ち加大夫が不義を犯した。しかし、みどりは去年奉公していた藤岡久六方の槍持加蔵とすでに祝言をあげていた（それ以前にもみどりには夫がいたが、その夫から離縁されていた）。常日頃から、加大夫はみどりに戯れていたが、川下住吉の参詣の帰途で不義を犯した。このことを知った加蔵は門外で待ち構え切り合い加大夫を殺害した。みどりは刎首、加蔵は、祝言の際に媒もなく親にも知らせなかったので扶持を放ち在所へ入れ置かれた（史料36）。

解　決—恥と復讐感情—

妻敵討を成し遂げ、帰参できればまだしも（成功の確率は敵討と同様、かなり低いものだったと思われる）、前述したような何らかの事情でそれが達成できなかった場合、本人、縁戚の者たちまでも、御家の断絶、家禄削減などの処分を受け、社会的な名誉は著しく失われた。妻を寝とられた者にとって取り得る行為は、公権力に訴える（庶民）、妻敵討をする、内済で密かに解決する、完全に見て見ぬふりをする、などであったが、前二者は、世間に恥をさらし、後二者は自らの復讐感情を果たすことができないという欠点を持っていた。本夫の恥をさらさず、かつ復讐感情を十分果たすにはどのような方法がとられたのか。次に見てみよう。

すでに、以下の二例は氏家幹人が紹介しているが、筆者なりに整理してみよう。

◎金沢家中五百石取に伝左衛門という者がいた。妻はたいそう容色に優れ、隣屋敷の某弟の平治という若侍がこの妻と密通をしていた。伝左衛門の留守を伺い塀を乗り越して忍んで通っていたが、伝左衛門の耳にも達し、ある当番の時、俄に腹痛の断りを言い帰宅したところ、妻と平治が打ち解けて酒を飲んでいた。両人とも慌てたのを伝左衛門は静かに、「このことは少しも気遣うことない」と妻に言いつけ箪笥から左文字の刀袋入を取り出させ平治に与え、「これは家に伝わってきたものだが、今晩の首尾であなたに差し上げよう。今後少しも申すことはない。左様心得よ」と言った。平治は思いの外の展開に喜び帰る際、伝左衛門は「最初、我が家に来られた通り帰られよ」と念を押し、平治が梯子を掛け塀を越えるところを後ろから長刀でかけ切り落とし、隣家に人を遣わし「夜盗が入ったのを見つけ逃げ行くところを切り落としたので御吟味下され」と告げた。「よく見ると平治ではないか、袋入りの刀を持ち盗に入ったことは明白。何卒、穏便に」と隣家は慌てふためいて金を持参して詫びにきたが、いろいろ断ったが差し置いて帰って行った。伝左衛門は、平治の三十五日に妻を呼び出すと、手討ちと覚悟を決め死に装束で出てきたが、伝左衛門は、華やかな衣装でと命じ、五十両を与え、今日から尼になり平治の菩提を弔うべしとさっと離縁したという（史料62）。

◎本所辺に住んでいた浪人、暇日には謡を教えていたが、その妻がいつも来る弟子の若者と密通していることを懇意の友が密かに教えてくれた。浪人は「そういうことは確かな証拠があってから取沙汰するものだ」としばらく様子を見ていた。その若者が病気で休んでいた頃、浪人は下総舟橋で狐を釣る者の方に行き、「生け捕った狐一匹、明日そこそこまで届けよ」と二両与え、翌日、謡の夜会を催した。その際、声を掛けて人を斬ったような音がしたので皆外に出てみると、浪人がいて狐を斬り殺していた。理由を尋ねると、「ここに来るとあの若者が家に入ろうとしたので切り捨てた」と。このことから兼ねての風聞はこの狐の仕業であると人びとは互いに話し合い、その後、舅方で話し、このことを露わにしては噂となり少児二人にとっては不憫となるということで、その後、さり気なく妻を離縁したという（史料62）。

これと同様の話は、『葉隠聞書』にもある。密夫を切った後、壁を破りその側に米俵を一俵立てかけて盗人に見せかけ、妻を離縁したというのだ。

◎ある草履取りの僕が妻に艶書を寄こしたが、妻は直ちに夫にその旨を伝えた。草履取りを密かに切り殺し、一ヶ月後に突然、妻を離別した。しばらくしてから昵懇の友人に事情を語るには「表立って穿鑿すれば咎もない妻の噂が洩れ、かつ我が名も立ってしまうのでこのようにした。妻には過ちはないが元々、柔弱でこのように容易く思われるので一生添い難いので実家に帰したのだ」と（史料132）。

現在の私たちの感覚では、妻に同情を禁じ得ないが、この武士は艶書をもらうこと自体、どこか妻に隙があったと見なしているのだろう。

◎ある者が帰ってくると女房と家来が密通しているのを見届けたがその武士は黙って座敷へ上がった。家来は台所に逃げたが、男は寝間で女房を斬り殺し、下女を呼び、「子供の恥になることだから病死ということにしたい。とやかく言うのであればお前も同罪で斬り殺すぞ」と言うと「命だけお助けくださいますならお指図通り致します」と死体に夜着を着せ直すなどした。その後、医師の所に女房が急病になったといって二度、三度と人を走らせ追いかけるように「たった今、亡くなったのでお出でくださるには及びません」

とし、女房の叔父を呼び次第を話し納得させ家来には後日暇を与え、ついに周りには知られないまま処理された事例もある（史料132）。

Ⅱ　庶民の場合

第一章冒頭の表にあるように、庶民の妻敵討が武士に較べ全時代を通して少なかったのは、家の存続に関わりがなく、密通の多くが扱いや内済などで解決が図られていたからであったが、幕府法上、制度的に容認されていた一方、藩によっては妻敵討そのものが抑制されていたという事情にもよる（平松 一九八〇、史料100）。表の分析から、庶民の場合、本夫が密通男女を共に殺害する場合よりも、いずれか一方を殺害した場合が多かったのが特徴である（史料139）。それは、同書で、町人の妻と近所の鼓の師匠が密通し、本夫が二人とも、手際よく切り殺した事件に関して「軽キ者にハめずらしき事」と評していることからもうかがえる。いくつかその具体例を挙げてみよう。

『公事方御定書』の二年前に作られた『律令要略』には、縁談が決まり不義を犯した娘を、その親が密夫共々殺害することが許されていた。この規定は、『公事方御定書』では削除されたが、たとえば次のような事例がある。

◎　元文五年（一七四〇）、下総国結城郡上山川村の八左衛門は、娘が同村の四五右衛門に悪口を浴びせられ泣いて帰り、「四五右衛門と刺し違えてやる」と家を出て行ったので八左衛門は後を追いかけてみると、四五右衛門は娘と口論していたので事情を聞いてみると、二人はこの七月から密通していたという。娘は八左衛門の妹婿の伜次郎吉に遣わすことにすでにこの正月合意していた。こうなっては、向こうにも分が立たず、四五右衛門は四十九歳、娘は十五歳で、四五右衛門は年にも似合わず若い娘に手を出し両人共、不届きであるとして八左衛門は二人を切り殺した。同村の者が二人が密会しているのを目撃しており、八左衛門は無構となった（史料100）。

この父の娘に対する刑罰権は、なぜか『公事方御定書』には盛り込まれず、それ以後、行われたのかどうかははっきりしていない。

庶民の場合も妻敵討かどうかの認定は、やはり武士同様、「証拠」が重要視されていた。

◎元文二年（一七三七）、山州八幡で、淀屋左中の妻に密夫がいた。左中はそれを知りつつ京へ病気養生として行き、留守の間、油断させ、その現場を押さえて二人共打ち殺した。この淀屋とは、元は大坂の大身代の商人で元禄の頃、子細あって追放となり、八幡に三百石の田地を持ち住んでいた淀屋辰五郎のことであった（史料62）。

◎延宝五年（一六七七）四月二日、岡山藩児島町に住む友斎の女と同町目代太郎大夫倅源助が不義を働き、友斎はその証拠を得るために、女に「兼々之通不義仕候へバ、其様子見候て免シ可ㇾ申」と男を呼び寄せ、不義をしていたところを、友斎は二階から下りて搦めようとしたが、男は大声を発したので脇差で二カ所切りつけた。後に二人は打ち首になった（史料36）。

◎宝暦八年（一七五八）八月二日、橋本町平助は、女房きよと相店の玉泉院が日頃から挨拶の仕方が妙に馴れ馴れしかったので、「もし不埒なことがあればただでは済まない」ときよへ意見したが態度を中々改めようとしなかった。この六月二十六日、玉泉院が平助方に一泊し、一つ蚊帳の中で眠ったが、暁にいたり燈火はなかったが、二人が不義をしていると思い込み二人をその場に組留め、家業で使っている外鉋で二人を殺してしまった。この様子を見届けた者はなく証拠がないので平助は入牢を命じらたが、きよの親喜平次、玉泉院養子茂林、店請惣右衛門はじめ、平助家主、相店その他の者まで、二人の死骸を見届けたところ、不義を犯して殺されたに間違いなく、検使の同心も同意見で偽装の跡も見られず、平助は五人組へ引渡となった。その際、二人の血も外にはなく一箇所に溜まっていたことがその決め手となったのである（史料36）。

当時、証拠が不分明のまま、密夫密婦を殺害した場合（完全な人違いの事例もあった）、獄門、斬罪、重追放などに処され、傷害に及んだ場合は、牢舎、追放に処されていた（史料102）。確かな証拠もなく妻を離縁した夫が、妻の親から訴えられ追放処分となり、妻も人の疑いを招く不作法者として追放された事例もある（史料36）。

◎明和九年（一七七二）十二月、豊州下板橋郡伝次郎女房くめは、長兵衛の後家と、夫伝次郎が密通していると思い込み、嫉妬から夫を殺してやると思い、小刀を懐中に忍ばせ、伜山三郎を宇城山へ連れ、「父を殺すのでその際、後ろから抱き留めてくれるよう」申し含め、木陰に小刀を忍ばせ一旦、自宅に帰り、嘘を言って伝次郎を連れ出し、手筈通り二人で殺した。母子共に死罪となったのは言うまでもない（史料100）。

逆に、密通をしながら、運良く、「証拠」が不明だったため、命拾いをした場合もある。

◎延享二年（一七四五）七月、武州青梅村の平蔵妻とわは、清八と密通したので、平蔵は清八を切り殺し、とわにも手傷を負わせた。数回にわたり厳しく吟味をしたが、平蔵も牢死してしまい、とわは最後まで密通を白状せず「密通も有」之趣ニ相聞候ニ付」、親類に預け押込、後に軽追放となった（史料100）。

本人の白状や明白な証拠がなければ罪は軽かったが、次の事例はその最たるものである。

◎人妻と密通のうえ、誘拐したが捕まり、七年間もの間、三、四度の牢問を受けたが決して白状しなかった男がいた。その名は武州埼玉郡外田村の甚兵衛。妻を誘引された夫長左衛門の訴えによると、甚兵衛は人を集めて博奕をし子分を集め金子を押借し人の娘を誘拐し売女に売り飛ばし、誘引した女房を帰してもらいたければ、一旦、離縁状を書くよう強制するなどの極悪人であった。しかし、牢屋類焼の際、一旦放たれ立ち帰ったので、吟味を繰り返し、三四度の牢問を行っても、野田辺りで廻り筒博奕を度々したことだけを認めたが、その他のことは一切白状しなかった。「類焼で立ち帰った者なので、拷問を加えることもできず、すでに七年も経過し際限もないので」とその処置についての伺いが提出された。

評定所は、「定書に、拷問は人殺し、火付、盗賊、関所破、謀書謀判とあり、人妻の誘拐は拷問に該当せず。密通は死罪だが、牢屋類焼の際、立ち帰ってきたので本罪より一等軽い者を拷問にかけるべきではない。三十回以上、牢問しても白状しないのであれば、最早牢問はせずともよい。江戸十里四方追放となるとまた悪事を働き諸人難儀になるので、佐州（佐渡）へ水替人足とする」とする判決を下した。文化八年（一八一一）のことである（史料120）。

次に、神沢杜口の『翁草』から「密夫非密夫論の事」を見てみよう。

◎享保年中、総州の百姓某という者、他へ婿養子に行き夫婦仲は良かったが、養父と不和となり止むを得ず家を出た。しかし、妻とは縁が切れず時々、養父の目を忍んでは会っていたが、いつ頃からか、女が他の男と契りを結んだと聞き、ある時忍んでいって様子をうかがってみると、案の定、その男と睦まじくしているのを見届け、密夫に間違いないと飛び込み一撃を与えた。女は驚いて逃げるところを後ろから斬ったが、この騒ぎに家内近所から人が出、捕らえられて支配所に訴えられた。切られた方からは解死人を願い、切った者は密夫を殺すのは切捨勿論とそれぞれ主張し、評定所で決せず、ついに式日に出て双方対決に及んだ。その評議で、「婿が一旦家を出たと言っても女の方に離別状を遣わさないうちは夫婦の縁は切れず、密夫と言うことは勿論であると」という意見が出されたが、そのうち、御勘定吟味役杉岡弥太郎が、「全て女が嫁した場合、離別の時は縁切りの状を取ることは勿論であるが、男は婿養子に行って不縁になる時、その家を立ち退くことが証拠となる。その所以は、家女に家相続させるために婿を取るのであって、婿が家を離れることが相続しない証拠となるので、これが離別状に及ばないことはない。特に、その男、遠国などへ立ち退き行方が分からなくなれば一生その女はやもめになるだろう。だから、『其の夫立出る日より他人たるべし』普通の解死人の罪に当たるだろう」と主張し、その男は成敗された。

また、次のような事例もある。

◎岡山藩赤坂郡上市弥兵衛が江戸奉公の際、その留守中に妻きさが、下人由助と夫婦の約束をしたので、弥兵衛は昨春、江戸から帰り由助を妻敵としてこの二月十八日、互いに脇差しを抜き合い、弥兵衛は少し傷を負い、由助は主人方へ逃げ込むという事件が起こった。元々、きさは親の勧めで弥兵衛と夫婦となったが、一旦追い出され、弥兵衛がきさの奉公先に姿を現し夫婦の間は切れなかった。その後、一両年後、町屋を借りて娘を出産した。弥兵衛が奉公で江戸へ行く際、娘を取り上げてくれた市兵衛方に暇の挨拶に行くと、その妻から弥兵衛に「盃をきさにさしなさい（別れなさい）」と言われたが弥兵衛は拒否したので、きさは「どこへ行っても扶持方をあてがうか、そうでなければここでお暇をください」と頼むと、「子供は淵川に捨ててもその方の心次第。扶持方はあてがわない。暇も出さない」と答えたので「それではこの子を抱え生活ができないのでどうしても暇を出してください」とさらに懇願した。弥兵衛は「今回江戸へ行けば、五、七年くらいは居り江戸の士になってしまうかもしれず暇は出さないが、「如何様共《いかようとも》其方ハ致候へと申捨」、江戸へ行ってしまった。その後、八年間、弥兵衛は捨文を一通も寄こさず、金銀もほとんど寄こさなかった。その後、弥兵衛は刀を盗んだことがばれ御屋敷を追い出され牢人し、今では乞食同然になって流浪しているという。初めの四年間は待ったが、角大夫の強い勧めもあり、娘のことも考え由助と夫婦となったが、その後、由助は、弥兵衛がそのことを怨んでいると仁助からの忠告もあり御公儀大事と思い、きさに暇を出した。弥兵衛は、「妻敵と申理不尽之仕形」鼻を削がれ追放、きさは、弥兵衛が江戸へ行った際に「いとま埒明不ㇾ申候上ハ、弥兵衛親類共江、相届縁組可ㇾ仕処、無二其儀一、ふしまりの仕形ニ付」髪を切られたうえに、村へ入置かれ、由助は、先夫と縁が切れていないかどうか疑わしい女を妻にしたので、在所御追放の処分が下された（史料36）。

妻敵討は幕府に容認された私刑である分、時として残虐な側面に発展する場合も見られ、しかも武士よりも庶民の方がその度合いが強かった。すでに氏家幹人が紹介している『半日閑話』の「鳴子の密夫」の事例を記そう。

◎　堀の内の道、鳴子の少し先で、竹の煙管筒などへ蒔画等を彫る町人がいた。その妻が間男をし、夫が二人を捕らえ、近所の寺内へ連れ、間男をばらせつ（陰茎切り）、妻の陰門をくり抜いた。検使が来るまでそのままにしていたが、いたちが彼女の抉り口に夥しく群がっていたというのである。

さらに、以下のような事例もある。

◎　文久三年（一八六三）七月二十日、御供で上京中、ほとんど仕送りをしなかった飛脚惣十郎の妻げんは、三人の子供の養育のこともあり五三郎を頼るようになりいつしか不義を犯してしまった。そして惣十郎が帰ってきてからも何度か密会を見つけられていた。飛脚の仕事で、秩父まで出かける際、「世間体が悪いのであの男が絶対入り込まないようにしろよ」と言い残し行ったが、帰ってみると蚊帳の中に眠っていた二人を発見し、驚いた二人は立ち騒いだので、惣十郎は「静かにしろ」と一喝すると、二人は手を合わせて、「誠に面目もなく申し訳なく、坊主になるので命だけは助けて欲しい」と哀願した。惣十郎は「俺にいい考えがある。死ななくとも坊主にもならなくていい。俺の顔が立つように。明朝までの辛抱だ」と手足を縛り子供に銭などを与え脇に寝かせ、夜八つ頃にもなったので、火鉢の引き出しから鰹節小刀を取り出し、初め男の咽を突き、女の咽を突いた。男がそれで死ななかったので、さらに咽を抉り合計十二カ所、女もなかなか死ななかったので、さらに突き合計六カ所。夜が明け、向三軒両隣へ「只今密夫共両人仕留めとどめを刺したので何れも立合下され」と相廻った。隣の亭主が駆けつけその有様を見て肝をつぶし倒れ、向三軒の者たちも来たが惣十郎は、悠然と水を掛け飯を食べていたという。惣十郎は、北御番所吟味、入牢後、家主預けとなった（史料123）。

◎内談後の対応や、妻への処置が問われ、本夫が罰せられたケースもある。

元禄十六年（一七〇三）二月九日、備中山北中原村次郎助の妻は、同村甚助と不義を犯した。次郎助はその時に討つべきであったが、扱人がいて堪忍し、甚助の兄などに当分外に出さないことを約束させ書物を取った。ところが、甚助は次郎助の隣家までやってきたので次郎助は槍で殺害してしまった。藩では「一応堪忍したうえは隣家までやってきたからと言って殺害行為に及んだのは不埒であり、そのうえ、妻をそのままにしておいたのは不届きである」とし、二人共入牢の後、島流しとなった（史料36）。

また、弟の妻と密通した兄が弟に殺された事例もある。

◎寛文八年（一六六八）八月一日、備中賀屋郡牧谷村与市郎の妻と、与市郎の兄仁兵衛が密通をしていた。母はこれを見つけ何となく妻を離縁するように言ったので、与市郎は兄とそのことについて話し合ったが、「お前の妻がいなくなると洗濯をする者がいなくなる」と離縁を差し止めた。その後、七月に与市郎は、仁兵衛がやってきて妻と不義をしているのを見つけたが、従弟の五兵衛方に逃げわざと四、五日、家に帰らなかった。家に帰ってみると兄がいて、先日のことを確かめると「たしかに不義をした」と認めたので兄を棒で打ち倒し、妻も同様にした。兄は「公儀の御法度にあうよりは密かに俺を殺せ」と言ったので、与市郎は兄を谷へ連れていき鎌で咽を切って殺し、妻も同様に殺した。岡山藩の下した処罰は次の通りであった。与市郎は、「少ハ奇特成所も有レ之……弟として兄ヲ殺候事人倫ヲ損う者ニテ候故」追放となった（史料36）。

本来であれば、本夫は無構であるべきところ、弟が兄を殺した結果からの処分となったのである。

明治の妻敵討

すでに氏家幹人の詳細な整理があるので、それに基づいて概観してみよう。

明治三年（一八七〇）十二月に公布された『新律綱領』では、「凡妻妾、人ト姦通スルニ本夫、姦所ニ於テ、親ラ姦夫姦婦ヲ獲テ即時ニ殺ス者ハ、論スル事勿レ」と明記され、江戸時代同様に、本夫が現場で即座に二人を殺害しても罪には問われなかった。次いで明治六年の『改定律例』第一七二条では、「凡姦夫姦婦、姦所ニ於テ、本夫ニ撞見セラレ、直ニ脱走スルニ、本夫、即時遂テ門外ニ至リ殺ス者ハ、姦所ト同シ。若シ、姦所及ヒ即時ニ非スシテ、姦夫ヲ殺傷スル者、審糺スルニ、姦情確実ナレハ、闘殺傷ニ二等ヲ減す。正タ姦婦ヲ殺傷スル者、折傷以上ハ、闘殺傷ニ五等を減す」とあり、本夫の妻敵討は姦所から門外へと拡大され、さらに証拠が確実であれば時日を経過していても、本夫の殺傷行為は一定の減刑を受けることになった。さらに明治十三年（一八八〇）制定の旧刑法第三一一条では、「本夫其妻ノ姦通ヲ覚知シ、姦所ニ於テ直チニ姦夫又ハ姦婦ヲ殺傷シタル者ハ、其罪ヲ宥恕ス」とあり、現場での殺害は許容され、家の門外まで追って殺傷した場合は対象とされなくなったが、明治時代になっても、依然として妻敵討は法的に公認されていたことは何を意味しているのだろうか。

すでに氏家幹人が紹介しているように、同三一一条は、御雇い外国人の一人ボアソナードが、母国のフランス刑法を基盤に作成したもので（氏家 一九九六）、「妻の姦通現場を押さえ、そのうえで二人を殺害しても本夫には罪に問われない」という慣習は、中国の元代法、明清律、十三世紀の蒙古法や、イギリス、オランダの近代刑法にも広く盛り込まれ、妻敵討は日本国内のみならず世界的に共有された法慣習でもあったのである（仁井田 一九九一）。

以下、『司法省日誌』から、明治の妻敵討についていくつか実例を挙げよう。

◎明治六年（一八七三）十二月十三日、山口県厚狭村西須恵村白石定助の妻リサは、昨年六月頃止宿させていた大島郡石工江本卯助と姦通。卯助から四円十六銭と謝り証文を添え詫びたので一旦内済した。同人は直ちに出立したが、その後、リサの挙動が何となく落ち着きがなく、七月十七日の朝、定助が外から帰宅した時、裏口から卯助が逃げ出したように見えたので憤怒に堪え切れず脇差で、リサが朝飯を炊く後ろから切りかけ駆け出すのを追いかけついに殺害してしまった。その後のことは本人は全く覚えておらず、定助はその首を仏壇に供え畑の中で茫然としていたという。定助は、一旦内済になったにも関わらず、また、確たる証拠もないまま妻を殺害したとして、終身懲役に処せられた。

◎明治七年（一八七四）二月二十日、備中国（小田県）浅口郡西大島村藤井太郎蔵の妻ミノは大工歌次郎と姦通していたが、太郎蔵が壬申五月中に詰問をし、「それ以前に数回致しました」と全てを白状した。先非を悔いていたので一旦許したが、夫を踏みつけた行為に堪忍袋も破れ、七月に親戚の者、妻の兄卯三郎などに立ち会わせ姦通の始末を尋問し、自ら陳述し唯々謝罪したので、八月に一まず戻したところ、二人は情欲断ちがたく隙を伺っては密会する様子だったので、確証をつかんでやろうと思っていた矢先、十月十八日の黄昏時に、またしても二人は出会っている様子だった。そこで、太郎蔵は、ミノを歌次郎方へ連れて行き、「姦通しただろう」と迫ったが、歌次郎は「全く覚えがない」言い張り互いに争論となり、歌治郎が太郎蔵につかみかかってきそうだったので、懐中の魚刀で歌次郎の頭の周辺を数カ所突き、それを見たミノが狼狽して逃走してしまった。「図ラスモ姦夫ニ深手負ハセ、姦婦ヲ取逃サハ偏頗ト存シ重傷ヲ負ハセント思慮シ」追懸け打ち倒し魚刀で咽喉を二、三度刺し貫き殺してしまった。歌次郎も十日後に死亡。太郎蔵は、先述の『改定律例』第一七二条が適用され、「本罪懲役終身ヨリ二等ヲ減ジ」懲役七年に処せられた。

典型的な例を次に掲げよう。

◎明治七年（一八七四）一月、讃岐国（石東県）阿野郡福家村久保喜代松の妻イワは、隣家の雇人忠蔵と姦通していた。喜代松は、明治六年（一八七三）十月二十一日夜一時頃帰宅すると、家の中に二人の足音がし、イワが解帯のまゝ出てきたので、姦夫が潜伏していると思い火を点じると、次の間に布団を頭からかぶっている者がおり、その布団に手を入れてみると冷たく、たった今仮寝をしていた様子で、しかもイワの寝所に男帯があり姦通は明白と思い、二人を引き出し問い詰めるとイワは「姦通ではない。淋しさのあまり話相手を頼んだだけです」と強硬に否定した。喜代松は、「お前たちの姦通は前々から察していたが、この女を連れて早々にどこかに立ち去るがいい」と忠蔵に言うと、忠蔵は「雇人の身では引き取ることができない」と答えた。イワも「あなたの面目を汚してしまったので勝手にして」と取りすがってきたので、脇差でイワの首を一刀で切り落とし、次いで、忠蔵を斬殺しその始末を村吏に届け出た。喜代松は、二人を姦所で殺害したとして無罪となった。

このように、姦夫姦婦を殺す例は決して多くはなく、夫の行為が不論罪とされたのは明治十一年（一八七八）の三件、明治十三年（一八八〇）の二件しか検出されない（氏家 一九九六）。先述のように、本夫の私的刑罰権が全面的に廃止されたのは、明治四十年（一九〇七）に公布された新刑法からであったが、男性優位の非対称な関係は姦通罪として姿を変え、戦後まで長く女性たちを苦しめることになるのである。

第五節　妻敵討の評価

かつて、平松義郎は「姦夫姦婦殺害は幕末まで行われているが、幕府も決して奨励せず、当事者も内済するのが普通であった。内済の方法は本夫に金銭的な賠償をなすか、姦婦を離縁することが多く行われた」と述べ（平松 一九六〇）、山中至も、「本夫の制裁権の行使は、恥を世間に公表するようなものと意識され、『御仕置裁許帳』『御仕置例類集』等の判決例から見ても実際にはあまり行われず、幕府も家の恥辱を公にするようなもので、不出来成事とし妻敵討を奨励しなかった」とした（山中 一九八二）。

たしかに、今まで見てきたように、密通が発覚した場合、その多くは、妻敵討より内済や離縁で事を表立たせないようにしたケースが多かったように思う。

氏家幹人が紹介している次の事例は興味深い。ある時、松平伊豆守信綱が、仙台陸奥守へ浪人一人を推挙し三百石に取り立てられた。その時、陸奥守が「この者は何か特技など持っておるのか」と伊豆守に尋ねたところ、「これと言ってたいした芸はございませんが、しかし、長く召し使われても、妻敵討の御暇などを願うような者ではございません」と答えたというし（史料110）、また、板倉重宗が伜の重昌を京都所司代に推薦する際に、「伜事、姦夫の首を斬るような者ではござならぬ」と言ったことなどから考えると（三田村　一九七六）、妻を寝取られたことは、どう贔屓目に見ても不名誉な事柄であった。

では、当時、妻敵討に関してはどのような評価がされていたのだろうか。まずは肯定派から。

大坂西町奉行久須美祐雋が安政四年（一八五七）から文久元年（一八六一）の見聞をまとめた『在阪漫録』では、「夫の教戒行届かず家事乱る」ことから妻の密通が起きると指摘しながら、「百年前の風俗には、姦夫あるを知りて見逃す時は、人々これを誹謗し面皮を失ふ事故、必ず妻敵は討しことにて、其実は人情も厚く廉恥の風ありて、丈夫の気幹を失わざる事の故也」。しかし、今の世では、「只、事を穏便にばかりて世の密かに誹り笑う事は括然として恥じることなく、故に士風も衰え、其妻室の不義姦淫ある時は、世人是を知ると雖も、事を左右に話し離縁をなして、その姦夫は其儘立入るなれども、是を退くべき手段もなく隠忍して打ち過ぐる」ことになり、武士がこのような有様なので、商沽末々に至っては妻敵討などということはほとんどなくなってしまい、夫婦で美人局をやり金を騙し取ることさえ流行だすようになったとし、「此事卑賤のものゝ弊といへども、基本とする所は、士人の姦婦を掩ひ、事を左右に話して隠忍するよりおし及びての弊といふべし」と、武士の気風の衰退が、美人局のような「廉恥の風地を払う」ごとき状況を生み出したと嘆慨している。

同様の見解は、『座臥記』の中で「若し姦を知りても、知らざるまねして離別し、出奔したる後に先だって離別したる体に取扱ふに至っては、恥ずべきことなり。是れを本の腰抜け武士と云ふなり」と、姑息な手段によって、糊塗することをさらに大きな恥としている。

逆に否定派から曲亭馬琴の見解を掲げよう。「これ則目前の恥を恥として、始終の勝をおもはず毛を吹て疵を求め、恥に恥をかさぬるもの歟」とし、その原因を「すべて一家のとゝのはざること、またく主人の不徳によれば、いとも恥ずべきことにあらずや。縦、娶《めとり》ていく日もあらず、いまだ教ゆるに遑《いとま》なくとも、その妻の淫なるをしらば、速に出し（離縁）やるべし。更に姦夫を引容るゝ日を待にしも及ぶべからず（略）。妻子の和合せざるすら君子はふかく是を羞、況てその妻を窃るゝが為に、禄を返し産を破らば何をもて丈夫といはん」（『烹雑の記』）と、妻敵討を恥の上塗りの何ものでもないと喝破する。

すでに石井良助が紹介しているが（石井 一九四二）、寛政八年（一七九六）六月、黒羽藩大関伊予守家来館善左衛門から次のような質問が幕府御留役甲斐庄武助に寄せられた。「侍以上の妻が、密夫と立退けばその二人を敵討に出るのは定法か。また、それをしなければ奉公もできず家も立ち難き筋になるのだろうか。侍以下徒士の者その外軽い奉公人の妻が、同様のことを行えば身分が軽いのでその差別はあるか」。

これに対し、幕府が答えた見解は以下のようなものであった。すなわち「妻敵をしなければ、家が立ち難くなるとも聞くが、公儀にはそのような御定法はない。妻が密夫をし逃げ出るようなことは本夫の取り治め方に問題があり、妻敵討をすればかえって内證の恥辱を外へ顕し御家の外聞にもよくない。密夫を討っても恥辱は消えず、女房が密夫と立ち退きそのまゝにしても家が立ち難くなるわけでもない。本夫は家の取り治め方が行き届かなかったので、その身を恥じ、退役か隠居すべきである。軽き者、家の治め方なども一体行き届かないので、強いて恥辱の沙汰に及ばない」（史料67）。

当時の権力の姿勢は、一般の不義密通事件はもとより妻敵討に関しても、あまりにもそれが私的性格の強い事件だったので、概して冷淡であった。たしかに、密夫密婦の制裁をしなければ御家断絶などの処分を下した藩もあり、本夫の意思に関わらず妻敵討を行わねばならず、妻敵討は義務としての色彩が強かった面もあったが（谷口 二〇〇五）、山中至が述べた次の見解、「だがこの制裁権は権利であっても、義務ではなかったし、その行使は恥を世間に公表するものとして事実上、抑制されていた」（山中 一九八一）というのが、一方に士風の衰退を嘆く見解が強くあったとしても、おそらく当時の実情を正確に指摘したものと思われる。

この節の最後に、妻敵討が世間（庶民）の物笑いとなった話を載せておこう。

◎ 伊予国大洲城主加藤遠江守中小姓佐野杢左衛門（五十二）の妻ゆき（二十七）は、百姓左五郎（二十三）と密通をし四月五日夜に二人で出奔した。杢左衛門は弟香川幽斎（三十一）の助太刀を得て、大坂福島で二人を捕らえ、大洲屋敷で二人を討ち取ったが、検使として東西両奉行から一人ずつ見届けにきた。本人、留守居まで世間の物笑いとなったが、さらに「馬鹿丶しいことで主人まで恥をさらした」という（史料10）。

第三章　相対死・強姦・老いらくの恋

第一節　妻の操守義務

当時の女性に公権力が求めていた徳目とはいったい何であったのか。幕府によって編まれた『孝義録』を丹念に分析した菅野則子によれば、それは、孝、貞、忠の三つで、その中でも貞には、夫の生死に関わらず操を守るという事例と、夫の死後、病気に際し代わって一家の経済的精神的柱となって家を存続させる事例（その中には売色もした飯盛女も含まれた）があるとした（菅野　一九八六）。ここではまず、当時の女性への教育という視点から見ていくことにしよう。

室鳩巣は『駿台雑話』の中で、「源氏物語は年弱なる男女には禁じて見すまじき物なり。淫乱を導く媒ともなりぬべし」と述べ、山鹿素行も同様に「近頃、女子に対して源氏物語、伊勢物語など教えることが専ら行われている。妻が他の男と通ずることや人情の赴くままと記し描き方も柔弱、(略)これを書いたのも色好みの女、決してこのようなものを味わわせてはいけない」（『武教小学』）と記している。

周知のように、当時の女性には、貝原益軒の『和俗童子訓』や『女大学』などで主張された「三従」「七去」という教えが説かれていた。後に福沢諭吉は『女大学評論』で、それを「奴隷の心得を説いたものである」と強く批判を加えたが、伊勢貞丈の『貞丈家訓』では「妻は夫をあがめうやまひ大切にして、食物衣服などの内証の世話をやき、夫に対してりんきねたみの心なく、夫一人の外にはいたづら事せず、死ぬ共、夫の家を出ずして、一すぢに夫の為を思ふを貞女と云也。是妻の法也」と述べ、また、『孝経』(女訓孝経教寿)でも「夫を天となし婦を地となす。婦人は地の天にし随て万物を生ずるごとく夫の徳に随て事ざれば一生安穏に終る道なし」と記し夫への貞節を強調している。

『女大学』には次のようないろいろなことが書かれている(原田 一九八二)。

・は幼い時から、男女の別を正しくして、かりそめにも男女のたわむれるところを見聞きさせてはいけない。

・歌舞伎、小唄、浄瑠璃などの淫なることを見たり聞いたりしてはいけない。寺参りや祭など、すべて人の多く集まるところへは、四十になるまでは、あまり行ってはいけない。

・若い時は夫の親類や友人、あるいは召使いなどの若い男とうちとけて話をしたり近づいたりしてはいけない。

さらに水野沢斎の『養生弁』では、「ある家の一所へ亭主の工夫にて大なる鏡を釣り下げ置きしが後には内儀の気随が直りしと也。その訳は昼夜とも何となく悲しく刻急と腹立つ時そのまま自分の顔をかの鏡に写して見る。亭主に口答えするも亭主の方へは向ず、彼の鏡に向ふて口答えし小児を叱るにも下部を叱るにもみな鏡に向ふて云て見しが、我が身ながらも愛想が尽きて後々には自然と心が穏やかになりしといへり」と鏡の効用を説きながら夫への絶対的随順が説かれていた。

近松門左衛門の『心中天網島』の、おさんのように、夫治兵衛のために遊女小春を請け出すことを勧めるような妻が、当時の人びとの共感を呼んだのであり、妾の存在を許し嫉妬を戒められ、一方的な貞節を強調された女性たちは、自らを犠牲にしても夫に尽くすという倫理を強制されていたのである（西山 一九八五）。

次に、すでに氏家幹人によって紹介された（氏家 一九九六）、安政六年（一八五九）十一月、古河で、嫁ぐ娘への父の教訓状を引いてみよう。

> 不慎ニして密夫等いたし候ハバ、是沙汰之限、七生迄之勘当也。夫ニ被打果候共、御公儀様へ被差出候共、里方ニ而ハ高見之見物。（略）人面獣心之心体ニ而、里方親兄弟江恥をあたへ不孝之随一、蒙天罰事必定也。
>
> 幸ニ夫宥免一命助り候共、里方諸親類ニ被見放、世間ニ而ハ爪はちきして取敢不申。身の振所尽而果ハ非人ニ落ル。是誠ニ人外之所行也。人間万物之為霊事を弁ひ、為人道日々不相忘堅固ニ慎、生涯貞節急度可相守事（史料150）。

幕末のこの時期になっても、こうした教訓状が存在すること自体、驚くしかないが、現実には志操堅固であっても、嫁いだ先でもさまざまな夫以外の男からの性的暴力を受ける場合があった。

会津藩には密通を申掛けられ傷を負いながらも貞節を守り、藩から米や金子を褒美として授けられた百姓の妻たちの記録が残っている（史料1）。また、当時、「貞婦、二夫にまみえず」という教えが強調され、夫を早くに失い、親戚から将来を考え再婚を勧められ、自害した女たちの記録も多数あり（史料33）、さらには、六十年余りも、配流となった許嫁の男を待ち続けたようやく結ばれた男女の話も残されている（史料8・24）。

しかし、そうした貞婦の話は決して一般的なものではなく、庶民への教化の手段として公権力によって美談に仕立てられ利用された側面を持つもので、実際には、強姦にあったような場合、泣き寝入りをせざるを得なかった場合が圧倒的に多かったと思われる。

たとえば、再婚を禁じた「二夫にまみえず」に関しても、白隠禅師は「あまり片おちなるしおきならずや。願くは賢夫、両婦を養わずともせまく欲しき事よ」（『邊鄙以知吾』）と述べ、茂庵の『町人常の道』では「仁義礼智といふ事世に上なき教なれど、これはおほやけ様の常とあそばさる道にて、町人の分限に学び得らるべき道にあらず。たとへ学とも渡世せはしき身にはおこなひがたし」「小学に女を離別せぬに三の品あり。帰す所なきをさらず。喪を共にせしはさらず。前はまづしく今は富貴なるに去らず。また、七去の法といふものあれど、其中には町人の分限にあはぬ事もあり。ただ去るという事は信なく実なく、一度結びし縁を離るるは大なる恥と思ひてあしき事は幾度も教え立つべし」と、儒教的な徳目を町人の側から否定し安易な離縁を戒めている。また、独特な観点から男女平等を唱えた安藤昌益は、『自然真営道』の中で「若シ妻死セバ、則チ後妻ヲ娶ル。二女ヲ淫スルニ非ズ。夫死セバ、又他ニ嫁ス。二夫ニ交ハルニ非ズ。妻有リテ他女ヲ淫ス禽獣ナリ。夫在リテ他男ニ交ハル、又禽獣ナリ」と述べ、再婚を自然な行為として肯定している。実際に、武士の場合でも、当時の離婚率は一〇%、再婚率は五〇%と予想以上に高かったが（脇田 一九八二）、庶民の場合は特に上中層で再婚する者が多かったのである（宮下 一九八二）。

妻が密通を申し掛けられた場合、まず、その事実を夫に告げる義務があった。そして、夫に何らかの防衛行動に期待するか（『御定書』によれば妻に密通を迫ってきた男を証拠分明であれば殺害することもできた）、場合によっては妻自らが、相手を殺害することもできた。

◎ 延宝八年（一六八〇）六月五日、会津藩足軽永井勘七は、松野勾当の妻に恋慕し、度々艶書を送ったが承知しなかったので、勘七が「このうえは勾当を恨んでやる」と言っているのを人づてに聞き、妻はやむを得ず夫への書置を書き、勘七を自宅に呼んで刺し殺し、書置と艶書を証拠として提出し、妻は御構無となった（史料1）。

しかし、享保三年（一七一八）五月、同じように足軽から密通を申掛けられた妻が、足軽を突き殺し、家老方に飛び入り訴えた事例では、「緊急の場合の措置であったことは仕方がないが、足軽のなぶりが度々に及んでいたことを夫に話していたら他の方法もあった」として、急度叱り、夫も足軽の心底を確かめせず、屋敷へ出入りさせた油断が問われ遠慮の処分に下された例もあり（史料1）、妻の操守権の行使も、その状況に応じて微妙に処分に差があったことが分かる。

◎文化十年（一八一三）春、尾張藩のある武士が同藩中から妻を迎えたが、甚だ美人で仲も良かった。しかし、その家来のうち幼年から召仕い両親からも寵愛を受けていた者が事もあろうに主人の妻に時々、密通を申掛けたが、いっこうに受け付けなかった。あまり、度々のことなので夫に話すと、「父母の愛臣なので、よく心得違いを諭すように」と言われたので、姑に内々に相談すると「幼少から召し使ってきた者なので、そのようなことはある訳がない」と全く取り合ってくれず、その者はその後も不義を執拗に申し掛けてきていた。ある日、夫が当番、舅姑も外出し、妻は「あの者はきっと不埒なことを申すにやってくるに違いない」と委細の訳を書き残し、自分の衣類を炉にかけ臥せっていると、その者が来て密通を申掛けてきたので、「度々、愛慕され私もお前を憎からず思っていたが、今宵は心に任すべし」と甘言で床の中に臥せらせ、短刀で、束も砕けよと突き殺し、その書置きを行灯に張り里へ帰り、「これこれの事情で自害します」と言ったが周囲の人びとは止め、現在取調中であると、その藩の重役の人が語っていたという（史料135）。

◎天保十二年（一八四一）七月、甲州唐柏村市左衛門の妻まさは、同村茂助が、帰る途中、密通を申掛けてきたので、帰宅後、そのことを夫、母まきにも話して教えた。その後、まさが一人でいるのを見計らって茂助がやってきて無理やり密通をしようとした時に、市左衛門がたまたま立ち帰り出刃包丁で切りつけ茂助を殺害してしまった。夫の市左衛門は、まさから話を事前に聞いていながら、「穏之取計も可レ有レ之存候迚、其儘等閑置候段、不行届ノ致方、不念ニ付」急度叱となっている（史料100）。

さらに、強姦された女房がそのことを夫に知らせず押込となった事例もあった。

◎寛政十年（一七九八）、相州下寺尾村市左衛門後家くめの娘はつは、小久保村観音寺から同道していた角左衛門が帰る途中、不義を申しかけてきたが山道にさしかかり声を立てても道行く人もなく、「身分之程も如何相成と存、無二余儀一、不義之始末ニ」及んだ。以後も度々雑談をし不義を申しかけてきたが拒否し続けた。このことは夫長兵衛に話すべきであったが、恥ずかしいとそのままに打ち過ぎてしまい「不埒に付」五十日押込となった（史料18）。

次の事例は、盗人に無理やり連れ回され不義を犯し、夫にその報告を怠り処罰された人妻の例である。

◎文化四年（一八〇七）、浅草山谷七左衛門倅冨五郎妻いくは、平蔵から度々不義を迫られていたが、ある夜、日本堤で偶然に出会い不義を迫られたが断ったところ、無理やり連れ去られた。平蔵は行く先々で盗みを働き、盗品を商物と偽り、いくのことを自分の妹か女房ということにしていたが、助左衛門方に逗留していた時、いくを力づくで押さえつけついに犯してしまった。その後の調べで、いくは、心から応じたのではなく、平蔵から「自分は勿論、親、夫まで殺してやる」と言われたので、仕方なくそれに従ったのだという。とは言え、平蔵が商いに出て三日も帰ってこないこともあり、事情を宿や村役人に伝える方法もあったはずなのにそれをせず、また、帰宅後も夫へ不義のことについて全く話さずに隠していたことは「不埒に付」五十日押込の処分を受けた（史料18）。

この二つの事例からも分かるように、強姦される際に、単に物理的な力以外に「自分を含む親族者に危害を加えるぞ」という精神的な威嚇を伴う場合、女性はそれにやむなく従うしかなかった。さらに、強姦の事実を夫に告げることが義務化されていたが、それを果たすことは容易にできることではなかった。強姦は、別節で扱うことになるが、当時の女性たちは強姦者から、そして法からの二度にわたる性的被害を蒙らねばならず、自分の操を守ることは容易なことではなかったのである。

第二節　密通未遂

密通を申掛けたが断られ無理心中を図ったり、女を殺しあるいは傷害を加え自ら自害する男たちも多数いたが、女性の側からすれば、前述のように夫に知らせるか、非常の場合は操を守るため自ら男を殺害しても無構とされたが、ただ、その場合でも、その時々の対応の仕方が問われた。

『聞伝叢書巻十二』には、次のような判決例が載っている。

松本紋助の妻は、片山與市から不義を申掛けられたがついに與市を殺害してしまった。それに対し幕府が下した裁決は次のようなものであった。「夫が家にいたのだからありのままに話し、夫の了簡に任すべきなのに、自分一人の一存で紋助を殺しその供述を全面的に信用することはできない。勿論、紋助と不義をしたとは白状していないが、何度か不義を申掛けられたのであれば、その都度夫に話すべきところ、それもなくそのままにしてしまったのは胡乱《うろん》であり、不届きにつき永牢を申し付ける」というのである。この事例から、夫への報告義務、夫の、妻の貞操に対する防衛が要請されているが、現実には決して強い夫ばかりいたわけではなかった。

◎明和九年（一七七二）、下人喜八は、主人喜右衛門の妻ますに密通を申掛けたが、承知しなかった。喜八は怨みを晴らしてやるといろいろ威し、喜右衛門はますを離縁し、ますは夫に疑われたと思い自害を図ったが仕損じ、このことから事件が露わになった。調べによると、喜右衛門は、喜八に密通不承知と答えればどのような怨みを抱くか分からず、得心の趣を返書に認めるようますへ指図した。また、喜八にだけ暇を出しては、どのような意趣を含むか分からないので、一旦、ますを離縁し後に再縁するつもりだったという。そうであればその事情を、前もって、ますや親嘉右衛門へも話しておくべきなのにそれをせず、「不取〆な仕方」であると判断され、喜八は磔、喜右衛門は五十日押込となった（史料18）。

男の側からの申掛けは時にその激しさから怨念へ姿を変える場合もあった。

◎宝暦元年（一七五一）三月二十七日、馬喰町の召仕伝七は、同店の與市の姪たみへ密通を申掛けたが断られ、一旦あきらめたが、路上で見かけた時にふっと執心が起こり、與市に店（長屋）を変えさせ、たみへの怨みを晴らすため、火札（放火の張札）を貼り、死罪となった（史料101）。

また、次のように決闘で決着がつけられたこともあった。

◎元禄四年（一六九一）、筧左門の召仕の角内は、弥左衛門方に古い仲間の好身で度々行っていたが、弥左衛門の女房に口なぶりをしたことが知られ、その後、弥左衛門から果たし状が送られ決闘に及んだ。角内が脇差しを抜いたので弥左衛門は打ち落とし角内は捕らえられ、隠岐流罪となった（史料17）。

決闘で密通問題を解決した事例は他にほとんど見られない。日本では、ヨーロッパの決闘裁判のように、それが神判を越え国家的裁判制度の一部にまで組み込まれることは決してなかったのである（清水二〇〇五）。

次に、本夫と密夫の全く異なる供述を拾った史料を紹介しよう。

まずは本夫の長左衛門の供述から。

「元禄五年（一六九二）二月。「鮫河橋中町の道心者坊主清陽は、昨年霜月中旬から、女房に密通を申しかけ、そのことを女房からも聞いていたので、『なふることがあっても受け答えしてはいけない』と申しつけていた。ところが私が留守にしていた時、また、清陽が現れ『言うことを聞かなければ、知っていることをばらしてやる』と脅したというので、早速、清陽方へ抗議に行くと、『あの時は酒に酔い前後不覚であった』と相店左兵衛、長兵衛を仲介人として詫びを入れたのでそのままにしていた。その後、清陽は、商用で私が留守の所にやってきて、剃刀で女房の額を三カ所傷つけたので、女房は、剃刀をもぎ取りその際、指二本切ったことを私に話した。さらに、清陽は、私に金子銭などを貸していたことを書置にしてというが、そうした事実は一切ございませぬ」。

これに対し、密夫清陽の供述は次の通りであった。

「長左衛門とは前々から兄弟同然の仲で、銭も貸し、女房の密通を見つけてしまいさまざま異見をしましたがいっこうに改めませんでした。二世まで懇ろにと血判までなしたのに、あの女のせいで、長左衛門は立腹し、そのことを方々へ言いふらしたので托鉢もなく、是非もなく女を殺し自分も舌をかき切ろうとしたのです」。

内容を見ただけで、清陽が嘘をついていることは明白であり、案の定、清陽は、後に牢舎のうえ、死罪となった（史料17）。

◎　文化八年（一八一一）、西高地新地に住む日雇千吉は、酒癖が悪く主人女房もんに密通を迫り断られたので押して密懐を遂げようと、出刃包丁を振り回し脅した。千吉は以前にも不届きを犯し、京都を敲き入墨のうえ、洛中洛外払の身分であり死刑は免れないところだったが、「雇いの義に付」遠島となった（史料18）。

◎文久二年（一八六二）六月二日、武家方家来伴源蔵は主人の娘に執心し、主人が外出している時に密通を申しかけたが承知しなかったので、娘を傷つけ自殺しようとしたところを取り押さえられ、傷の療養中に番人の隙を見て逃走したが後に病死。その遺体は、塩詰とされ、日本橋で晒され、品川で磔にされた（史料123）。

第三節　密通の後で

『吾妻鏡』には、鎌倉時代の密通事件の話が載っている。寛元二年（一二四四）七月二十日、市河掃部允《かもんのじょう》高光法師（法名見西）は、自分の妻（藤原氏）と、落合蔵人泰宗が密通をしたとして幕府に訴えた。妻はそれを否定したので、幕府は二人に起請文を書かせたうえで荏柄社壇での七日七夜に及ぶ参籠を命じた。当時は、ある種の神判裁判が行われ、その間に、鼻血を出す、鼠に衣服をかじられる、鳥に尿をかけられるなどの異変が起これば、起請文は嘘であったと見なされた。同年八月三日の記述を見ると、この参籠中、何も異変は起こらず、妻の無実が証明（?）され、係争中の信濃国船山内青沼村、伊勢国光吉名、甲斐国市河屋敷など、妻が領掌することが認められた。実は、夫が妻を密通で訴える前、二人の間には離婚話が出て前記の所領、所職をめぐって、妻の方から先に訴えが起こされ、夫がそれに対抗すべく密通で妻を訴えたのである。

今となっては、真実を確かめる術はないが、鎌倉時代、密通が、法廷での係争対象になったこと、所領などをめぐる争いに利用され得たこと（式目の財産没収の条項を想起）、その立証が困難で神判に委ねられたことなどが確認される。清水克行が紹介した次の事例。

◎ 室町時代の応永二七年（一四二〇）八月十七日、仙洞御所侍が六条河原で首を刎ねられた。一年前、この侍は後小松上皇の寵愛を殊の外受けていたのに増長し、傍若無人な振る舞いも多く、女官と密通し懐妊させてしまい二人とも御所から追放されていた。御所侍は内外のつてを頼ってあれこれ御免のことを嘆願したが、上皇はお許しにならず、八月十六日、直接、仙洞御所に出向き直奏をしようとしたが、門番に遮られ、「只今無二御免一者、生涯可二存定一」（お許しが出ないなら自害する）とその場で自害を企てたが、取り押さえられ、後に処刑された（史料28）。

自らの生命と引き替えに密通の宥恕を求めたこの行為には、中世人の生命軽視や、自害に関して公権力や周囲の人びとはその理非を越えて一定の配慮を持っていたことがうかがえるが、逆に、この御所侍は、その配慮に期待して起死回生の一策として実行したものと考えられる（清水 二〇〇五）。

密通の現場を夫に見られた妻は、真っ先にまず自害を思いつく。

◎ 天明八年（一七八八）昨年の六月初め頃、作州南海村百姓庄吉（二〇）は宅裏の道端にいた同村庄屋彦兵衛女房いそ（三十）に、不義を申しかけた。初めのうちは承知しなかったが、出会う毎に強く誘い続け漸く得心し同月四日に彦兵衛長屋で初めて密会を遂げ、以後、四、五回関係を持った。この四月六日夜も約束し、同夜五時頃、長屋に忍びいそと密会しているのを彦兵衛が駆けつけ、下人喜助を呼んで両人とも本家に連れ帰り、不届きの段を大声で怒鳴り散らしたので、隣家の者共が次々とやってきて庄吉は親五郎次郎に一旦預けた。いそは彦兵衛に詫びたがなかなか聞き入れられず面目を失い途方に暮れ、納戸に臥させていた二歳の女子が泣き出したので乳を含ませていたが、その納戸にあった竹割小刀を見つけ自害しようと咽喉に突き立てたが気絶してしまい、後に二人とも死罪に処された（史料67）。

同様に、密通の現場を夫に見られ自害をした妻を「乱心」として届け出た夫がいた。

◎天保四年（一八三三）五月二六日、本郷西竹町六蔵の妻まちは、同所屋鋪方手廻と密通していたのを夫が度々意見を加えても、「全くの浮説で今後こういう事を言うのも穢らわしいからやめて」などと頑強に否定していた。ところが今夜、法弟で懇意にしていた加賀政の放談があったので、六蔵はその手伝いに出かけた。「今夜もきっと帰りが遅いに違いない」と、まちは密夫を引き入れ楽しんでいたが、夜五ツ頃、六蔵は帰ってきて門口下水に小便をし隣の者と時候の話をしていた。家の中の二人はその音を聞いて驚き、密夫は門口を蹴放し逃げ、その物音に驚いた六蔵が直ちに中に入り、「何事だ」とまちに聞くと、まちは言い訳ができないと思ったのだろうか、出刃包丁で胴を貫き自殺してしまった。状況から見て、密通を見られての自害だったが、六蔵はそのことを隠し、乱心のうえでの自殺と検使に申し立てた。史料は「下賤の者には珍しい取計らい、心底の程諸人感賞致し専ら風説仕候」と結んでいる（史料123）。

同じ自害でも、その原因が乱心と密通のいずれかでは、夫の名誉の扱いが大きく違ったのである。

密通現場を本夫に見られた場合、密夫が逃げ、密婦が自害、もしくは本夫の手にかかり成敗されるケースが多いのは、本夫に身柄を押さえられているという物理的要因の他に、密婦の方が、密通に対する罪の意識が大きかったからと思われる。

密通の波紋は、両当事者や親族外にも及んだ。

◎寛政年間（一七八九〜一八〇〇）の出来事。大久保大和守の娘は小堀某の妻であったが、小堀家家老の三男と密通したことがばれ実家へ帰された。このことで、密夫は切腹したが、同家中に素読など教えていた浪人が一人おり、その三男も常々そこで素読を学んでいた。三男が切腹したと知った浪人は、甚だ逆上し

「自分も自害しよう」という様子を見せたので、刀などを取り上げ本人に渡さなかったが、ある時、他所から弟子が一人来て、安否の挨拶をしていた最中、弟子の差している脇差しを抜き取り直ちに腹に突き立て死んでしまった。弟子は自分が切られるのではと思いさっと逃げてしまった。浪人は至って気が小さく、自分の弟子に密夫でも出てこようとはと悲観したのだろうか。僅かの間に小堀では二人も切腹してしまった（史料139）。

この事例からまず、師匠の、名や世間体を重んじる態度を読み取れるが、自分の門弟の中から密夫を出してしまったという、より内面的な自責や悔悟の念があったことも忘れてはならないだろう。

◎嘉永三年（一八五〇）八月二十四日、湯島大根畑で、油・米屋を営んでいた大三（四十二）は、下谷稲荷町道具屋で道中差を求め店にある刀を見て、「これは切れるか」と聞いたので、店番の老母が「切れること請け合いますよ」と言うやいなや、刀を抜き喉を突きその場で死んでしまった。これは大三の女房かね（二十七）の密通が原因で、元来気の小さい大三はこれを気にかけ乱心し、十日ほど前から家を出あちこち歩き回っていたので、親類が相談し牢を設え入れておくつもりで所々探し回っていた矢先の出来事であった。かねは、殊の外身持ちが悪く、湯屋権次郎下男の梅吉と密通していたが、親族の計らいで離縁とされた（史料123）。

◎文久二年（一八六二）十二月一日、昌平橋川へ女の見投げがあった。金一両、数珠を手にしていたが、湯島横丁番屋へ引き上げた。この女は駿河台御納戸組頭、越智主馬の娘おぢう（二十九―二一、三に見える）、牛込白銀町御賄頭山本新十郎に嫁ぎ、子供三人もなしたが、家来との不義が知れ里に帰され、父主馬の折檻にあい屋敷を抜け出し身投げをしたが浅瀬だったので引き上げられた。ところが屋敷名を言わず、色男の名だけ言っていたが無理に聞き出して翌二日夜こっそり屋敷へ引き渡された（史料123）。妻が密通をし、妻敵討にあわなければ、このように離縁となって実家に帰され、実父により折檻されるケースが大半であったろう。史料には、おぢうのその後については何も記されていない。

第四節　出奔

以下は夏目漱石『門』の一説である。

必ず今まで睦まじく過ごした長の年月を遡って、自分達が如何なる犠牲を払って、結婚を敢えてしたかと云う当時を憶い出さないわけにはいかなかった。彼らは自然が彼らの前にもたらした恐るべき復讐の下に戦きながら跪いた。同時に、この復讐を受けるために得た互いの幸福に対して愛の神に一弁の香を焚く事を忘れなかった。彼らは鞭たれつつ死に赴く者であった。ただ、その鞭の先に、凡てを癒す甘い蜜の着いていることを覚ったのである。

本書第一章冒頭の表の分析からすれば、出奔は、庶民の場合は、「町人妻・娘―町人」「百姓妻・娘―百姓」が圧倒的に多く、「下女―下男」「主人娘―召仕」がそれに続く。武士の場合は、「妻・娘―武士」の場合が圧倒的に多く、「妻・娘―奉公人」が続く。その理由に関しては、庶民の場合、「密通を見られ心苦敷存」「夫婦約束」が多いのに対し、武士の場合、密通を見られての出奔はほとんどなく（そうした場合、自害するか、離縁される方が多かったと思われる）、「夫婦仲がよくない」「家風に合わない」「妾の問題」などに拡散し大きな特徴は見いだせない。

では、出奔の罪はどのように裁かれたのだろうか。残された史料から見る限り、出奔の前提である密通罪で裁かれる場合が大半であった。

まず、庶民の事例から。

◎貞享四年（一六八七）十月二十二日、主人の女房が夫との折り合いが悪く、鎌倉（東慶寺）へ立ち退こうとしたのでその供として立ち退いたと主張した召仕は密通とみなされ二人共死罪となった（史料17）。

◎元禄十六年（一七〇三）、金沢藩で主人の娘と密通し、そのことがばれそうになったので出奔した下人は斬罪、娘は追放となった（服藤弘司 一九八三）。

下女―下男が出奔した場合、岡山藩では、天和元年（一六八一）六月二十八日、同家の召仕同士で駆落したが、男のみ捕まり成敗され（史料36）、元禄十年（一六九七）、下男下女が密通のうえ、伊勢参宮をするといって欠落したが、尋ね出され牢舎となっている（史料36）。『聞伝叢書　巻十』によれば「その主人から請人へ掛合尋ね出すべき事で、届出などを出されても、御代官聞置とし、支配役所から尋ねる筋のもの」とされ、あくまでも、請人にまずその捜索を依頼すべきものであったが、『世事見聞録』では、「下男の馴合ひ密通の事は、武家に於いて深く忌み嫌ふ事にて、厳科に行ひ、男女とも打ち捨てし事なり。然るにその後追々猶予の沙汰になりて（略）当時奉公人の遣ひ方、余り緩怠過ぐるゆゑ、下人どもつけ上がり不奉公になり、殊に男女の間まで猥りになりぬ」と当時の状況を嘆いている。前述のように、江戸時代の前半期こそ、武家に限り下人への成敗権は認められたが、双務契約的な関係に変化し始める江戸時代後半頃から、それはしだいに行われなくなっていった。

以下、武士の場合を見てみよう。

◎宝永七年（一七一〇）四月十日、鳥取藩鷲見佐左衛門の妻は、僧牧山と一室内で座禅を学んだことから世間に悪説が立ち、佐左衛門は面皮（面目）を失い、妻子を引き連れ出奔してしまった（史料9）。

◎肥前藩鍋島助右衛門の娘は若党と出奔した。しばらくして肥後藩家老の妾となっていることが分かり、漸くのこと連れ戻した。娘は帰国後、自害を命じられ父子にも家内の取締が不行届との理由で切腹が命じられ上使が派遣された。ちょうど、父子で碁をやっており、「碁のかたをつけますから」と打ち終わり、そこへ家来共十八人押し寄せ、死出のお供をしたいと申し出たが、上使たちが躊躇っているうちに、子息がさっと庭におり、「それがしが介錯を」と十八人の首を次々と切り落とし最後には父子が見事に切腹した。屋敷内を流れていた川は血で紅に染まり人びとは血川と呼んだという。この件に関し、直茂公は、「気の利いた者がいないために不便をする」と不満足そうにおっしゃった。これは助右衛門を預かりたいと申し出る者が誰もいなかったからだという（史料108）。娘ばかりかその親子までの処分。さらには十八人もの殉死者。江戸時代初期ならではの事件であった。

◎宝永四年（一七〇七）、岡山藩波多野九兵衛の娘は密通相手の行田幾右衛門の息豊之進と出奔した。しばらく行方は不明であったが、宝永四年に帰ってきた。親類共々、また、二人でどこかへ姿を隠すよう勧めたが、再度やってきて父の元に匿われた。父の主人岡野本之丞は七月二十九日に退去、父幾右衛門父子も妻子を連れ立ち退いた。このことが藩主池田綱政の耳に入り、「幾右衛門父子の所行で主人の家を絶し大悪至極、急度吟味を遂げ、幾右衛門父子を召し捕るべし」との命が出され、父子は逮捕され、父子共々、斬首となった。九兵衛の娘、出生の男子は流罪、岡野本之丞は復帰が認められた（史料6）。

これは、藩主直々の命という特殊な状況下での処分であったが、武士の場合は、やはり庶民よりも厳罰が加えられた。しかし、江戸時代後半の頃の状況を『世事見聞録』は次のように記している。「当時、妻娘など、家臣また溢れ者などに犯さるること間々ありて或は誘い出され行衛を漸く尋ね出し、これまた世間に流布いたさぬように密かに致し、相手なる男へ手切金など出して済して仕廻ふこととなり」。この記述部分が全くの嘘でないことは次の史料で確認できる。

◎ある旗本の息女、家中若侍と密通し出奔した。主人は御城に宿直だったのでそれを急ぎ書中で知らせた。翌朝、帰宅後、密かに居所を調べよと隠密に命じ、気分が優れないからと保養のため、囃子を申し付け客を呼び三日間、終日夜まで遊び続けた。世間でもよもや異変はないだろうと噂をする者もいなくなり、その間に二人の行方も分かったので金五十両を遣わし「まずはこれで一時凌ぎ、追ってまた安心して暮らすことができるように金を遣わしてやるから何も心配はいらぬ」と言ったという（史料132）。同史料は、「総て近年、貴人の姉、妹、または妻女など、不義の出奔時々ありて、めずらしからぬ様になりぬ」と結んでいる。

◎伊予国大洲城主加藤遠江守の愛妾が近臣と密通、出奔した。遠江守は大いに怒り江戸、京摂など所々尋ねたがよく隠れおおせたとみえいっこうに発見できなかった。そこで、大坂町蔵屋敷の留守居を以て大坂町奉行所に頼みこんだ。奉行所は、あまり馬鹿馬鹿しいことと思ったが気の毒に思い、「御依頼となればいかようにも致しますが、このようなことは御手元で御吟味なさるべき」と一旦辞退した。しかし、再度、強く頼まれたので承知し、三日目に二人は泉州貝塚にいたのを召捕られ、網乗物で蔵屋敷へ引渡になったが、そのことが大評判となり、その道筋は見物人でごった返した。こういう不取締まりの家なので天保十年、佐野杢左衛門の妻が出入りの百姓佐五郎と不義、出奔したが、大坂福島に住居しているところを捕まり、屋敷内で両名を殺害したこともある。こうした例は同家では他にもたくさんあるだろう。同史料の著者は遠江守を「已れはこれをはじとせず。其不取しまり大たはけなる事を已れよりして天下に風聴せる事、此上もなき馬鹿諸侯よと云へし」と結んでいる（史料10）。

◎寛政三年（一七九一）、紀州家老水野対馬守は至って女好きで、側向きの女にもめったやたらに手を出していた。三、四年前に妻が出奔したのも色事が原因と噂されたが、どうもそういうことではなく、夫が大いにいじめ朝夕酷くあたり、妻は鎌倉比丘尼寺に行くつもりで逃げ出した。対馬守の家風は至って難しく、門の出入りは夜の四ツ時以降は女の出入りは禁じられていたが、六十四文目さえ門番に渡せば家中の妻女らも自由に出入りしていた。だから、妻も六十四文だして出奔したのだろう。妻の里付の女が妾になり、妻がいた時から権威を振るい殊の外悪妾で妾の言うことは何でも取り上げたらしい。妻が出奔してからはさすがに門の出入りは厳しくなり今では六十四文出しても出入りができなくなったという（史料139）。夫の友人と不義を疑われ、二人で出奔したが、夫の後妻が出奔した妻の真情を知り元に戻ったというめずらしい事例もある。津村淙庵の『譚海』から紹介しよう。

◎某藩中に浮島頼母という者がいた。同僚に刎頸の友がいたが、ある夏の日、頼母は同僚宅を訪ねたが外出中で、妻が酒などを出してもてなしたが夕雨が急に降りだし雷鳴が夥しくなった。頼母は元々、人一倍雷を恐がっていたが押し入れの中に逃げ、妻も同じく雷嫌いだったので頼母が先に中に入っているのを知らずに押し入れの中に逃げ込んだところへ夫が帰り、ようやく雷が止み二人は這い出てきた。同僚は、「頼母に限って不義などしていたはずがない」と思ったが、目の前の状況から不審がないわけではなかった。しかし、雷を恐れて隠れていたこと、妻もそれを知らずに同じ所へ逃げ込んだことを段々述べ詫びたので夫も疑いを晴らし元のような交際が続いた。

　また、ある日、頼母が同僚の所へ行くとまた、外出中であったが、いつものようにまるで我が家のようにゆったり遊び夕方行水をしそのまま縁先で寝ていたのを、妻は夫が浴衣を着て寝ていると勘違いしその傍らに添い伏して眠っていたところに同僚が帰ってきて、きっと見咎め両人驚き目覚め、間違いとは言いながら数度の粗忽、大いに弁解の言葉もないと思い妻と共にその場から逐電してしまった。夫は、これまであの二人が密通していたのに、自分が疑いをしなかったまま月日を経たことを悔いしばらくは一人暮らしをしていたが、世話する人がいて後妻を迎え仲良く暮らした。

　頼母は、同僚の妻を連れて立ち退いたが、元来武士なので商売のことも疎く生活を支える方法もないまま、所々流浪し有馬温泉で家を借り入湯の客の求めに応じ幇間や滑稽な物語などして常の生活としていた。妻は客の浴衣衣服などを濯ぎ洗うことを生業とし一緒に生活していた。

　ある日、頼母は「今こうした身分となったのも仕方のないことで、いっそのこと実の夫婦の語らいをすべきではないだろうか」と折々勧めたが、女は承知せず、「元々、あなた様と本当の不義があって逐電したわけではなく、言い訳ができなかったのでこのような流浪の身となってしまいました。されど、夫は私に背いたことなく、また、私も他心があって背いたわけではないので、いつまでもあなた様とは夫婦の語らいはできません。今にも夫が、私の実心を知って呼び返されることもあるので、このことは仰せには従えませんが、表向きばかりの夫婦の体はいかにも仲良いようにして下され」と言われたので、頼母もそれ以上言う言葉がなく、友人の妻として扱うようにした。このような時、入湯の客で頼母と親しくしている者が現れ、「そちの妻はさてさて美しい。実に羨ましい限りじゃ」と言われ、ついつい、実は夫婦でなく、妻が貞節を守っている物語をした。偶々、同僚の後妻の親が座敷にいてこの話を甚だ感心して聞き、帰郷のうえ、後妻に話すと、「世間には珍しい貞女もいる者だ。そのような女を差し置き自分がこうしているのも本意ではない。何とか元のように呼び返し添われるようにしてあげたい。でも本当かどうかこの目で確かめてから」と有馬へ行き、その女に懇意となり女の心中を聞き届けると、全く自分の親の話と違わず、添い遂げたい様子だったので、後妻も感心し急いで帰って夫に呼び返すよう話した。夫も、決して不義などはしていなかったと思っていたと打ち明け、妻を呼び返し、元の夫婦に戻った。後妻は尼となって別居し、頼母も帰参が叶ったという。

第五節　相対死

相対死は、庶民の場合は、「下女―下男」が圧倒的に多く、「町人妻―百姓」「町人妻―下人」「遊女―百姓」「百姓娘―奉公人」が続き、武士の場合は、相手は圧倒的に武士や遊女が多かった。その理由に関しては、庶民の場合、「将来への悲観」が群を抜いて多く、武士の場合は、「密通が知られたので」が最も多い。

最初の男女の心中は、天和三年（一六八三）の、遊女市之丞と長右衛門の事例で、それは近松の「心中刃は氷の朔日」として早速、上演されている。

享保八年（一七二三）、徳川吉宗の時に、それまでの「心中」を、忠孝の立場から「相対死」と呼称するよう命じたが、その流行は、まず、大坂を中心とした上方から起こった。周知の通り、近松門左衛門が『曽根崎心中』を著し竹本座で初演されたのは元禄十六年（一七〇三）のことであったが、三田村鳶魚は、心中の流行を大坂では天和から享年の初めまでの三十年間、江戸では十年内外であったと指摘した（三田村 一九七六）。また、丹野顯は、件数のピークは元禄十六年（一七〇三）で、大坂では四十六組九十二人が亡くなったとした（丹野 二〇〇三）。最近では、宇佐美ミサ子が、元禄十五年（一七〇二）から宝永元年（一七〇四）の三年間だけで、約九〇〇人にものぼったとしている（史料160）。丹野は、その背景に元禄八年（一六九五）からの悪貨改鋳で元禄インフレが起き、経済社会の閉塞状況が、中下層の武家、庶民の生活に重くのしかかっていたことを挙げているが（丹野 二〇〇三）、関民子は、さらに厳罰を背景に忠孝の奨励を図ろうとした幕府や、家業繁栄のため勘当や追放の制裁を行使していた親や主人に逆らえなかった、子や奉公人の存在を指摘している（史料159）。

若い男女の死の要因には、封建社会における家のしがらみが深く関わり、この世で夫婦になれないことを悲観しての行為という側面があったが、他に「二夫にまみえず」という儒教的貞操観、「死を決して否定しない」仏教の来世思想、死を潔しとする武士道の影響等々もその原因として挙げられる。さらに大原健士郎が述べているように、「日本には宗教の基盤の上に立つ、厳しい一夫一婦制の性道徳が存在しなかったため、かえって情死、あるいは心中といった極端な美的形式によって、一夫一婦制への欲求を賛美せざるを得なかった」という指摘にも耳を傾ける必要があろう（大原 一九七三）。

享保七年（一七二二）、「男女申合相果候者之事」という法令が出され、心中の死体は、両人死亡の場合は当初、死骸取捨にされ、一方が生きている場合は下手人、双方生きている場合は、三日間晒しのうえ、非人手下とされた。その際、衣類着用のままとされたが、帯などが目立つようであれば三尺手拭か縄に代え、引き捨て場所へも縄を張り、死体の引き取りを願う者があっても引き渡さず（実際には、金子で引き取られた）、下女と主人が相対死した場合、主人が存命であれば「下人之身として主人に対し不届候間、不レ及二下手人一非人手下ニ申付」られた(史料100)。しかし、死骸取捨の晒は、寛政五年(一七九三)、男女の死骸を千日墓所で晒したところ、女の陰門の毛が多かったことが評判となり見物人が殺到したため、素っ裸での晒は以後、中止されている(丹野二〇〇三)。

当時の川柳にも、「女の股ハすぼめろと倹使言イ(天二智3)」「死にきって嬉しそうな顔二つ(柳初25)」というのがあるが、二人揃って死ねず、密夫が密婦を殺害し、自害を図ったが失敗するケースが特に庶民の場合に圧倒的に多かった点が注意される。自害をするにはよほどの意志力を必要としそれがなかなか容易でなかったことをうかがわせる。明和七年(一七七〇)、岡山藩御野郡下出村で下女と武士の嫡子が心中を図ったが、下女は死んだが男は死にきれず、父の屋敷に連れ帰され父の手で殺害され、その後、父は復帰が叶った(史料6)。安政四年(一八五七)、浪人の伯父某とその甥の妻が密通、露見しそうになったので自らその女を殺し自害を図ったが死にきれず、親戚寄り集まって切り殺してしまったなどの事例から(史料3)、武士の場合は、身内に心中者を出した場合、御家断絶を含む何らかの処罰が下されたことが当然、予想される。四千石の旗本藤原外記が新吉原大菱屋の綾衣と心中し御家断絶となったのは、天明五年(一七八五)のことであった(丹野二〇〇三)。また、その前年、永田の馬場安部式部(七百石)は新吉原の花扇と心中を図ったが失敗し、家来の機転で内済し処分を免れた(三田村編一九七六)。『地方公裁録』によれば、相対死した密夫の親が百姓町人であれば咎めがないが、侍の場合は差控を伺わせ、夫は二十日、密夫の親は十日ほどの番遠慮で許され、妻の里方の養父らは差控伺などは必要がなかった(史料100)。

そうした一方で、相対死で死にきれなかった者やその死体を興味本位で見物する当時の庶民の姿も多数、記録されている。

◎文化五年（一八〇八）三月十二日、鳥取で、草野宗玄と女が情死を図ったが、二人共、傷が浅く夢中になって輾転悶乱し、「府下の人是を伝聞て見物に行者絡繹として不絶」であったという（史料90）。

◎文化元年（一八〇四）五月四日、新宿水茶屋鈴木太七養女たつ（十七）と、同町太兵衛養子栄次郎（二十五）が対の浴衣で互いに抱き合い緋縮緬のしごきで結び溺死した。二人共、大変麗しく見えたせいか江戸中の評判となり皆舟に乗って見物する者が多く、潮の満ち引きで、遺体が源平掘の辺りから新大橋辺りを行ったり来たり流れるのを、初めは八文、次に十六文、二十四文、三十二文、後には半百に及び、舟の数は数知れず、船頭達は情死のお陰で思わぬ銭を儲け、三、四日この状態で漂っていたが知るべの者も出ず、誰の仕業か、浴衣、髪の道具は夜の間に盗まれ、さらに浴衣の下の絹の袷と一つずつ剥ぎ取られていったが、さすがに憐れに思ったのか縄で元のように一緒に繋がれていた。付札によると、木綿きゝう縞浴衣で、両人共、紫鹿の子しごきでくくり抱き合い、真ん中を〆、裾褄縫い合わせ、男晒しの手拭いで鉢巻きをし緋縮緬の下帯、女も同じ鉢巻きをし、下帯は白縮緬で、至って美しく帯は黒子、男は碁盤縞真田帯。引き上げた際、女子はさほど変わらなかったが、男は髪が薄く長時間水に浸かっていたせいか頭は薬缶のように見えた。両親の嘆きも思いやられたが今でも引き取りにこず、きっと入用に難儀しているのかと廻船御用達筑前屋新五兵衛の手代半兵衛は一人で全てを差配し、死体の引き上げ、葬、法事の入用、その日から百カ日間の非人取扱入用、町内家主番人入用、その他の入用全てを賄った（史料21）。

一説には、遺体は霊厳寺に葬られその時だけの費用が二十両もかかったともいう（史料113）。また、文化十年（一八一三）三月中旬、池上村で相対死を図った男女は、白装束に着替え、金三十両（回向料）を入れた紙包みと書置を一通残していたともいう（史料90）。

◎文久四年（一八六四）一月二十七日、成子乗円寺境内の杉林に女の死骸が二つあった。二人は、堀粂次郎召仕のせき（二十五）と、きよ（十八）だったが、武州入間郡所沢村与左衛門の妹と娘、伯母と姪であった。堀家は千五百石の旗本であったが主人が病気で家事は不取締であった。相手の男は画師の伜で片岡亀五郎（二十一）で、同屋敷に奉公し、せきときよの二人と密通し両人共、懐胎させ主人から厳しく叱責され居たたまれず、両人を連れ出し相対死するつもりで両人を刺し殺し、自分も咽を突いたが死ねず、その場を逃げ去り父方へ駆け込んだところ、父が怒り親の手で伜の咽を突き殺した。検使の際、証拠がなく困ったが、伜の懐中から書置が出てきたので申訳が立ち相対死となった（史料123）。

相対死をするかどうかを知る方法があった。

◎不白の妾は十七、八歳で、近所の少年と密通していた。不白は知らない振りをしていたが、ある夜、妾が家出をしていなくなったので早速、手文庫を取り寄せその中を改めてみると、金子が若干あったので大いに驚き、人を諸方に走らせ尋ね捜させたが二人は早稲田の段畝で相対死していた。不白が言うには、「男女出奔した際には金子を持ち去る時は大抵生命の虞はないが、金を置いていく時は必ずその生命計り難し。手遅れとなって不憫なことをしてしまった」と後悔したという（史料128）。

心中をなくするにはどうすればいいのか。『甲子夜話』には、次のような話を載せている。

◎ある男がある女と密通していた。女はたいそう醜かったので、男は別れようとしたが女はそれを知ってなかなか別れてくれなかったので、男は一計を思いつき、共に死のうと提案した。夜中、長堤を二人で歩く。女が「ここでおしっこしたい」と言い出し、男も「俺もしよう」と女の臀に松葉の束ねたものを指すと、「痛い」と飛び上がった。男は、「程なく死のうというのに松葉が痛いのでは刃を受けることはできない。止めよう」と言うやさっと逃げ去り女も後を追って逃げ帰ってしまったという（三篇ノ六）。

松浦静山は「これ人情の実にして」と、相対死は「天地間之邪神が導く者ならん」と結んでいる。

さらに『翁草』では、相対死にも「数種有て、或は邪淫、あるは銀事に迫るもあれども、先は若気の無分別多し。彼らの望むまゝに添せなば究めて一、二年の間には喧嘩して別れ別れに成なまし。其謂は命を抛つほどに溺るゝものは、又倦く事速なるべし。かゝる浅き惑をわきまへもやらで、あたら命を失ふ事こそ便なきわざなれ」と、皮肉たっぷりに若気の至りを戒めている。

当時の記録では、皆一様に心中の流行は上方から始まったと指摘しているが（上方と江戸の性風俗の相違については後述）、幕臣森山孝盛が延享年中（一七四四〜四七）のことを回想して著した『賤のおだまき』では「其比は、心中にて相対死も稀には有けり」とその減少ぶりを記している。

第六節　強　姦

中世ヨーロッパでは、強姦は次のように罰せられた。

宗教上の犯罪、破廉恥罪（夜間の重窃盗、夜間の放火、強姦、境界犯罪）には放逐、追放が第一の効果があった。一切の法的関係は解消され、森の浮浪者、人間狼となり、誰でも彼を殺して良く、現行犯の場合は彼を殺さねばならなかった。平和喪失はアハト（迫害）になる。彼の首には、懸賞がかけられ、埋葬されることなく放置され、その死体は、鳥の餌食に委ねられた（ミッタイス・ヘーベリッヒ）。

女性が家の中で暴行された場合は、現場となった家を破壊すると同時にそこにいた全ての生物も首をはねられる。人も家畜も犬も猫も鶏も家鴨も、被害者を助けず、叫び声をあげて助けを呼ばなかったから死をもって償う（『シェヴァーゲン・シュピーゲル』）。

ジーン・マックウェラーは、「性犯罪は、暴力と侵略性の一形態で、強姦したい欲望は女性の魅力と無関係であり……強姦する男がそうするのは、彼には『おれは男だ』と主張するためのより良い手段が欠けているからである」と指摘した（マックウェラー 一九七六）。また、小田晋は、「性行動の中枢が間脳の視床下部付近にあり、攻撃性の中枢もその付近にあり、一つの中枢の興奮が他の二つの中枢の興奮に移行しやすい」ことを指摘し、脳生理学上、強盗が強姦と非常に親近性を持っているとした（小田 一九九〇）。現実に、強盗の行きがけの駄賃に強姦を行う例が、今昔物語以来、現在に至るまで事例は多い（小田 一九八〇）。

強姦の規定は『御定書』で初めて登場する。それは、

　追加
　寛保三年極
一、夫有之女得心無之に、押而不義致す候もの　死罪
但、大勢にて不義いたし候ハヽ、頭取獄門、同類重キ追放
　追加
　同
一、女得心無之ニ、押而不義いたし候もの　重追放（史料100）

であったが、強姦罪は『御定書』制定当初、規定されていなかったことに注意しよう。

強姦は、歴史的に見ると、対偶婚の段階ではあり得ず、家父長制の確立に伴う単婚の成立と共に発生した犯

罪である。関口裕子は、その時期を貴、豪族層で九～十世紀、庶民層で十二世紀初頭と考えているが（関口他一九九八）、ここでは、少し遡って中世の強姦から考えてみよう。『今昔物語』には、次のような強姦にまつわる説話が載せられている。

（A）山中で二人の乞食に襲われた女が操を守るために、排便を口実に乞食を欺き人質として背負っていた愛児を渡して隙を見て逃走した。その途中、騎馬武者の一群に出会い、共に急いで現場に戻ってみると無惨にも愛児は四肢を引き裂かれて死んでいた。武者たちは恥を知る女の行動を称揚したという。（二十九ノ二十九）

（B）信心狂の三十歳前後の人妻が、鳥辺野の賓頭盧尊者が霊験あらたかと聞き、小女一人を従えて参詣した。その途中、稚児男に捕まり強姦され、主従共に、着衣を剥ぎ取られ止むなく小女を清水寺の師匠僧の元にやり僧衣を借りほうほうの体で帰宅したという。「然レバ心幼キ女ノ行キハ可止也」と。（二十九ノ二十二）

（C）芥川龍之介の『藪の中』の原作となった説話では、妻と同伴で丹波へ下った男が、大江山辺で道連れになった男に気を許し、欲に駆られて弓矢と相手の太刀と交換したが、男は山賊で、木に縛られ眼前で妻を強姦された。男は馬まで奪って逃走したが、女に情が移りその着衣も奪わず夫の命も助ける。夫は妻にまで愛想を尽かされたが、夫婦別れもせず丹波への旅を続けたという。（二十九ノ二十三）

Aでは妻の恥、Bでは女の用心、Cでは男のこころばせがそれぞれの主題となっているが、妻の操、また、それを保護する夫の保護権（妻の所有権）がこの頃、確立され始めていたことがうかがわれる。

当時は、各種祭の他に伏見稲荷、清水寺、石清水八幡宮などへの参詣が男女の出会いの場、空間とされていた。かつて笠松宏至は、強姦は中世では、「辻取」（女捕）という名称で呼ばれ、刑事事件になるかならないかの境界的犯罪であるとして、『御伽草子』の「ものくさ太郎」の「辻取とは、男も連れず輿車にも乗らぬ女房の、みめよき、わが目にかかるを取ること、天下のお許しにてあるなり」を論拠として挙げ(笠松 一九八四)、さらに、網野善彦も「圧倒的に多くの場合、問題にされることもなく打ち過ぎたに相違ない」とした(網野 一九八六)。しかし、残されている史料が非常に少なく、服藤早苗は、野村育代の「辻、川端、橋、寺社門前などにおいて、異性に声をかけ誘う行為こそが辻取である」(野村 一九九一)という指摘を受け、「辻取は強姦と表裏一体であった」と慎重な見解を述べている(服藤 一九九五)。

かつて、辻や道の無縁性に注目した網野善彦の説をさらに発展させた笹本正治は、「辻とはこの世とあの世を結ぶ境界領域で、集落の中央の辻に置かれた縁結びの神でもある道祖神には、この世の異なる世界に住んでいた男女を結びつけることなど容易かった。道自体が個人の所有観念から離れた地であり、辻はそれが掛け合わさり人間の所有が貫徹しにくい場所であった。また、女性自身が無縁的な性格を持ち(網野 一九八七)、そうした女性が辻という特殊域に入ることによって所有の概念は弱くなり、女性を捕まえて妻にすることができるという習俗が成立した。そして辻は本来、霊たちの支配する場所なのでこの地域で起きたことは人間の関知できないことだとする考え方も存在した可能性がある」と述べた(笹本 一九九一)。元々、強姦、和姦の境界も曖昧であり、実際には、声を掛けることから強姦へ発展したケースも多分にあったと思われる。

辻を含む無縁の場、境界領域、アジールは、近世の全国的な公権力の出現により縮小限定を余儀なくされてゆき、強姦はどこでも処罰の対象となってゆく。

◎慶安二年(一六四九)七月、会津藩猪苗代北高野村弥左衛門の弟の妻すては、年忌奉公で下女として働いていた。この正月中に弥左衛門がやってきて、証文通り一分増金を出して帰ることになったが、すては、突然「以前、笠原権左衛門に恥をかかされたことがありそのことをはっきりさせてから帰る」と言い出した。弥左衛門は、「自分から恥を申し立てるのは不届きであり、今までそのことを言わず、今になって言うのはどうかな」と奉公先の主人も意見したが、「奉公している間は我慢してきたが、こうして返済も済んだうえは自分の心次第だ」と言って聞かなかった。すてと弥左衛門は権左衛門の小頭方へ、恥を与えられた件を話したことから不法なことが露見し取り調べが開始された。

それによると、昨年四月中、すてと傍輩のみの、草履取り宇作その外、二、三人連れで松葉を取りに山へ入ったが、権左衛門はすての容色に溺れたのか口でからかい山中で追い回していた。その帰りに堤沢村中で一休みしているところへ、権左衛門が荷物を降ろし、突然、すてを取り抑え口を塞ぎ無理に押し倒して不義をした。こんな無体な仕方で、しかも皆が見ているところなのですては死ぬほど辛く深く傷ついた。権左衛門は吟味中、かれこれ言い紛らわしていたが、ある時、同心佐藤虎之助が、権左衛門の門前を通った時、権左衛門が出てきて「あの山のことを誰かに聞かれたら、荷物が長い木に引っかかって転んだだけで、決して不埒なことをしていなかったことにしてくれ」と強く言い含められていたことが発覚し、誅伐された（史料1）。

◎寛文五年（一六六五）五月、岡山藩の土肥彦四郎下女が、親の年忌で暇をもらい、伊田村へ兄と一緒に帰るはずだったが、兄が所用で遅れ先に行っていた途中、金川村商人十人と道連れとなり、日暮れになり、そのうちの四人と所々で不義を行った。四人は全て斬罪、獄門になったが、その下女までが処罰され、御国払となった（史料36）。

史料が簡潔過ぎてこれ以上のことは分からないが、前述のように強姦と和姦（であっても処罰されたが）の境界は実に曖昧であったのである。

◎延宝二年（一六七四）十月、会津藩小荒井村八右衛門の下男の伝兵衛は、主人の命で稲刈りに行ったが、その後に娘（十三歳）を馬追にやらせた。伝蔵は娘を括り口をふさぎ押し臥せ無理やり犯したので、殊の外血を流し半死半生の体で漸く帰宅した。八右衛門は、伝蔵を縛り郡奉行へ差し出したが、前代未聞の事で誅戮を命じるべきところであったが、一命を助け長く諸人に見懲らせるために、男根を切り薬師堂河原に札を立て三日晒し、その傷が癒えてから鼻を削いで入牢させ、それが癒えてから乞食小屋に遣わし、親類方への出入りを差し止め乞食をさせ欠落しないよう、乞食頭弥左衛門に命じたという（史料1）。

◎元文四年（一七三九）五月、武州八甫村孫四郎の妻が狭間村からの帰途、十右衛門と角助が無理やり麦畑に引き込み強姦に及んだ。女は出産間もなく大量に血を出し孫四郎が訴え出た。調べによると二人は計画的に行ったのではなく酒狂のうえでのことだったので、両人共、重追放となった（史料100）。

◎（年不詳）十月十五日、越後国蒲原郡下条村長三郎三男の四郎兵衛は、同村のさわを女房にもらっていたが、昨七月十五日夜に盆踊りがあったので、暮時分からさわを連れ夜九つ時過ぎに村内字大原古堤を通りかかった際、伝蔵他四人にさわを奪われ何とか奪い返そうとしたが力及ばず、その場を去り村に帰り、彦次郎、五兵衛、茂吉に事情を説明し皆で現場に駆けつけてみると、四人の男はさわを持押さえて不義をしていたので、四郎兵衛はその場にあった稲杭で伝蔵を三、四回叩くと、残りの三人は逃げ去り木陰に身を隠した。伝蔵は気絶したままなので困っていると、同村の組頭次男たちが通りかかり事情を説明し、このままでは伝蔵が死んでしまうのでとりあえず村内八王子山へ連れて行き治療を加えてから村に帰そうと四郎兵衛たちは伝蔵を背負い山へ向かった。伝蔵は事件から五日後に死亡。犯人たちは重追放、四郎兵衛は仲間共々、急度叱となった。なお、伝蔵の母、叔父から「伝蔵及狼藉候上ハ四郎兵衛江対し聊《いささかも》申分無レ之由」

との申し出がなされている（史料120）

当時、女性たちが強姦された場合、夫に報告する義務があった。それをしなかった場合、寛政十年（一七九八）、文化四年（一八〇七）に「不埒ニ付」押込五十日に処された事例があった（史料18）。また、強姦罪は、幕府の判決例では、決して最高刑が重追放を越えることはなかった。では、後家の場合はどうだろう。

次は、よく引用されている事例。

◎　文化九年（一八一二）、甲州巨摩郡大岱村林右衛門は、同村の清蔵後家いわに前々から執心していたが、密通を申しかけても承知しないだろうと思い、村内の吉右衛門と酒を飲み、夜中、いわ方に出向き、いわを押さえ二人で強姦した。その後も執心止まず、吉右衛門、與兵衛を誘いいわ方へ行き手足を押さえ三人で強姦に及んだ。帰る際いわを嘲弄したのでいわが怒りあれこれわめき散らしたので拳を挙げ暴行に及んだ。主犯の林右衛門は、敲之上、重追放だが、他の二人は軽追放と、至って軽い処罰であった（史料18）。

本来であれば、集団での強姦であり、主犯の林右衛門、吉宇右衛門、與兵衛は重追放となってもおかしくなかったが、いわが「夫無之女」で、御定書には規定がなく評議の末、上記の処分となったのである。丹野顯は、「強姦に関して幕府は幼女姦を除き、御定書より判決は軽罪であることの方が多く、被害者を除き、重大犯罪であるという意識が稀薄で、その訴えも、町名主、月行事、五人組、大家らと共に出頭し吟味方与力から証拠を要求されるという煩瑣な手続きを要し、実際には泣き寝入りをした場合が大半であったろう」と推測しているが（丹野二〇〇三）、おそらく、現在の強姦件数などを勘案してみてもそうした状況であったと思われる。

しかし、中には強姦された屈辱を自分で晴らした女がいた。次に、たった一人で強姦犯に切りつけ殺してしまった強い女性を紹介しよう。

◎　文化十年（一八一三）、無宿のかねは、無宿熊蔵他、名前も住所も分からない男三人に捕まり強姦された。かねは怨みを晴らそうと以前から密通していた岩蔵が質入れしていた脇差を請け戻し、熊蔵の行方を捜していたが、無宿富五郎と一緒に歩いているのを見つけ、怨みを述べ熊蔵に切りつけ殺してしまった。かねは親元を欠落し、無宿の岩蔵と密通のうえ、夫婦契約に及び、武州鴻巣宿修験吉祥院に住居していた。幕府は、「夫無の者であっても強姦にあうのは女の身にとっては深く恥辱に思うのは当然で、熊蔵の他は顔が分からず、無宿なので自分から訴え出ることもできず他に方法もなく、熊蔵を直接傷つけることしか怨みを晴らす方法はないと思い詰めたのであろう」と急度叱とされた（史料18）。

◎　ある法華寺の住職が、檀家の八百屋の妻を犯そうと顔を墨で真っ黒に塗り、ほっかぶりをして長刀を持って、八百屋の門口を破り盗賊の体を繕って主人を柱に縛り、その眼前で妻を犯した。そのまゝ帰れば不審に思われるかもしれないと、帰りがけに手元にあった品を僅かばかり奪った。しかし、「僧徒の姦悪なる俗盗も及び難し」たちまち露見し、翌日には召捕えられ入牢となったという（史料10）。

夫の目の前で顔に墨を塗った僧侶に犯された妻がいた。

◎　江戸の根岸笹の雪横町三河島田甫で、女が一人供を連れて通りかかったが、侍が一人現れ、抜刀して威し、供を捕らえ女を強姦した。昼中で往来もあったが、抜刀していたので皆避けて通り、侍はいっこうに構わず、まるで犬のように強姦していたという（史料123）。

幕末には昼の最中、侍が抜刀して強姦に及んだ事例もある。

時代を少し遡ってみよう。長田かな子は、数年の間に組頭、村役人、百姓の妻たち十名と後家二名を次から次へ強姦した名主を紹介しているがい（長田　二〇〇二）、強姦は時に復讐や見せしめの手段として行われたこともある。

◎正徳三年（一七一三）六月十五日、ある医者が、乗り換えられた復讐に、悪徒に依頼し人妻を襲わせたことがある。その時の光景は「大勢でドウッと寄せ帯を解き天井持にす」とある（史料15）。

次は、あまりにも有名な集団レイプの事例。

◎文政三年（一八二〇）五月、牛込花油揚屋の女房は、堀ノ内に願懸に日参していたが、ある日、時間を間違え家を正七ツに出かけ、手伝一人を連れていたが、江戸屋の横町で三十人くらいの非人共に山に担がれ、手伝は木に縛られそこで女房は集団で犯されたという。夜が明け見つけられた時には、息ばかりで菰の上に臥せっていたという。日頃からこの女房は情が薄く乞食などが物乞いにくると店の者には、「いざりや手足が不自由な者には一人宛あげてもいいが、その外の乞食は足腰も自由で何でもできるのにそれを貰いにくるのは盗人に等しいからあげなくともいい」と言っていた。日頃、情なくあしらっていたので、乞食たちも鬱憤に思い仇をしたのだという。それから、乞食たちはこの店先にやってきては、「女房よい気味であろう、己が女房だ」などと言って、いろいろ悪口を浴びせたという（史料123）。

◎嘉永二年（一八四九）、巣鴨の旗本井戸鉄太郎は、内々に娘に三味線の師匠をやらせていたが、娘は身持ちが悪く、門弟の若者大勢と密通を繰り返し手切れもしなかった。その年の十一月に婚姻を取り結んだが、若者たち二十人ばかりが徒党を組んで婚姻の途中で娘を奪い、「大勢にてなぐさミ」親元の門前に乗り物のまま、捨て置いたという。なお、この件で、小普請入させられた旗本は、西丸御書院番酒井肥前守組の八木鍬太郎以下、四名であった（史料18）。

次の事例は、旗本屋敷内で、下女が数回にわたり輪姦を受けたにもかかわらず、内済で処理されたというものである。

◎嘉永元年（一八四八）三月十七日、栄の娘花は、御使番佐橋市左衛門（千石）の屋敷に、御茶間御奉公に出たが、四月十五日、側用人渡辺源兵衛、高橋作右衛門に桜の間の隅で輪姦された。四月二十日、今度は、前記二人と玄沢に同じ場所で輪姦。六月七日、主人の市左衛門と渡辺源兵衛に桜の間の廊下で輪姦。六月二十一日には、源兵衛が女部屋から花の両足を引っ張って殿にも味わってもらおうとしたが、手がゆるんだ一瞬の隙に何とか逃げおおせた。十一月十日、市左衛門、源兵衛、作右衛門は、二階の下で輪姦し、その股間を、町使の庄吉になめさせたので、庄吉は夕食時、気持ちが悪くなって全てを吐いてしまった。十二月の煤払いの夜は、源兵衛、作右衛門、玄沢に犯され、三月二十日には、主人市左衛門、と源兵衛に輪姦された。いずれも代わる代わる押さえ、口に手を当てて行った。花の様子が変なので、母の栄が屋敷にしばしば行き、「お暇をいただきますようお願いいたします」と頼んだが、側用人は「武家屋敷に奉公した以上、暇をとることはあいならぬ」と突っぱねた。ところがその後、急に「御人減らし」で花を引き取るようにとの達しがあった。栄は、家に帰ってきた花に「何か、不調法なことでもあったのかい」と、問いただし、ようやく花は全て残らず真相を話した。

おじの沢の都が栄と花を連れて、市左衛門の屋敷に出向き真偽を糾したところ、源兵衛は、強姦の事実を認め、「どうにでもするが良い。わが方は、町奉行遠山左衛門尉、牧野駿河守、松平河内守様は皆親類じゃ」と恫喝的態度に出た。その後、沢の都は、源兵衛の所に行き、「御支配様に訴え出ます」と断ると、「同役がそろってないと、拙者一人だけでは何とも答えようがない」と待たせに待たせ、沢の都がたばこ盆を乞うても、一切出さず、昼過ぎでも昼食も出さず、七ツに、どうやって手を回したものか、家主が来て、家から引き取らされた。一方、市左衛門側は、「婦人、盲人等之義ニ付、利解申聞、不取合捨置候処、当月十二日、私方へ罷越、高声ニ而、悪口雑言等罵、不法至極の始末ニ付」と抗弁している（史料123）。内済の内容は明らかではないが、永井義男が推測しているように、佐橋が全く処罰されなかったのは、事件を担当した若年寄の側に沢の都（高利貸しの座頭）への反発があったのかもしれない（永井二〇一〇）。こうした非道が可能であったのは、旗本屋敷内のことで、町奉行所の管轄外であったことが大きい。それをいいことに、他にも屋敷内に隠売女を置き、遠島になった旗本もいたのである。

最後に、強姦を詠んだ当時の川柳をいくつかあげ、この節を終わることにする。

かつかれた夜ハふつかけを二ツくい（宝十三技5）（ふっかけとは掛け蕎麦のこと）

これには、前句に「こころよい事」とあり、下女は強姦されお腹が空いてふつかけを二杯食べたの意。あるいは二人に襲われたとかけたと解釈できるかもしれないが、いずれにしても、作者は、下女は強姦されて快かったと想像しており、庶民は強姦に対して罪悪感を持ってはいなかったことがうかがわれる。

手に弐人足に弐人リで下女ハされ（安四礼7）

前斗リじゃないうしろもと下女ハ泣（寛元梅2）

おりかさなって下女をするむごい事（天八宮2）

第七節　幼女姦

最近、増加しつつある小児性愛者について、作田明は、「精神的に未成熟で同年代の異性と交際が少なく、社会的経済的にも不安定な若者に多い」という指摘を行っている（作田 二〇〇六）。試みに、『犯罪白書』によれば平成十九年の強姦件数は一九四八件、強制わいせつは女子八一四〇件、男子一八六件となっているが、一九九〇年代後半から、強制わいせつが増加しそれに続いて強姦も増加したとの見方もある（小西 一九九六）。改めて言うまでもないが、刑法上の強姦とは、男性器が女性器に挿入されることとみなされ、肛門や口腔への挿入は性交とみなされず強制わいせつになる。現刑法では、強姦は「十三歳以上の女子を暴行、脅迫を用いて姦淫したもの」と規定され（日本では十三歳以上が性行為同意年齢、諸外国は十四歳以上としている）、強姦か、和姦かの立証はきわめて困難を要し、裁判の過程で、被害者であるはずの女性が、さらにさまざまな身体的・精神的・社会的な苦痛を加えられることは容易に想像でき（杉田 二〇〇三、落合 一九八五）、暴行、脅迫を受けなくとも、意に反して性交を強制された場合まで範囲を広げれば、おそらくその実数は十倍以上になるとの予測もある。

吉田タカコによると、十八歳から三十九歳までの女性五千人、男性二千人から調査したところ、小学校卒業までに何らかの性的虐待を受けたことがあると答えたのは、女性三百人（約十六％）、男性十七人（約六％）で、無理に性交をさせられそうになった、させられた女性は、実に十一人（二一六人に一人）にものぼるという。極端な場合では、母親が、子供が夫に性の虐待を受けているのを知りながら黙認したり、中には夫との性交渉を避けるために夫にけしかけるケースもあるという。因みに、現刑法（第一七六・一七七条）では、強姦罪に対する刑罰が二年以上の有期懲役刑、強制わいせつ罪に対する刑罰は、六ヶ月以上七年以下の懲役であるが、強盗罪が五年以上の有期懲役刑で、性的犯罪が人権を著しく侵害する犯罪であるにも関わらず、なぜか金品を奪ったほうが刑罰が重いのである（吉田 二〇〇一）。こうした、処女や貞操が軽く見られがちなのは、後述するように、初夜権や乱婚などの民俗的な慣行が根強かったこととも関連すると思われる。

未開社会では、フレイザーによると、西アフリカのロアンゴの黒人たちは、幼い少女との性的関係は神により罰せられ干魃とそれに続く飢饉がもたらされると信じ、罪人たちが王の前と民の集合の前で裸踊りを踊ってその罪を贖うまで異変は続くと信じられ、幼女姦に限らず性的な罪悪が農作物を枯死させてしまうものと考えられていたことという（フレイザー 一九三九）。

それでは、以下、この問題について立ち入ることにしよう。

幼女姦について、『元禄御法式』では、

一、幼稚之女子と無體ニ密通之者　死罪（史料153）

『御定書』では、

追加

寛保三年極

一、幼女江不義致し、怪我為致候もの　遠島（史料100）

と規定されていた。幼女とは『御定書』では十四歳以下（今日の十三歳以下のこと）を指す。具体例を見てみよう。

◎寛文十二年（一六七二）二月、神田錦町の甚左衛門は、家主玄昧の娘九歳に手習いを教えてやると言って、昨二十八日昼、まだ幼いにも関わらず無理やり犯し、大血を流し十死一生を得たと玄昧から訴えられた。甚左衛門は、「人外成《なる》仕形ニ付」、牢舎、死罪となった（史料17）。

次は、幼女姦の刑罰をめぐって、評定所でさまざまな意見が出された有名な事例。

◎　寛政十二年（一八〇〇）、下目黒吉兵衛の召仕喜八は、主人の娘かよ（十歳）を強姦して死に至らしめたわけではなかったが、かよは幼年ながら色情の心を持ち、前々から喜八を誘惑していた。畑の中で交接中、かよが気絶したので、喜八は驚いて溝堀の水を飲ませるなど介抱したが死亡してしまった（史料18）。

この事件について喜八の刑罰についてさまざまな意見が評定所で出された。

①かよにどれほど色情があったとしても、相手は主人の娘で、かつ十歳の幼女で淫事はできないと十分判断できたので、引廻之上、獄門とする。

②かよを殺す心底は聊かもなく、お互い、納得して密通したのだから、「主人の娘と相対死を図り、仕損じ候者」に准じて、下手人とする。

③主人の娘を死に及ばせたのだから、死罪とする。

評議の末、喜八は③の死罪となった。井上和夫は「土佐の山間部では、娘達は十三歳くらいで成年女子の仲間入りをし、結婚するまでの独身時代は浮世時代で、彼女達には誰にあてがってもよいというくらいの貞操観念しかなかった」とし、「女性器を『まま』というのは、『意のまま』との意かも知れない」と述べている（井上一九六〇）。また、丹野顯は、当時は、大きな商家や農家で娘の方から使用人を誘惑する「逆寄せ」が結構見られたと指摘しているが（丹野二〇〇三）、喜八の場合は、その典型的な例といえよう。

また、九歳の娘を強姦し、病気を移してしまったケースがある。

◎　享保三年（一七一八）三月、八官町木戸番人久助は、同町三郎兵衛方に預けられていた武州尾久村九兵衛の娘きち（九歳）に、この七月、「無躰に密通いたし病気付」たので、引き取って養育するようにと要求されたが久助は納得しなかったので、三郎兵衛が訴え出ると、事実を全て認めた。きちは、三郎兵衛方に置き治療代は久助の宿並びに家主方で負担するよう申し渡され、久助は『御定書』の規定通り、遠島となった（史料120）。

『御定書』制定五十二年目にあたる、寛政六年（一七九四）正月、評定所で、幼女姦に関して次のような見解がまとめられた。

十三、四歳、破血のうえ、死に至らしめた場合　遠島
　　　　　　不死の場合　重追放
十一、二歳、破血のうえ、死に至らしめた場合　下手人
　　　　　　不死の場合　遠島（史料120）

『御定書』の「幼女、怪我、遠島処分」を、まず十三、四歳と十一、二歳の二つに分け、遠島は十三、四歳で死なせた場合に限定されたが、十一、二歳では死なせた場合は死罪、不死の場合でも遠島とされ、十一、二歳の場合の方が十三、四歳の場合より、より厳しい罰則になっていることが分かる。相手が十三、四歳で死んでしまった場合の罰則も、十一、二歳と同様に死罪にしてしても良かったように思うのだが、この確認事項に続けて、「交合之儀、相対之上ハ御取上に及ばず」と和姦扱いとしたうえで、「無躰ニ相犯し候は（強姦）」は前の「破血」の場合と同様の御仕置を科すとし、評定所では、『御定書』の当初の条項を遵守しようとしたことが分かる。しかし、ここで十一、二歳への強姦の罰則規定を新たに設けたことから、成人女性に対するレイプには緩い処罰を行っていた幕府は、幼女へのレイプには容赦をしなかったことが推測される（丹野二〇〇三）。

幼女との性的事件は、幼い子供同士でもあった。

川路聖謨は、奈良奉行在任中の日記『寧府記事』の弘化四年（一八四七）五月の記事に、八歳の女子と十五

歳の男子が戯れて、陰門の核をくくり木綿糸が食い入って女子が大病になった訴書に「俗にさね」と書かれていたので、「陰門に雅俗の別があるのは可レ笑こと也」とユーモアたっぷりに記している。

また、安政元年（一八五四）九月には、小石川の政吉（十一）と、いち（六）が夫婦ごっこしている最中に、いちの陰門を破り、長屋中総出で療養し政吉の父重三郎から金一両二分を差し出させ内済にした事件が起きている（史料123）。

宮本常一は『忘れられた日本人』の中で、雨の日、遊ぶところのない子守たちが納屋に四、五人集まり、前をはだけ腹の大きさを較べたり、×××を較べ合わせたり、そこへ指を入れてキャアキャアと騒ぎ、そのうち、「年寄が××するちうのは、ここへ男のを入れるのよ。お前の指をおらのに入れて見い」と、子供たち同士の性を生き生きと描いているが、たわいのない遊びの中で、こうした性の知識は交換されていったのだろうと思われる。

ところで、幼女姦の内済金はどれぐらいであったろうか。

◎　嘉永三年（一八五〇）八月、小石川上富坂町日雇いの伊八（四十三）は、妻、伜、娘の四人暮らしであったが、生活が苦しく、妻を武家奉公に出し、伜、娘を町家に奉公に出し、一人暮らしをしていた。同店浄哲の娘て津（十一）は伊八の所に時々泊まりにくることもあった。八月十七日夜も泊まりにきていたが、九ツ過ぎに、急にて津が大きな声を出したので、相店の者三人が起き出し「いったい何が起きたんだ」と問い糾すと、伊八がて津と密通し陰門へ少々傷をつけたことが分かった。近所の者が立ち入り傷の治療代として金一分を差し出し、残りの扱金二朱は月賦なし崩しに差し出すことに決め内済した。もっとも、伊八は殊の外貧乏で家財を売り払ってようやく金一分を差し出したという（史料123）。

嘉永三年（一八五二）四十五歳の独身男性が、十二歳の娘を強淫し三針縫う大怪我をさせた事例では、金一分を払い、長屋におれず羅宇のすげかへの店をたたんで姿を眩ましている（史料123）。一般に、間男料七両二分に較べれば、格段に低く、幼女は一人前の思考力や判断力はない存在とも考えられていたのである。

第八節　近親相姦

人類の二大タブー。それは人肉食と近親相姦の二つであった。人肉食は、復讐や刑罰—たとえば古代中国では姦通などの公罰を受けた後に民衆により食い尽くされた—また薬効などの目的からなされる場合があったが（桑原　一九八八）、近親相姦については、日本では、儒教倫理が支配的になる前は、近親婚、兄弟相姦はさほどタブー視されず、「異母兄弟の結婚はむしろ好ましいもの」とも考えられていたのである（波平　一九九五）。

中世では、「母開（おやまき・ははまき・ははつび）」と呼ばれる母子相姦を意味する悪口があった。この言葉は、オヤ（母）をマ（婚・枕）くの連用形で、国津罪の一つに数えられ、世界中に同様の悪口があったとされているが（笠松　一九八三）、日本では「母開」を含む性的悪口が江戸時代以降、急速に見られなくなるという変化が指摘されており、その間に何らかの性規範をめぐる社会的変化を読み取ることもできる（史料159）。

近親相姦の関係では、庶民の場合、「養父—養女」、「養子—養母」が圧倒的に多く、「弟—兄妻」、「父—子の妻」、「養父—継子」などが続く。それに対して、武士の場合は、相手が伯母、実母、継母、養母といずれも年上の女性が目立つ。また、当時、近親相姦のあった集落や家は「畜生谷」とか「畜生門」とも呼ばれていた。

近親相姦について、幕府はどのような規定を定めていたのだろうか。『元禄御法式』では次のように定められていた。

一、兄之妻と密通の者　　死罪、自害ハ首を刎、捨る
並密通申掛、切殺者、死罪
欠落仕、捕出す者、兄之訴訟ニて赦免

一、舅女と密通之者、附、夫之訴人仕者　　男女共獄門、妻奴、但訴人申出ルニ付

一、姪と密通仕者、同密通申掛ル者（略）近年武家ニ有之、主人方ニて死罪

一、養子娘と密通仕者、附、継娘を妻ニ仕者　　両人共ニ死罪、牢死

次に『御定書』の規定を見てみよう。

寛保二年極

一、養母養娘並娵と密通いたし候もの　　男女共　獄門

一、姉妹伯母姪と密通いたし候者　　男女共遠国非人手下

全体に、『御定書』の方が、『元禄御法式』に較べ、やや寛刑化しているように思えるが、ドイツ人医師ケンペルが元禄年間に第二回目の江戸参府旅行を行った際の日記（『江戸参府旅行日記』）には「粟田口で近親相姦で磔にかけられた二人の罪人を見た」という記述があり、近親相姦は、当初から極刑に処されていたことが分かる。それでは、庶民の事例から見てみよう。

庶民の場合

民俗の世界では、父と息子の嫁は、家の中で最も起こりそうな近親相姦的な関係で、岩手では「アワマキ」

といいさほど禁忌の対象になっていないのに対し、義母と継子は禁忌の対象であったという（波平 一九九五）。

◎元禄三年（一六九〇）、岡山藩長尾村九郎左衛門は至って淫乱者で、嫁に不義を申しかけそのほかにも人外のことを言うので、ついに息子たちが籠を作りそれに入れたが籠を破って欠落し、再び立ち帰ってきた。九月に牢舎となり、翌年七月、ついに牢の脇で成敗された（史料114）。

◎天和三年（一六八三）九月二十九日、津高郡細田村の市郎兵衛の妻に、同郡上田村市郎右衛門の娘なつを去年の正月に迎えたが、なつが舅助左衛門に不義を迫ったので、市郎兵衛はなつの髪を切り弟三蔵をつけて実家へ送り届けたが、その翌日、なつは首を吊って自殺してしまった。取り調べの結果、舅助左衛門は、去六月、市郎兵衛の留守中に一度不義をしたと白状。市郎兵衛は、七月に、夫婦で妻の実家に行った際、妻から父との不義のことを打ち明けられた。妻が老体の親に難題を申しかけたと思い（事実は逆）、このうえは親を助け私はどうなってもいいと思ったというが、牢屋で病死してしまった。

さらに、妻の両親は、娘から助左衛門が蚊帳の中に入ってきて臥せったことを聞いていた。今まで隠していたのは、娘にこのような不義があっては両親共に不届きであると言われては迷惑に思ったからであるという。そして、処罰は次のように下された。

舅助左衛門（六十三）は斬罪、田地三分の一取上。娘父市郎右衛門（五十六）は娘の死に哀れの憤りもなく、外の異見に惑わされ人倫を忘れた行いをしたので、御追放、田地はそのまま。市郎兵衛は無構。他に妻方の庄屋三右衛門、同年寄五郎左衛門は、なつ死後に、父に「無事ニ仕候様ニと強て異見」したので急度追込となった（史料36）。

自分の父に妻を寝取られた息子の心情はいったいどんなものであったろうか。

◎次に養父と養女の関係ではどうか。何と貞操帯を穿かせられた養女がいたのである。

嘉永四年（一八五一）六月十日、彦兵衛（四十六）、妻たつ（四十）は共に悋気深く、六十二歳の養母妙庵にも度々、不孝をしてきた。年中、夫婦喧嘩が絶えなかったが、彦兵衛は元々、酒狂で、十六歳の養女くま（御家人の娘、幼少から養育）に無理やり密通を申掛けたが、娘は親子の義理から承知しなかった。諦めきれなかった彦兵衛はそれでも茶屋、旅籠屋、舟中に娘を連れていき迫ったが、中々聞き入れなかったのでついに暴力を振るい始め、諌めた妻共々困っていた。六月初め、またまた、酒狂のうえ、娘を捕まえ恋慕を仕掛けたが承知しないことに腹を立て、「俺の言うことを聞けないのは外に男がいるからだろう」と、男と会えないように、口のない猿股引を拵え、紐の結び目に封印し、小便は股引を引き上げて何とかできたが、大便はどうすることもできず、しばらくは我慢していたがついには堪えきれず封印を取って大便をした。このことが彦兵衛に知れ、彦兵衛は「男と会ったろう」と責め、それを見た妻は「夫と密会したろう」と夫婦喧嘩となりついに妻は離縁となった。

その後、またまた、くまに密通を申掛けても承知せず昼夜、折檻し打ち紐でくまを縛りその上に跨り声を立てないように口に手をかけ割り込み、髪の毛を煙管に巻き付け抜き取り坊主同様とし、頭は赤肌、顔まで腫れ爛れ、その他、体中所々打たれ痣だらけとなった。僅かに残っていた毛髪を切り取り、書置のようなものを無理やり書かせ、「入水でも首吊りでも勝手に死ねばよい」と話し、ついにくまも苦痛に耐えかね隙を見て逃げ出し、路地口で泣いているのを同町の鳶人足秀蔵が不憫に思い、翌日、知人方に隠し療養させた。一方の彦兵衛は、あの書置で世間を偽りあちこち探し回っていた。その後、くまは、名主権左衛門の所にやってきて事情を話し助けを求めたので訴え、家主、五人組、店請人らを取り調べている最中に、風聞が立ち、御月番井戸対馬守様の御下知でついに彦兵衛は捕らえられた。彦兵衛は遠島、妻は預け、くまは叱りとなった（史料123）。

くまの叱りは意外に思われるが、別説に、自ら北町奉行所に駆け込んだということから、娘が父を訴えたことが罪に問われたのである。

◎養女を二度も殺した養父もいた。

弘化二年（一八四五）四月十九日、音羽町の日雇源七（六十二）は、養女はつ（三十五）とずっと前から男女関係にあった。ところが、最近、はつが八十吉と密通。源七は殊の外難しいことを言い出し、八十吉に会ってその件をはっきりさせようと八十吉方に行ってみたが住所が分からず酒を飲んで帰るつもりで諏訪谷村へ通りかかった際、はつと出会い、前から用意していた古細引で絞め殺し一旦帰宅した。ところが、蘇生してはまずいと剃刀を持ち現場に戻り、咽横に、五、六寸、両股に一尺切り立ち帰ったが、しばらくして風聞から召し捕らえられ入牢となった。彦兵衛は取り調べでも「はつは身持ちがよくなくそのうえ、金銭など盗み出した」と供述していたが、処罰については記載されていない（史料123）。

◎元禄九年（一六九六）四月四日、青山五十人町四郎兵衛は、養娘ようと密通し子を出生した。これを他の者と密通し出生したと偽り、両名共死罪となった（史料18）。

◎次に、養子と養母の事例ではどうか。

弘化四年（一八四七）十一月六日、坂本二丁目植木屋手伝渡世の六十五歳の養母がいた。伜は養子で、幼少の頃から養母が抱寝していたが、夫病死後、伜は段々成長し亭主に代わり夜中の楽しみ者として男妾同様にしていたが、養母も段々老年になり世間体も悪いので同じ長屋から嫁をもらい程なく懐妊したが、養母はそれを嫉妬し嫁に辛く当たり始めついに居たたまれず里に帰ってしまった。六日夜に、養子は手間銭勘定の件で出かけたが、養母は伜の帰りが遅いと迎えに行き、帰り道に他に人がいなかったので、嫁のことを言い出し嫉妬から「女房を切るか、私を殺すか」としがみついてきたので、突き放すと脾腹を打ちそのまま死んでしまった。この老母はいたって悪人で大の淫乱者で、若い時は夫を五十人、去状を五十本持っているのを自慢をしていたという評判であった。奉行所では、夫死後、亭主代わりにしていたので子ではなく夫であるとの仰せがあったともいい、また、親殺しにはならないともいう評判もあったが、伜は牢死してしまった（史料123）。

◎嘉永六年（一八五三）四月十四日、白壁横丁道具屋の治兵衛の妻（五十）はたいそうな淫乱で亭主をいじりすぎて廃人（腎虚）となると今度は、娘に婿を取り、婿と密通した。治兵衛が気づき意見したことから喧嘩となり、治兵衛は家出をし、長屋中で二昼夜、探し回った。女房はこれを幸いに打ち捨てていたが、治兵衛は身投げしたとみえ死体が和泉橋へ流れ寄せていたという知らせを受け大勢の人が見物していたにも関わらず女房は平気に肴を買い酒を飲んでいたという。検使があってから御番所に出頭したのは四日も経ってからであった（史料123）。

さらに自分の夫と、娘が密通のうえ、子までなした事例もあった。

◎天保十一年（一八四〇）四月、信州高井郡灰野村の女は、かつて、他村に嫁に行き女子一人出生したが、不熟につき離縁。女子はその時は、双方相談のうえ、母方で引き取り里方へ連れ帰り、その後、嘉平次と再縁した。女子は娘の父伊左衛門に預けた。ところが、昨年中に事もあろうにその娘が、嘉平次と密通し子までなしてしまった。村内には押し隠していたが、親類などには内々に伝えた。血がつながりがないとはいえ、女房の実子で夫と密通したことになる。「人倫に背き候所行に付、両人共非人手下ニ申し付け」られた。他に女房父伊左衛門は、過料五貫文、密通のうえ出生の子は沙汰に及ばずとされている（史料68）。

武士の場合

武士の場合も、数多く事例を拾うことができる。

◎万治三年（一六六〇）十一月十日、岡山藩稲川勝左ヱ門の嗣子少兵衛が、伯母である父の妹（寡婦）と密通し一女をなした。少兵衛は打首、勝左ヱ門は改易（五百石）、伯母は勝左ヱ門に仕える者に、「家断絶はこなたゆえだ」として屋敷内で殺害され、子は他所で育てられ成長を待って御国追放となった（史料36）。

オバとの相姦について、『窓のすさみ　追加』の中に、オバと密通していた十七歳の武士の子息がいたが、主君の酒井忠清が「小児の仕業、少しくらいだらしない所があるからと言って取り上げることではない。今少し、年を経ればどうしてそのようなことがあろう」と言ったのを漏れ聞いて二人共深く感嘆し身を正しく律したので後に立派な武士になったという話がある。このオバとの密通関係には、成年式の「オバクレフンドシ」の民俗が深く関わっているのでないかと思う。真に良き配偶者を得られるまでは絶対に性交を許さないという意味で、性器を塞ぐために贈られたとされ、その際に一種の性教育が行われたとも考えられている（和歌森　一九五九）。男になる際に初めて接した女性がオバだとすれば、ともすれば、年上の女性への安心感や甘え、好奇心などから男女の関係に陥る場合も多々あったと考えるのが自然であろう。

◎承応二年（一六五三）、岡山藩熊田惣兵衛は養子と二人で江戸に祗候していたが、自分に来る妻からの手紙が薄く養子のそれが分厚いことから不思議に思い、中を開けてみると艶書が入っていた。このことがしだいに世間の噂になり、惣兵衛は十月九日、養子の首を刎ね妻も国元で成敗した（史料6）。

また、自分の夫と義母が密通し、妻がそれを訴え出た事例もあった。

◎貞享四年（一六八七）四月二十一日、中山丹波守組同心柏村源兵衛が姑向坂三左衛門後家こんと密通した。源兵衛の女房いちが、訴え両名共死罪、獄門となったが、いちは、自分の義母と夫の密通を訴え出て不届とされ、揚り屋に入り、大橋庄兵衛方へ婢とされた（史料37）。

◎元禄五年（一六九二）十一月十日、尾張藩の都築半助は妻の死後、飯炊きの女と通じ妻とした。この女には娘がいたが成長して奉公させた。一旦、筑後守中間と夫婦の契約をしたが、半助はこの娘とも姦通した。ほとんど禽獣のようであった。最近、半助は犬山から来たが、清水観音堂の裏屋に昔、召仕に使っていた新八という者がいたが、新八は他出し、婆一人。半助は人を遣わし奉公している継娘をそこに呼んだが、ある者が半助の姦淫を知り夫に知らせたところ、夫（中間）は怒りがおさまらず直ちに観音堂に向かった。夫がその小屋に入って見ると真っ暗な所で交合が行われ、かっとなって滅多無性に刀を振り回し、半助も周章彷徨、夫も臆病だったのかどこかへ逃げてしまい、薄手を負い片隅に屈んでいた半助は、そこから丸裸で逃げ、高岳院へ行って事情を話しなんとか寺の中に入れてもらった。その時の有様は「革にて物したる張形を陰根にかけながら、六十ばかりの髭男の、双の手にて涙を抑えわなわなと振るい居たる躰《てい》、いとおかし。親類来たり見るに絶えず突き殺すと云々」（史料92）。
このような親類での密殺もあったのである。

◎文化元年（一八〇四）十一月、有馬中務大輔家来伊藤源吾の娘もよは、伯父佐吉に度々密通を申掛けられついにその意に従い密通のうえ、懐妊してしまった。一旦死のうとしたが、佐吉の勧めで家出をし同人妻となり所々に移り住んでいたが、親源吾が入牢となったことを知り、駆込願いをした。御定書には武家の娘の例がないので、髪を剃り、江戸十里四方追放となった（史料5）。

中には実母との相姦もあった。すでに氏家幹人が紹介しているが、史料に即して解釈してみよう。

◎享保十九年（一七三四）一月十三日、加賀藩の石動郡代中黒六左衛門（七十三歳、三百石）は病身につき隠居し、養子助右衛門（六左衛門の弟八右衛門の次男）に家督千五百石を仰せつけられた。六左衛門は本妻との間に男子三人、女子二人がいた。惣領は忠次郎、次男は伝十郎、三男は三之介といい、次男伝十郎は前田清八方へ養子となり知行六百石御小将組頭を勤めていたが、六左衛門が御先手足軽頭で江戸で勤めていた時、妻が密通しているらしい様子を帰ってから気づいたが、相手が誰か分からずにいた。ある時、妻から伝十郎に遣わした密状を拾い、密夫は伝十郎であることが分かった。人道にあるまじきことで、何かの間違いではと伝十郎を招き兄弟を並べて吟味したところ、事実が判明し、江戸の留守中に母の方から申掛け段々そのようになったとのこと。妻にも聞けば白状したのでこれにより妻を密かに自殺させ、伝十郎を手討ちにすべきか、自滅させるかと示談のところ、六左衛門が思うには前田家御姓氏を汚した者を手討ちにすることは何としてもできず、自害をしては養家先が滅亡しこれも迷惑となる。このうえは、自害したかのように死ぬように工夫せよと命じた。

ある日、伝十郎が強く落馬をし死ぬように細工をしたが、大怪我をし両刀も抜け刀傷も大きかったが死には至らず、一生の片輪となり御小姓組も勤めがたく辞退し引き籠もった。六左衛門は、さらに一生子などできては不届きになるので一生女色を近づけずと堅く申し含め、伝十郎の末期養子は、清八本家の前田伊織の次男を願い出させたが、二、三年も過ぎると、伝十郎は妻を置き女子まで出生させた。六左衛門はこれを聞き伝十郎の家に行かず義絶した。六左衛門は、惣領の忠次郎や他の兄弟たちに、「お前たちの母は不義人道に外れてしまった。この母に育てられたお前たちに家名を継がせることは、第一に御先祖に対しなし難く、君への御奉公もさせることできない。忠次郎と三之介は伝十郎の不届き前に生まれているので、家督は相願うが良い。ただし、血脈が残らぬように一生無妻にして暮らし、先々は養子をとれ。幸い、我が弟八右衛門に倅が二人居り、これに男子を産ませるように申し含めた」と申し渡した。その後、忠次郎は先年の猛暑中、浅野川の上に川狩に行き溺死。三之介を惣領に願い御目見迄済んだが、父から申し含められたことを合点せず、家督相続できず、西養寺弟子となり出家し他国へ行脚の旅に出た。六左衛門は妾を置き、一男一女をなし、隠居後は、暫無と称したという（史料143）。

また、当時の川柳には、次のようなものがある。

けしからぬ事ハ義母が孫をうみ（末四26）

息子のものを親父ばんをくるわせ（三30ウ）

孝を立テ貞女を破るとんだ娵（柳五三24）

此儀斗リハ御容赦と養子いひ（天五松2）

外面は養母内心ハ女房也（柳四一9）

世間にもま丶有る事と養母いひ（柳四語37）

こうした例は、明治になってからもいくつか拾える。次の事例は氏家幹人がすでに紹介しているものだが、自分なりに解釈してみよう。

◎明治六年（一八七三）、伊予国宇和郡丸徳村山下万蔵（六十）は養子でくらを女房としていたが、娘四人、ちゑ、ゆき、とめ、しなをもうけたが、二十年前に女房が死に、ゆきは他へ嫁し、下の二名は家出をし、ちゑは密通して小三郎という子をなした。家の中は手狭で、五年前、同間に臥していた娘に「不図春情相催し」しかけたが踏み打擲された。三日後にまた這い行き「内股へ手を入れ迫ったところ、強いて拒まず」以来、夫婦の如く相交わり、ちゑは一昨年四月に懐妊したが、三日後、木を切りに山に入った際に転落して流産してしまった。ちゑの証言によると、「声を立てては他へ聞こえ済まないことになると思い身を任せた。相姦は良くないことと思いながら、一度交わったのであれば幾度しても同じように思えた」と。両名は終身懲役に処された(史料81)。

最後に、『司法省日誌』からいくつか事例を紹介してみよう。

◎明治六年(一八七三)十二月、熊本士族和田信平は、倅とその妻タキと飲酒していた。倅はその途中で他出し。信平は満酔し、ふと情欲発動しタキへ姦通しようと迫ったが拒まれ、逃げようとしたので差し止めたが振り払って走り出したので連れ帰ろうとしたが、なかなか聞き入れなかったので、かっとなり抜刀し所々に傷を負わせた。除族のうえ、終身懲役とされた。

◎明治六年(一八七三)十二月、阿波国名東郡下助任村斎藤孫蔵の妻アイ(二十二歳)は、八年前に三郎兵(五十七歳)の幼女となって以来、養母の意に適せず養父に深く寵愛されていたが、この一月頃、養父に迫られやむを得ず命に従い姦通をしてしまった。その後、二人は時々「同衾双枕」を重ねていたが、悪い噂はあっという間に広がり、養父はそれを隠蔽するために夫孫蔵を養子にしたがうまくいかなかったので、養父の発意で「生きて恥辱を受けるよりは死んで蓮の華を共にしよう」と十二月十五日十二時頃、船に乗って物揚場に上陸し、「死んでも必ず離れず」水中に没したが引き揚げられた。養父は死亡、アイは懲役十年の判決を受けた。

◎明治七年（一八七七）三月十二日、上総国甘楽郡田篠村新井若吉は、三度強盗をし合計三十四円余り奪取していた。この一月十日夜、前夫の長女マツ（十五歳十一ヶ月）、妻トウ共々、同じ部屋に寝ていたが、酒気に乗じてマツへ姦通を申掛け妻から意見され憤怒のあまり殴りついにマツを強姦し、同十四日も同様の所行に及んだところ、マツがトウに向かい人倫に悖り世間に顔向けできない身となったことを嘆いたので、若吉は木履でトウを撃ち左目をほとんどつぶし、二月十日、今度は次女カク（十三歳三ヶ月）を強姦しようとしたが抵抗したので、柱に縛り付け激しく暴行を加えた。その後も二度まで強姦しようとしたが、ついに情を遂げることができなかった。若吉は斬罪。ただし、強姦や暴行罪ではなく、「持凶器強盗財ヲ得ル者」の罪で、「強盗ノ瞭望及ヒ姦罪等ハ都テ軽ニ依テ論セス」であった。

◎明治七年（一八七四）四月二日、上京二十七区姉東堀川町大石源兵衛は大石カツの養子であった。ところが、養母から淫情申し掛けられ不図姦通をしてしまった。養母は七十二歳の老人で何分気味悪くなり離縁を願っても、聞き入れず、それ以前に何度か養子をとったが皆、離別となっていた。外聞も悪いと言っても聞き入れず、他出して少しでも遅れると外に情婦がいるのだろうと悋気苦情を言い、世情の風説も恐ろしく、「私も壮年なので他から嫁を娶ろう」と思ってもそれをもみ潰し、家督を譲る様子もなく親類へ内情を相談するわけにもいかず、養母を殺すより方法はない思い詰め、以前、金を貸したこともある二人の男に助力を頼み、養母の胸先を拳で突き仰向けに倒し蒲団を掛け、口、咽を押さえ殺し病死の体にして埋葬してしまった。源兵衛は「誅殺祖父母條」により梟示となった。

第四章　さまざまな性の世界

第一節　淫婦伝

貞婦の対極に位置する淫婦をいくつか紹介しよう。

「小普請林太左衛門妻は淫乱、近所の酒屋敷下婚礼振舞の時、琴を持たせて行って弾く。どこでも由緒がなくてもこうであった。太左衛門は接脚夫だから、これを制することができない」、「渡辺久米丞の母は、真鍋茂大夫の姉にあたるが、荒淫無耻としか言いようがない。毎日必ず外出し毎夜亥子に帰る。風雨と雖も、一日も欠ける事がない。広小路に定宿があるらしい」（史料15）など、武士の妻であっても、至る所に淫婦の姿は見られた。

一柳勘之丞の後妻は二男が生まれたので本妻の長男を手痛くあしらい毎日のように責め続けたので、見るに見かねた勘之丞の下僕六兵衛が、長男を抱いて本家へ駆け込んだ。また、勘之丞の知行地の名主もこのことをよく知り、西下へ御籠訴をした。この妻は、松本兵庫頭元用人八木十左衛門の娘であったが、十左衛門は元々、松本の弟で、この娘はその妾となり子までなしていた。松本に奉公している間は、御勘定井○養右衛門の養女とし、当時、京都へ御用掛の者へ縁付いたが、その留守中に父十左衛門と申し合わせ、諸道具残らず盗み出して家出をし、その後、十左衛門は衣笠某と改名し、娘を一柳の後妻に入れた。その後、娘は密夫を二人もったが、この度入牢した町人は、初め勘之丞方へ娘自ら口入して密通していたという。「至て淫婦ニて密夫多勢御ざ候よし」。この女は、この間、奉行所でいろいろと口を利き大いに叱られたので、「ハイ、わたしが様ナ女をバ、今迄御ろふじますまいと申候て、ハヽハヽと大声ニて笑候就、奉行も赤面仕候」（史料139）という話もある。

御三家の一つ、尾張四代藩主徳川吉通の母であった本寿院については、すでに神坂次郎の『元禄御畳奉行の日記』で紹介されているが、『鸚鵡籠中記』からその素行を拾ってみよう。

元禄十五年（一七〇二）十月二日、「本寿院様貪淫絶倫なり。あるいは寺へ行きて御宿し、または昼夜あやつり狂言にて諸町人役者ら入り込む。その内御気に入れば誰によらず召して淫戯す。この事を諷していえり」。

宝永元（一七〇四）年九月二七日、「本寿院様、御好みにより江戸にて相撲取り一人御抱」。

宝永二年（一七〇五）正月二日、家臣山本道伝へ艶書を送り、去年も堕胎のことがあった。

そしてついに、宝永二年（一七〇五）六月十五日、「本寿院様、江戸四つ谷屋敷に入る。お使いにて直ちに御逗留すべし」と下達され「本寿院様を始め女中ら大きに興を醒ます。年来、本寿院様甚だ荒淫不法なり。公義より御内意の移りこれありかくの如く蟄したまう。公義より此方老中へ内意これあり。本寿院様屋敷へ御入り候につき、御門等堅く相守り諸商売人ら一切入れ申すまじき由、堅く仰せられ候由。本寿尼を汚す輩、役者・町人・寺僧および御中間らまで甚だ多し。軽き者は御金を拝領する事多し。去年頃、中条主水家来御気に入りたるとて、御もらい御寵愛なり。これより先石川七郎右衛門らもこれを犯す。公義御局右衛門督どの御気に入りなり。これ悪性のすすめてなり。園姫様も御中よしなり。共に悪性したまうと云々」と、凄まじいばかりの淫奔ぶりを伝えているが、この四ッ谷屋敷での蟄居は、四十一歳から七十五歳までの三十四年に及んだ。

正徳五年（一七一五）七月十八日、「本寿院様、御花見の時、酒を少しにてももてこいと仰せられ候えどもこれなし。大いに御機嫌損じ、引きかぶり御寝と云々。御乱髪なんどにて、御屋敷の大もみの木なんどへのぼりたまふ事ありと云々」とその淫奔ぶりを伝えている。

『色道禁秘抄』では、このような事例を次のように述べている。

「問に曰く、先年、寺町五条辺の富家の孀婦、高給にて男妾を抱へるに、一人として一月も勤むる事能はず、逃げ去りしと聞く。如何なる事乎。答へて曰く、余も昔、此の如き孀婦に出会し、略堪へざる事を知る。数回御するは格別、其の暇には探宮を好み、親嘴《くちすう》にて足らず、顔一ぱい、周身《からだじゅう》までねぶり、或ひはつめり、或ひは茎を握り、人目なければ白昼も抱き付く故、初めの内は我を愛するの余りと思へど、後にはうるさくなりて、強淫のそれがしも甲を脱いで逃げたる也。陰中必ず冷なる者にて快楽少なし」。

おそらくは本寿院もこうした体質（色情過多症もしくは不感症）であった可能性が高い。

第二節　後家の性

薩摩では、女性に対する貞操の要求が厳しく、「貞婦は二夫にまみえず」ということが堅く守られていた。後家を通せなくて他の男と関係したり、夫の留守中に他の男と通じた場合、世間に知れ渡る前に親や親戚が藩に頼み女を島に流してもらったという。彼女たちの島での生活は慎ましく、男との噂が立つようなこともなくそのほとんどが独身で死んでいった（宮本 一九六〇）。また、沖縄では、後家の再婚は亡父の怨みを買うと信じられたことから大きな問題ともされていた（折口 一九七六）。

後家は、社会的に再婚を抑制される一方で、ごく自然な性的欲求との間で、煩悶することになる。西鶴は、「いたづらはやめられぬ世の中に、後家程心にしたがふものはなき」（『好色一代男』）と男の側からの後家観を展開し、さらに「よろずの宝に心を移し、あるは又、出来分別にて、息も引き取らぬうちより、女は後夫のせんさくを耳に傾け、その死人の弟をすぐに跡しらすなど、又は一門より似合わしき入縁取る事、心玉にのりて、馴染の事は外になし、義理一遍の念仏、香花も人の見るためぞかし」（『好色五人女』）と、後家の心中を鋭く洞察している。また『色道大鏡』では、「密かに色を重んじ自をたしなみ風流をこととす。切り残せる黒髪も油にしみて伽羅の香にくゆらかし（略）無地の衣装なりしもちらしをつけ鹿子をまじへ、紅梅の裏をほのめかす」と、当時の後家の妖艶な姿態を描写している。

川柳の中にも、そうした後家の性を詠んでいるものが数多い。

もふもふおゆるしと陰間後家にいひ（安六正25）

人目をもおもつた後家初手の事（柳十一7）

さすが後家おつとの日（命日）にハさせぬ也（安八智6）

何やつのしわざか後家を高枕（天四梅1）（産婦ののぼせを防ぐため高枕で寝せた）

孝行な養子は後家を高枕（柳七八26）

里の母髪を切るなとそつといひ（柳五13）

『御定書』では後家の密通はどのように裁かれたのであろうか。延宝九年（一六八一）六月十八日、主人の後家と夫婦となったことが判明し江戸追放（史料17）。寛政十二年（一八〇〇）、二人の男と密通した後家は三十日手鎖（史料18）。文政十年（一八二七）、後家が密夫との間に子を出生し三十日押込（史料18）。文政十二年（一八二九)、住職と度々密会した後家は五十日押込(史料18)。これらは概して軽罪で、未婚女性(娘)と同様の処分を受けていたことが分かるが、享保五年(一七二〇)、武士の後家と夫の弟が密通をし子をなした事例では、二人とも獄門、生後四ヶ月の息子は打ち首にされている記録もあり(史料36)、藩や時期、身分により処罰に大きな差異があったことも忘れてはならない。

『世事見聞録』では、「神田辺の豪福の後家なるものが、かの芝居役者といへる者を恋慕して、余多の金銀、器物、衣類などを送り遣わし、向嶋なる別荘をかりて密会所となし、種々の栄花を尽くすなり。右体、人の妻を語らひて妾となし、また後家の男狂ひする事など、武家にあらば厳重の御沙汰となり主人より改易にもなるべき也。町人は気儘なるものにて、殊に如何なる訳にやありけん、近頃御成りの節、右の別荘を御通り抜けなどありし由といふ。町人は好き次第也」と、後家の役者狂いを批判的に述べている。出合茶屋を数多く利用したのも後家たちであった。

◎嘉永四年(一八五一)十月二三日、小栗万蔵の妻(三六)は三年前に夫を亡くし、息子勝蔵(一九)と一緒に住んでいたが、元同心礒雄右衛門と密通していた。伜の泊番を見越し後家の所にやってきた時に痴話喧嘩でもしたのか後家を鉄槌で叩いたところ、気絶をしてしまい死んでしまったかと思い、止めを刺してしまった。そこへ、伜が明番から帰ってきたので、雄右衛門は落ち着いて、「言い争いがあってそなたの母を殺してしまった。母の敵だから思うようにせよ」と言ったが、伜は母の死骸を見て気後れしたのか敵を討つことができず、只、うろたえるばかりだったので、隣の者どもが大勢集まり、「切り捨ててしまえ」と言ったがそれでも討つことができなかった。雄右衛門は「それでは切腹しよう」と言い出したので、伜は大いに驚き、「貴殿が切腹すれば心中になってしまう」と雄右衛門を押しとどめ、近所の御家人衆が面倒だと縄をかけてしまったという（史料123）。

◎次は、氏家幹人が紹介した事例。

文化九年（一八一二）夏頃、浅草蔵前で札差を営んでいた家で、十八、九年前に町人の倅が丁稚奉公に入った。八、九歳くらいになると、妻がたいそう可愛がり抱き寝などして殊に慈しんで育て、夫亡き後、丁稚も年頃となりいつの間にかその後家と密通してしまった。衣食共、後家が世話をしその後、重手代、別家をなすまでなった。丁稚の親や兄弟もこのお陰で貧しくなく暮らせたが、年頃にもなったので妻を迎えようと親、友人が世話しても、本人は全く聞き入れず、老婆も得心せず今でも相変わらず無妻でいるという（史料135）。

◎文久二年（一八六二）三月一日、質屋を営んでいた伊勢屋新兵衛の死後、後妻つや（四十七歳）は女主となり、跡式を我がものにしようと惣領娘こう（二十二歳）を御本丸に奉公に出し、自由自在に店をかき回していたので、新兵衛の前妻の弟で、近江屋という引手茶屋がつやを相手取り公訴し、跡式は相違なくこうに譲るようにという命が下され一件落着した。しかし、つやはこうが邪魔になり出て行けと言わんばかりの仕方で奉公人同様にし年月が経った。その後、麹町岩城升屋の番頭とつやが密通。つやは、番頭を娘こうの婿とし表向きは母、内証は自分の亭主にするつもりでこうに話を持ちかけたが承知せず、無理やり、見合いなどに連れて行ってもいっこうに承知しなかったので、つやは立腹し二月二十七日夜、こうの手足を縛りロウソクの火で鼻などを焼き殺害して、内井戸へ死骸を隠した。その後、二、三日は井戸の水を汲まず長屋の井戸水だけを使っていたが、三月一日の朝、新兵衛方家主安五郎が気づき、こうが欠落したと騒ぎ始めたが、どうも内井戸が怪しい調べたところ、こうの死骸が引き出された。関係者一同呼び出され取り調べを受けたが、つやは大胆な女なので当初、否認を続けていたが、ついに返答ができず即刻入牢となった（史料123）。

一方、民俗の世界では、村の後家たちが、若衆入りした村の若者たちの性教育（筆おろし）を担当することもあった。加東郡上福田村三草から丹波への地方では、正月薬師講の夜、若衆入りした十五歳の青年と四十歳前後の後家がお籠もりし、ジャンケンで相手を決め同衾したというし、播磨の国多可郡、美裏郡では、若衆が「ケイコをしてくれ」と頼むと、後家さんは絶対に拒否しなかった（赤松 二〇〇〇）。

また、土佐では、こぎれいな後家の家では「ばくろう宿」と言って、酒を出し、博打がよく行われた。博労が、なじみの家の前を通ると、昼日中でも屋敷にあがり後家を転がしたという。当時は、独り身の後家なら表だって誰も文句を言わなかったともいう（宮本 一九八四）。

第三節　老いらくの恋

十一世紀初め頃、藤原明衡が著した『新猿楽記』冒頭には、夫の愛を取り戻すために凄まじい祈願を行う老妻の姿が描かれている。

第一の本妻は、齢すでに六十にして、紅顔漸く衰えたり。夫の年は僅に五八に及びて、色を好むこと甚だ盛なり。（略）首の髪を見れば皤々《はは》として朝の霜のごとし。面の皺に向へば畳々として暮の波のごとし。上下の歯は欠け落ちて飼猿の顔のごとし。左右の乳は下《な》り垂れて夏牛の閫《ふぐり》に似たり。気装《けしょう》を致すといへども、あへて愛する人なし。宛（あたか）も極寒《しはす》の日夜のごとし。媚び親ぶることを為すといへども、更に厭ふ者多し。猶し盛熱《みなつき》の湯炎《ひなた》のごとし。吾が身の老衰を知らずして、常に夫の心の等閑なることを恨む。故に本尊の聖天《しようてん》（歓喜天）は、供すれども験なきがごとし。持仏の道祖は祭れども応少きに似たり。野干坂《きつねざか》の伊賀専《いがたうめ》が男祭《をまつり》には、蚫苦本《あわびくぼ》（女陰）を叩いて舞ひ、稲荷山の阿小町が愛法には鰹破前《かつおはぜ》（鰹で作った男根）を⿰鼻瓦《うせ》って（鼻で動かし）喜ぶ。五条の道祖《さへ》に粢　餅《しとぎもちひ》を奉ること千葉手《ちひらて》、東寺の夜叉に飯⿰食凶《かて》を祀ること百籭子《ももあじか》、千社《ちやしろ》を叩いて躍り百　幣《ももみてぐら》を捧げて走る。嫉妬の瞼は毒蛇の繞乱せるがごとく忿怨の面は悪鬼の睚眦《がいけい》するに似たり。恋慕の涙は面上の粉を洗ひ、愁歎の炎は肝中の朱を焦がす。すべからく雪の髪を剃り除きて、速かに比丘尼の形と成るべし。しかれども猶し露命に愛着して、生き乍ら大毒蛇の身と作る。ただし諸の過失ありといへどもすでに数子の母たり。これを如何せん。

＊伊賀専　神として祭られた狐。
＊稲荷山　京都深草稲荷山。
＊阿小町　稲荷神社に祭られている狐。
＊愛法　愛染の法のことで、男、女にそれぞれ愛されることを祈る修法。
＊千葉手　葉手は大嘗会などの時に茶菓などを盛って神に供えた器。
＊百籭子　籭子は竹や藁などで編んだ籠や笊の一種。

老齢でかつての容色が衰え、全く夫に相手にされず、伊賀専の男祭では蚫苦本を叩き（裾をあげて陰門を三度叩く）、稲荷山の愛法、五条の道祖神、東寺の夜叉など、ありとあらゆる神仏に供え物をし、ひたすら夫の愛を取り戻すことだけを祈願する妻。しかし、夫にはそれが、嫉妬に身を焦がし大毒蛇の姿に見え、早く比丘尼になって欲しいと思うかたわらで、多くの子をなしどうしていいのか分からずにいる。しかも夫には、第二、第三の妻までいるのだ。この老妻の姿を私たちは笑って済ませるのは容易であるが、そこに人間の業とも言うべき愛欲の世界を垣間見ることもできるのである。

ある時、大岡忠相が母に、「女性はいったいいくつになるまで性欲を持っているものなのでしょうか」と問うと、母は顔を赤らめながら、目の前にあった炭櫃の砂を鉄の箸でかき混ぜてすっと場を去った。つまり、「死んで灰になるまで性欲は尽きない」と教えたかったのだという。また、『古今著聞集』には、淫奔な女の遺体が死後、溶けて黄水になってしまったという話もあるが、『枕草子』にも、「にげなきもの」（似合わない）として、「老いたる女の、腹高（妊娠）くありく、若き男持ちたるだに見苦しきに、異人のもとへ行きたるとて腹立つよ」と、老女の恋愛を批判している。当時から、恋は若者だけの特権ではなく、高齢の男女にとっても死ぬまで消滅させ得ないものであったことは現代とさほど変わらない。川路聖謨は、「天下にあるものの中で、なくてはならないものは男女の道。水火であるこの害は第一に多い」とし、「身になくてはならない役立つものほど、害が多いので（略）人びと害少なく益多いことを選び用いてその毒が甚だしくならぬように気をつけるべきである」として奔放な男女関係に警告を鳴らしている（史料107）。以下、具体例を見てみよう。

年は取っても

次の事例は、氏家幹人が紹介しているものだが、史料に即して自分なりに解釈してみよう。

◎天保年間、野州芳賀郡亀山藤七後家もとは、この二月二十一日夜、三助に誘い出され大沼村きぬ川欠所水中に突き落とされた。もとは十石余りの田を持っていたが、九年前に夫を亡くし子もなく、当年六十七歳で一人暮らしをしていたが、三助を日雇いとし働かせているうちに懇意となり、止宿させ三助の言うがまま密通をしてしまった。去春まで時々忍んできたので不憫に思い、小遣い銭や衣類を与えていたが、三助が隣村の赤羽村平助の娘の婿になることを聞き、「老いの嫉妬黙止難く」恨み言を言うと、三助は、「去年の五月中に平助方で日雇稼ぎをしていた時に持ち上がった話だが、所々に借金がありとても婿にはなれそうもない。そこまで俺を思ってくれるのなら、一緒に欠落してどこへとも行って世間体は母と息子ということにしておこう」と提案した。その後、欠落してしまえば、二度とこの村に戻ることはないので家財、諸道具を売り払い、二十一日、売り払った代金一両銭一貫百五十文他、身の回りの品々を風呂敷に包み、鎌一丁を三助に渡し逃げ出した。大沼村の内きぬ川端三崎山という林で、三助は「もうどこへ逃げても仕方がないのでいっそのことここで一緒に死のう」と言い出したので、「二人で農業でもやれば何とか暮らしていけるよ」と言うと、三助は突然もとを押し倒し、もとは三丈も高い場所から水中に落ちたが、漸く岸に取りつき、しばらく寒くて声を立てることができなかったが、何とか声をしぼり上げ柳蔵村の者たちが小船で助けてくれたという（史料93）。

◎下総国豊田郡川尻村の喜右衛門後家さきは、享和三年（一八〇三）に八十三歳になった。名主新右衛門の所で召仕同様に使っていたが、同村の吉右衛門（五十六）とこの一年仲が良く夫婦になりたいと新右衛門の所へ内諾を願ったが、「そんなことはあってはならない」と取り合わずにいたが、二人で欠落するという噂もあり、新右衛門は仕方なく、さきの願い通り、吉右衛門を入夫させた。鈴木内三郎が廻村の時、さきが台所にいたのを見たが、歯は落ちず、カネを黒くつけ頭は白髪だが、立ち回りは五十くらいに見えたという。さらに吉右衛門は、夜の契りにはさきに遅れ気味で大層迷惑しているとか（史料135）。

少し時代を遡るが、

◎元禄六年（一六九三）十月六日、中山茂兵衛（七一歳）が、尾張藩邸内で女中のセキノを殺し自分も井戸に身投げをし、乱心とは言いながら、三人の男子は全員改易となった（史料15）。

◎元禄十三年（一七〇〇）六月二十九日、高木志摩代官の妻（五十余）は浪人（七十二）と密通し夫に殺された（史料15）。

また、『藤岡屋日記』には、ある隠居に妾にされた姉妹の話が載っている。

◎天保八年（一八三七）、函館の隠居遠山治兵衛は別宅し、金を貸し好色で評判も悪く、下女二人（姉美弥二十、妹よし十六）は七重村の娘で、父が先年四十両ばかり借り返済できず、借金の方に引き取られ共に妾にされていた。二人ともたいそう美しかったが、引き取られ年寄りの慰み者になり、うるさいことに思っていたが仕方なく憂き年月を過ごしていた。ここに悪い犬がいて、人が留守だとすぐ座敷に上がり食事を盗み食べていたが、天保七年の冬、いつも通り座敷に上がってきたところを、裏表を閉め、犬も今はどうしようもないと覚悟を決めいっこうに逃げもせず謝り伏して鳴いた。隠居も一言もかけず鉄棒で犬の頭を打つと、「きゃん」と一声あげて死んでしまった。その後、姉妹が、隠居に「犬はどうして一打で死んでしまったのか」と尋ねたところ、「犬でも人間でも耳が急所で、耳を強く打てば死ぬものだ」と答え、二人は相談してうるさい隠居を殺そうと正月八日に示し合わせ、酒を勧め寝かせ、あの犬を殺した鉄棒で姉が耳を打ったが、力が足りなかったのか、隠居はすぐ立ち上がったので妹が薪を以て頭を叩き、二人で打ち殺し死骸をゆるり（浴槽）へ突っ込み熱湯を浴びせて顔をただらし、妹は本家へ行き事情を説明した。倅遠山利右衛門は当時、国後勤番で留守中だったので、妻と倅、家中代島強平が現場に駆けつけたが隠居は程なく事切れた。強平は二人の下女から事情を聞いたが、前後の説明が分明でなく「隠居は酒に酔い、乱心してゆるりへ落ち、鑵子の湯で火傷した」などと答えたが、釣り手の紐は刃物で切り落とされ、姉はずっと土色に顔が変わり言い訳もできずに庭を見、薪に白髪交じりの髪も付き、少々血も付いていたので二人を縛り役人へ引渡し、拷問したところ、全てを白状し、函館で入牢した。姉妹は、先に入牢していた火付け二人と相談し、翌天保九年九月、牢を破って抜け出し、函館から小船に乗り、十里の大灘を難なく下北の佐井へ渡った。先の二人とは南部と仙台の者で、それから四人は石巻の港にやってきて、妹を二十両で売り、それを元手に茶屋を始め繁盛した。天保十三年、函館から役人を派遣し、かつ仙台藩にも依頼して二人の女は召し捕られ男二人は逃げてしまった。翌年、松前城下立石野で、五十間四方の竹矢来をしつらい、御検使、町奉行同心の立ち会いの下、懐妊中の姉美弥は胴切り、妹は打ち首となった。なお、伜の遠山利右衛門は、敵討の形を取り、白装束で臨んだという。

◎

九十二歳で嫁を得た淫乱な男がいた。小石川原町の武家方抱医師の天公法現（九十二）は、鍼揉療治していた妙仙（五十）と世話人がいて結婚した。この正月三日から法現方に参りその夜から翌夜まで十八度交合した。それから日々、昼夜差別なく十日ほど続けたので、陰門を痛めついに我慢しきれず拒んだが、非道の取扱をされ辛苦に耐えがたく、同十八日逃げ帰り、そのことを世話人に話した。妙仙の身寄りの者から厳しく「痛所が治るまで差し戻し、養生の上離縁させる」と妙仙を法現方へ連れ戻すと、その夜にまた、強淫に及んだので、世話人へ引き取り、妙仙の身寄りの者へ相談し一札差し入れ、金銭で内済した。法現は元来、強淫で、一夜に三交にも及んだこともあった。妻を持たず、奉公人口入之者へ頼み日雇い女を抱え、夜に伽をさせ一ヶ月に二、三度相手を変えていたという。

第四節　艶書

『律令要略』では、「主人の妻へ艶書を遣わした者」は「古例により死罪」となっていたが、『御定書』では、艶書について次のような規定になった。

追加

延享二年（一七四五）極

一、夫有之女、艶書ハ度々取替え候得共、密会不致儀、無紛におゐてハ、男女共中追放（史料100）と定められ、艶書の対象が「主人の妻」から「夫有之女」に広げられ、しかも密通未遂の規定にしかなっていない。しかし、『律令要略』の、主人の妻へ艶書を遣わした者の死罪規定は、そのまま拘束力を持っていたと考えられる。具体例を見ていこう。

◎　貞享五年（一六八八）八月六日、浪波町四郎兵衛召仕、清兵衛は、主人女房に艶書を遣わし暇を出されたが、我が儘を言って出て行かず、訴えられた。清兵衛は、たしかに文は送ったが、密通ではなく他の訳で送ったと言い張ったが、主人女房へ状を遣わすこと自体不届きであり、そのうえ、その内容から、密通を申し掛けたに違いないように見え牢舎となり、同十二月二十五日に死罪となった（史料17）。同年同月に起こった同様の事件では、牢舎となったが、主人の訴訟（減刑嘆願）があり、江戸中払の判決を受けた召仕もいた（史料17）。

◎　元禄八年（一六九五）十一月七日、上総国幸田村庄右衛門の倅武右衛門は、同村の左五右衛門に先月二十

五日夜、十二ケ所もの傷を負わせ、その結果、左五右衛門は翌日に死んでしまった。武右衛門によれば、女房とらと左五右衛門は密通をしており、とらにも断ったうえで左五右衛門に切りつけたという。とらが言うには、左五右衛門が、武右衛門の下人八蔵を頼み、三度も密通の誘いがあったが、きっぱりと断ったという。八蔵が言うには、左五右衛門に頼まれ主人女房との密通の使いを三度やったが、三度とも断られそのことを左五右衛門に伝えたという。密通の事実がはっきりせず、とらは揚がり屋、武右衛門は牢舎となり、両名共、赦免となったが、密通の使いをした八蔵は、「密通致させ候覚悟之上は」死罪となった（史料17）。

主人女房が艶書を下人に遣わした事例がある。

◎寛政七年（一七九五）、天満河内屋武兵衛の下人新助が主人女房かめと密会はしていなかったが艶書を取替わし、不義について何度か相談し合い、かめは申し訳なく思いつめ自害をしてしまった。調べによると、最初、かめから艶書が送られ、新助も前々から心をかけていたが、主人の妻なので、「今後、艶書は無用にして欲しい」と直接話したが、互いに引かれ合っていたので三度、主人のいないのを見計らって話をした。評議では、実際に密会はしていなくても、主人女房に執心し関わりを持ち、中追放よりも重く、また、女房がすでに一命を捨てているので、死罪とされた（史料18）。

たった一通の艶書から多くの処罰者を出した事例もある。

◎宝永四年（一七〇七）八月二日、会津藩の村上四郎兵衛の二女（後、金右衛門の妻）は、元禄十五年、独身の時、関八郎左衛門に頼み坂惣右衛門に艶書を送った。惣右衛門は迷惑に思い、それを返して欲しいと頼んだ。惣右衛門は、「丸山荒之助と兄弟の契り（念友）をしており受け取るわけには行かぬ」と言うと、八郎左衛門は「引き裂き捨てても構わないから」と強引に受け取らせたので、披見してみた。そして、惣右衛門は、千野藤八や荒之助にも見せ、それを荒之助に預け勿論、返書もやらなかった。その後、三宅伴右衛門がその女の仲介をしにやってきたが、惣右衛門は納得せず、その後、女は金右衛門の所に嫁した。

ある日、その女が伯父園右衛門方にやってきて、「前々から惣右衛門と約束していたので、もう金右衛門方には帰らない」と言い、また、「惣右衛門の母と湯元に同道したこともある」と言い始めた。さらに、「園右衛門は、出格子の下で、その女と惣右衛門が密談をしていたという噂があるのを聞いたことがある」という噂が飛び交った。これらのことを惣右衛門は方々に話したので、園右衛門は、このままにはして置かれないとその究明を自ら申し出た。

公事所で調べたところ、女が金右衛門方へ帰らないというのは、中沢常左衛門が、広川喜左衛門の妻の話を聞き、それを樋口与五右衛門に話し、さらにその女と惣右衛門の母が度々湯本に出かけていたのを、与五右衛門は、惣右衛門が同道していたと聞き、不注意にもそれを周囲に言い触らしたことが分かった。また、出格子の件は樋口和太左衛門に聞きそれからあちこちに言い触らしたらしいので、和太左衛門を江戸から召還し糺したところ、六年前の江戸勤番の節、長屋で名和田大右衛門と惣右衛門が会合した時、大右衛門が「私の姪は生まれつき美麗であり、惣右衛門の妻に致せ」といった際、側にいた和太左衛門は「惣右衛門も男振りがいいのでそれがいい、と賛同した」と言った。その後、四年前、惣右衛門が三ノ町に来、和太左衛門と出会い、園右衛門の屋敷の出格子に婦人がいたが、そこで女と惣右衛門が密談したことなどはなく、これは与五衛門の全くの作言であったことが判明した。評議の結果、以下のような処分がなされた。

与五右衛門は、作言をなし「士ニ似合わざる所存、不届至極」、奉公並京江戸道中筋共に御構御追放、八郎右衛門は、艶書を無理に惣右衛門に渡し「士に似合わざる所存」御暇となり、惣右衛門は、六年前に八郎右衛門が取り次いだ艶書を受取り、猥らにしたことが全ての風聞の元になり、「成り行かざるの至り」として御扶持召上、金右衛門の妻は、「士之娘ニ似合わざる所行不届」伯父方で檻に入置き、伯父園右衛門は、かの女の日頃の教戒が忽緒なので閉門、常左衛門は、虚説御制禁にも関わらず、婦女子の雑談を言い触らし、役儀召放ちとなった（史料1）。

第五章　性の自由化へ

第一節　公認された密通

幕府によって公認された吉原の遊女や各宿場の飯盛女、茶屋の抱え女などの公娼、準公娼に対して、それ以外の売春婦を私娼（隠売女）という。近世前期、隠売女を稼業とする者たちは磔、獄門などの肉体刑に処され、隠売女本人も奴に下げ渡された（史料17）。ところが、享保期になると、稼業の者自身だけでなく、隠売女として奉公に出す際の請人、人主、稼業の者を住まわせていた名主、家主、五人組など、広範な連座が施行され、刑罰も土地、家屋、家財没収や過料などの財産刑に切り替わり、隠売女本人も吉原に下げ渡すか（三年）、確かな親元、親類がいる場合はそちらに引き渡しても良いとされ、大幅な寛刑化が行われた（史料100）（いずれにしても買った客の方は罰せられなかった）。

また、近世前期、封建的な家族秩序維持の観点から、女房を妾奉公に出した夫は死罪、質入れした場合は二十里追放に処され（史料40）、女房を隠売女に出した場合は勿論、吉原に奉公に出した場合でも死罪となった（史料17）。『御定書』第四十七条には、妻を隠売女に出した夫に対する扱いが規定されているが、それによると、「商物をも出し致渡世候もの、妻同心せざるに売女に出し候もの　死罪　但、飢渇之もの夫婦申合、売女為レ致候迄ニ而、盗等之悪事無レ之候は丶、糺明ニ不レ及事」（史料100）とあり、後半の部分で夫婦納得のうえでの妻の売春（換言すれば密通）を幕府が初めて公認したことが注目される（武家の女性には適用されなかった）。

曽根ひろみは、これを、商品貨幣経済の浸透によって農村、都市で階層分化が促され、下層の女たちが日銭を稼ぐことでしか生活を支えきれなかったという劣悪な社会状況と結びつけて解釈したが（曽根　一九九〇）、全くその通りであろう。

史料上、安永八年（一七七九）の甲州八代郡の「みちのく」、大和屋次兵衛女房「さわ」など、いくつかそうした実例を挙げることができる（長野ひろ子　一九八二）。しかし、隠売女に出た妻が、馴染みの男と出奔したような場合、どのように裁かれたのであろうか。

◎　寛政二年（一七九〇）、飯倉町四丁目の長蔵の妻みねは、夫と相談のうえ、煮売酒屋を始め、「同人相対之上」「酌ニ出、密ニ売女之稼いたし」この七月より牛尾俵次郎と馴染み二人で出奔し、神奈川宿で取り押さえられた。評議では、「俵次郎を夫に可レ致心底と相聞、密夫いたし候ものニ無レ之とも難レ申」と『御定書』の「困窮につき夫婦相対のうえでの隠売女は糺明ニ不レ及」の適用では軽いのではないかという意見が出された。吟味書では、みねが夫の留守中に表で涼んでいると、俵次郎がやってきて無理やり芝草町まで同道させられ、「身分難レ立」なり屋敷を飛び出て鎌倉まで一緒に行って欲しいと懇願されたので、やむなく同道したのだという。判決は、「夫婦申合、売女いたし候上は、譬、俵次郎を夫ニいたし候共、密夫之筋ニは有御座間敷」と、密通仕置は適用されず、「飢渇ニ及ひ候程之儀ニも無之、相応ニ渡世も乍致、売女いたし候不束」により、三ケ年、新吉原へ下げ渡された（史料18）。

この事例から、夫婦相対のうえ、隠売女になった瞬間から、密通罪は成立し得なかったことが分かるし、現実的に、隠売女になれば、普通の人妻よりも法的にも身分的にも下位に見なされたたのは明らかである（元遊女であった人妻の密通は、先述の通り死罪に問われなかったことと対をなす）。

隠売女には、普通の人妻や外へ奉公している娘、牢人の女房ばかりか大屋の女房まで含み（史料41）、中には四十、五十歳になっても踊り子として化粧を入念にし武家方奥向きや町家などに招かれた者も多数いた（史料58）。女芸者、女太夫、酌取女、茶汲女、地獄、けころ、船饅頭、丸太、夜鷹、惣嫁（上方）など、多彩な名称を想起するだけでその広範な存在が想像できる。まさにその有様は、「淋敷所、賑やかなる所の別なく、暮道よりしては大に群をし、上下の別なく往来の人を引留るなと、甚敷事也。公儀よりも厳敷御触有りて、丁々にても大にせいとうすれ共、これを停止する事克はず。追えば去り引いては又去り、飯上へたかるハエの様だ」ったという（史料10）。

すでに長野ひろ子の指摘にあるように、天保の改革では、隠売女に商売替により、「正路之渡世」をするか、「相対を以て」「新吉原江奉公住替」「遊女屋商売いたし候」か選択を迫った。それは、それまでの単なる禁止令に止まらず、一歩踏み込んでいるところに幕府の意気込みが察せられるものであったが（長野　一九八二）、これに伴い、『御定書』第四十七条の「飢渇之もの夫婦申合、売女為〻致候迄ニ而、盗等之悪事無之候は丶、糺明ニ不〻及事」の規定にも、若干の修正が加えられた。

文久二年（一八六二）、幕府は、隠売女に紛らわしい女性を、大人幼年に関わらず五十日手鎖とする一連の法令を出した。これにより、三田功運寺門前に住む平吉の妻つるは、「夫平吉長病之折柄、小児てう疱瘡相煩、看病乍〻致賃仕事致し候得共、捗々敷出来兼、暮方差支候トテ、酌取ニ出、密会、銭貰受、薬用又ハ暮方等ニいたし候。夫平吉得心之上とハ乍申、右始末不埒ニ付」（五十日）手鎖とされた。なお、夫の平吉は身上に応じ過料、(三十日)手鎖とされ、『御定書』の規定より若干、厳しく処せられている(史料100)。

また、十四歳の娘が親類兄弟の困窮のため、「月縛りと唱、一ヶ月又ハ二ヶ月限之極ニ、囲妾目見ニ出、先々又ハ宅江呼寄、金子貰受、密懐およひ」一同(五十日)手鎖となったのをはじめ、娘が「親共半身不随、又ハ怪我致し、渡世難二相成一く「囲妾」となり(三十日)押込、あるいは後家の娘が「親祖母等困窮および候ニ付」「囲妾」となり急度叱りとなったなどの事例があり(史料100)、親や兄弟のために、自らの体を売らざるを得なかった娘たちが多数史料上にその姿を現わしてくる。幕府がこうした統制を行ったのは、風儀、治安上から限定されるべきものであったからで、私娼を生み出す社会的経済的な根本的な問題解決にまで立ち入ることをせず、また、売春そのものに対しては何ら道義的、倫理的判断を避け、売女奉公をめぐる訴訟裁判も一貫して金銀をめぐる貸借、契約の類とし「相対済し」で解決する態度を崩さなかった。金で売買される性は「世情の潤」「下層都市民の渡世」の一つとして、ある要件を満たす限りにおいて容認されていたのである(曽根一九九〇)。

第二節　自由恋愛・自由結婚

江島其磧の『世間娘気質』には、次のような、嫁入りをした十七歳の娘の話が載っている。

今時の娘おとなしく仲人をもどかしがり、身拵へ取りいそぎ乗物待ちかね尻軽にのりうつりて、悦喜鼻の先にあらはなり。殊更、都育ちの娘は外の国より心早くしやれて、情の道をわきまへ、誰が教えねど前後を見て身をたしなむ事一人知れり。かゝる盛の世に、「かゝさま赤子はどこから産まれます」と十六、七になっても親の懐育ちとて恋の道に疎く、男は恐ろしきものとばかりおぼへて、かりそめに人手を取れば上気をし、禍妻引にも声高にして其男手持わろく、「今の世の恋知らずめ」と是をそしれど、人たる人の小女はかく有たき物ぞかし。（略）

その初夜、婿が床に入ると、嫁に乳母が乳を与えているではないか。一旦は驚きあきれた婿だったが、娘の器量と千両の持参金、それに三十くらいになったらこうではなくなるだろうと思い定めたという。

また、武士の娘が町人へ嫁いだが、夫から芝居見物を見に行かないかという誘いを断り、夫から「この生まれぞこない」と言われたので、女の一分が立たないと刀を取り出し、大騒ぎ。町中の名主年寄月行事らが嫌々袴を穿いて「今後、亭主には口通させまい」という一札を、町中連判のうえ、差し出し何とか治まった。それからというもの、嫁は女の仕事を一切せず、軍の沙汰や具足などに明け暮れたという。

最初の話の冒頭部分が当時の実情で、後半は、それを強調するための誇張した隠喩であることは容易に分かるが、当時、嫁入りし、人の妻となることは娘たちの最大の願いであり、嫁入りをできるだけ急いだ。なぜなら、妻の身分を持たなければ女としての資格がなく、さらに嫉妬心が猛烈であったのも、夫の力に縋ってわずかに生存できる女にとって、夫が外の女に心を寄せるのも自己の生存そのものに対する脅威であったからである（津田 一九五三）。

また、二つ目の話は、身分の異なる間の婚姻での混乱ぶりを風刺を込めて描いている。

前述のように、正式な夫婦になるためには、仲人を立て、人別帳に記載する手続きが必要であったが、近世の後半から、特に奉公人同士の間で、自由恋愛を経ての自由結婚（馴合結婚）が現れてくる。商品経済の発展が、製茶、養蚕、絹織物、綿織物など、女性に数多くの仕事をもたらし、賃金面でも男女格差を小さくし、自由な男女関係の成立を生み出した。それは、結婚を前提としない男女関係の成立も意味した（深井 一九九四）。

女鹿淳子が指摘しているように、江戸中期以降の、奉公人不足の状況下、女たちは、よりよい奉公先を求め移動するようになる。前期の年季奉公から十八世紀後半から日割奉公、文政期からの日雇奉公やざるふり商いなどになる者が増加して、自宅からの通い奉公を可能とし、前期の別居結婚から同居結婚ができるまでになった。そうした中で、奉公人の仲間社会がつくられその中で自由な男女の出会いの機会が発生し、岡山藩では、寛政十二年以降、夫婦関係を持つ女奉公人が、男女関係の争いで起こした事例はわずかに二例で前期に比べ圧倒的に少なくなってゆく（女鹿 一九九二）。

氏家幹人は、「恋の自由化」の理由について、「御家人株の売買、高い持参金で比較的容易に武士身分に転化できるようになった社会の風潮は、妻や娘が夫や父兄の眼を盗んで姦通するのは家の血を汚す行為だとする意識を相対的に稀薄にしたに違いない。家の血統が金で汚されがちな風潮や家の女たちの間違いなど金で解決してしまうのがますます一般化した。（略）若者仲間が不法な集団と見なされ、村の性愛の管理者たる地位から失墜することは、子女の性愛や結婚に対する家の管理を強めたであろうが、それにもまして若者仲間による民俗的な規律や制裁から解き放たれた男女の間で、より多彩な語らいを可能にしたと考えられる」（氏家 一九九六）と述べ、金による身分制の弛緩と密通の解決、若者仲間の性の管理者としての地位失墜の二つを強調している。おそらく正鵠を射ている見解であろう。

さらにこうした風潮を『世事見聞録』では次のように記している。

夫婦は人倫の大本。中々私の事にあらず。依って媒を以て契約を整え、結納及び婚姻の礼を厚く整ふる事は天下の作法、人倫の道なり。然るに今はその作法を行わず、下賤の娘たる者慎みの体更になく、不義をなすこと珍しからず。親を憚る心なく、外見外聞を厭ふにもあらず。或は親の元を遁れ逃げ去り、親の勧むる縁組を拒み、馴れ合い夫婦などのこと多く、或は、父母へは不通になりて夫を持つ事、常の風俗となり。また人の妻妾なるもの、密通のこと尋常の事になりて、互ひに犯し合い奪ひ合い、また欲情に拘り、男を欺くあり女を欺くあり（略）また密通するのみならず、男の意地など言ひて、無体に人の妻を貰ひ懸け、貪りとるあり。また実父の身上を奪ひて、密夫の方へ送りたる上に逃げ行くあり。人の身上を狂はせ、或は夫婦仲よくして子のある中をも誑《たぶら》かし賺《だま》して連れ出し、よんどころなく離縁に及ばせ、親は懸るべき娘を奪はれ、夫は家を守るべき妻を失ひ、父母を失ひて誑かさるゝもの多し。

さらに続けて当時の女たち（妻や娘）の我が儘ぶりを、次のように記している。

今軽き裏店のもの、その日稼ぎの者どもの体を見るに、親は辛き渡世を送るに、娘は髪化粧よき衣類を着て、遊芸または男狂ひをなし、また夫は未明より草履草鞋にて棒手振りなどの家業に出るに、妻は夫の留守を幸ひに、近所合壁の女房同志寄り集まり、己が夫を不甲斐性ものに申しなし、互ひに身の蕩薬なる事をし合ひ、また紋かるためくりなどいふ小博奕をいたし、或は若き男を相手に酒を給べ或は芝居見物そのほか遊山物参り等に同道いたし、雑司ヶ谷、堀の内、目黒、亀井戸、王子、深川、隅田川、梅若などへ参り、またこの道筋、近来、料理茶屋、水茶屋の類沢山に出来たる故、右等の所へ立ち入り、又は二階などへ上り金銭を費して緩々休息し、また番に及んで夫の帰りし時、終日の労をも厭ひ遣らず。却って水を汲ませ煮炊きを致させ、夫を誑《たぶら》かして賺《だま》して使ふを手柄とし、女房は主人の如く、夫は下人の如くなり。邂逅密夫などのなきは、その貞実を恩にきせて夫に當り、これまた兎にも角にも気随我儘をなすなり。

働き者の夫の陰で、恋のアバンチュールを求め遊び回っている女房。これは、勿論、当時の庶民の普通の夫婦の姿そのものではないにせよ、一部にはそうした尻軽な女房たちもいたのだろう。

幕藩体制が大きく揺らぎ始めた十八世紀後半の、不義密通を含めた社会風俗の混乱や浮わついた世情の原因を、当時の識者たちは何に求めていたのだろうか。

『世事見聞録』では、不義密通が「売女と芝居」から起きたと記しているが、荻生徂徠は、「遊女、河原者平人ニ混ズルヨリシテ、遊女、野郎ノ風俗平人ニ移り、当時ハ大名高位ノ詞使ヒニモ、傾城町、野郎町ノ詞ヲ無遠慮ニ使ヒ、武家の妻娘モ傾城、野郎ノ真似ヲシテ恥ト云フコトヲ知らず」（『政談』）と、ここでも遊女の弊害を指摘している。

また、大原幽学は、「その大乱の始めは、多くは狂言、手踊り、浄瑠璃、長唄、三味線の類ひ、総て人の心の浮るゝ遊楽より起こる事十にして九也」（『微味幽玄考』）と、人の心を浮つかせる遊楽の弊を指摘したが、太宰春台は、「今の世に淫楽多き中に、糸竹の属には三線、うたひ物のたぐひには浄瑠璃に過ぐる淫声なし」とし、三味線の音が「俄に人の淫心を引越して、放僻邪侈に至らしむ」と指摘し（『独語』）、堀景山も、「今世に流行三線、人の耳近く、花手にしてすぎたる声にて打きくに人の心を蕩かし躁がし、起こりもせぬ淫欲を誘うもの也」（『不尽言他』）と同様の見解を述べている。

さらに、幕臣森山孝盛も、「扨、三味線の流行したる事、おびたゞしきことにて、歴々の子供惣領よりはじめ、次男三男三味せん引ざるものはなし。野も山も毎日、朝より晩迄、音の絶る間はなし。（略）素人狂言を企て、所々の屋敷ゝにて催したり。歴々の御旗本、河原ものゝ真似して女がたになり、立役かたき役にて立さわぐ戯れなり」（史料57）と、その流行ぶりを記し、「女芸者と云者、殊の外時化て、下町山の手いづくと差別なく少しもみめよき娘は皆芸者にしたてたり。三味線とても少し計覚えたる計にて琴引は稀なり。只淫楽の友とするのみなり」（史料4）と、形ばかりであったにせよ、芸者にも三味線が取り入れられていた様子に触れている。

当時、町人の中には娘を富裕な者の囲い者にするために、歌、浄瑠璃、三味線、踊り、狂言、鼓、胡弓などの稽古をさせていた者も数多くおり（史料74）、また、逆に、大名、旗本の女中奉公でも、浄瑠璃や三味線が必須の技芸とされてもいたのである（三田村 一九九六）。

第三節　密通の原因

かつて、田中香涯は、江戸時代の不義の原因として、①女性に離婚の権利がなかった、②男性に較べ女性に性欲満足の機会が十分に与えられていなかった、③交通機関が不完全で夫の旅の留守期間が長かった、④密通も間男料で内済し姦通を女郎買い同様に認識するようになっていた、の四点をあげているが（田中 一九二六）、前述のように、当時の公権力が家父長制的家制度や封建的身分制度を維持するために、人間本来の欲求である自由恋愛を法や刑罰で禁圧していたことに大きな原因があった。

氏家幹人が引用した熊沢蕃山の次の見解。「江戸の初期に、それまで流行していた男色を、喧嘩殺傷事件の原因として禁じる藩が多くなるにつれ、その反動か、武士の若者たちはややもすると不義を犯しやすくなった。そのため、親たちは十五、六歳の若者にも妾をあてがい間違いを未然に防ごうとしている。早くから性交渉を重ねるため『精力そがれ武夫の業をなしがたく、才知劣りて国家の助となる者少し。終には病気と成て一生むなし』」（『集義外書』）、特に江戸時代前半の密通事件は、蕃山の指摘にあるように、男色の禁止から女色へという急激な社会的背景の変化も併せ考えるべきであろう。

実際に武士の夫婦生活はどのようなものであったのであろうか。大原幽学の『微味幽玄考』には、次のような一節がある。

武士の夫婦は閨内を別にする事、必廊下の隔《へだて》有り。且常に妻と飯食を供にせず。且妻の閨内に入る事、月に度数の定リ有て、其定の外は婦夫の機嫌を伺ひに出る事、朝に一度の外は曾て目通りを許さず。婦に言こと有時抔《など》、情愛心に含む事有るとも曾て面を柔和無し。若し少しも面を和らげる時は、必其婦の志の正き時也。是心に情愛有て顔を柔らげざる面持は、実に威有て猛からず。唯立派なる者也。爰におゐて、婦たる者、夫の其面持を視て唯尊く有難く思ひ、自然と頭も下るとなむ。

どんなに妻に情愛を持っていても、武家の夫は妻に柔和な顔を見せることをしない。また、そうであればこそ、妻も夫を尊敬し自然に頭を下げる。こうした、内心をさらけ出さない慎みに満ちた夫婦生活こそが理想とされたのであるが、庶民の目から見れば、それは虚構や偽善以外の何物でもなかった。近松の「女房かはいがったとてひけになるか、侍がすたるか」(『薩摩歌』)という言葉は庶民道徳からの痛烈な批判であった。

福井藩に出浦氏という武士がおり、親類の振廻りに夫婦連れで箱提灯持ちの供を連れて歩いたことがある。ところがそのことが後に問題とされ、遠慮を申しつけられた(史料79)。武士の夫婦とはそういうものであった。

武士の勤めに関して、近松は、『堀川波鼓』の中で、「彦九郎殿とは、様子ある夫婦故、嫁入の時の嬉しさは、たとへん方もなかりしが、小身人の悲しさは、隔年のお江戸詰、お国にゐては、毎日の御城詰、月に十日の泊り番、夫婦らしうしつぽりと、いつ語らひし夜半もなし。されども主は侍気、かう勤めねば侍の立身がならぬとて、心強うは言ひながら去年六月の江戸立ちには、また来年の五月にお供して下るまでは逢はれぬぞや、無事でゐるよ、よう留守せよとの顔付が目にちらちらと見るやうで、ほんに忘るゝ暇もない」と記し、妻の寂しさを記している。周知のように、彦九郎の妻お種はその寂しさを酒で紛らわし、結果的にその酒が鼓の師匠宮地源右衛門との密通を引き起こしてしまうのであるが、その直前に、夫の同僚磯辺床右衛門から密通を迫られ、何とか言い逃れ後会を約したが、その時にお種は「こりゃ侍畜生め。彦九郎殿とはねんごろなり。人間の道に背くといひ、御家中の後指、殿様のお耳にたゝば、身代の破滅となるが、知らぬかや。小倉彦九郎の女房ぞ。侍の妻なるぞ。推参なことをして、かならず我を恨みやるな」という台詞を吐いている。おそらくは、夫の留守を狙って迫ってくる男に、妻たちはこのような言葉を浴びせかけ必死の抵抗をした場合もあったのであろう。そして、ついに半ば力づくか、あるいは自らその誘惑に落ちてしまう場合も。

残された密通の史料だけでは、密通に至る男女の心情の機微が今ひとつ鮮明に浮かび上がってこないので、ここでは、密通を題材とした藤沢周平の二つの作品を紹介してみよう。

まず、『海鳴り』から。紙問屋小野屋新兵衛（四十六）は、しだいに見えてきた老いと自らの死にいくらかうろたえ始めていた。何かし残したことがあるとも思い、酒と女を求めたこともあった。紙問屋の会合の帰り道に、丸子屋のおこうが腹痛で苦しんでいるのを見、近くの茶屋で介抱したが、そのことを同じ紙問屋に見られ二人はゆすられるようになるが、そのことは逆に二人をしだいに接近させていき、ついに二人は出奔に成功する。作者は、新兵衛の妻は、新兵衛が酒と女に没頭していたことを決して許そうとはせず、一人息子も放蕩を繰り返すばかりで、新兵衛は妻や子に希望を持つことができず、また、丸子屋のおこうも、同様な家庭の事情を抱えていたという設定を行い、二人が結ばれるのはごく自然であるという認識を読者に持たせることに成功している。

『冬の潮』は舅と息子の嫁の話である。紙商市兵衛は妻子を相次いでなくし、半年ほど嫁のおぬいを生活を共にした。実家へ帰ったおぬいは母の病気で水茶屋勤めを始めたが、おぬいのことが気になった市兵衛は水茶屋へ行き、なにがしかの銭を手渡すのだった。二度目に水茶屋に行くとすでにおぬいの姿はなく、滝蔵という男に売られ店代えをさせられていた。その後、おぬいと滝蔵を別れさせようと、手切れ金を依頼した者が滝蔵を誤って殺害してしまう。市兵衛が店に行くと、おぬいは「だって、あたしを抱きたいんでしょ」「ずっと前から、そう思っていたんでしょ」と迫る。それを振り切るように市兵衛は「あれは、おぬいじゃない。おぬいじゃない」とつぶやきながら店を飛び出し、岡っ引きに依頼殺人の件で捕まってしまう。

舅と嫁の微妙な関係は、たとえば、『吾妻鏡』の次のような話にも窺い知ることができる。

聟が田舎に下向したその隙に、父が息女に言い寄ったが息女は驚いて決して受け入れようとはしなかった。当時の俗信に「櫛を投げ令むるの時は、骨肉皆他人に変わるの由之を称す」というのがあった。そこで、父は女の居所に行き屏風の上から櫛を投げ入れたところ、女は思わず櫛を拾い上げ、他人となったからには志を遂げようとしたその時、聟が帰ってきたので慙に堪えず舅は自害してしまった。聟は驚いて悲嘆のあまり妻を離別し、「彼の命に従わざるに依り、此の珎しき事出来す。不孝の致す所也」と出家を遂げ修行の日々を送った。

なぜ、櫛を拾えば他人の関係となるのか、その俗信の根拠や由来は不明であるが、櫛が既婚者がさすものという観念から、投げ櫛は夫婦縁切りの呪術となったのであろうか。しかし、すでに鎌倉時代から、舅と嫁が近親相姦的関係に陥りやすいものと人びとに認識されていたことだけは指摘できる。

また、西鶴は、『好色一代女』の中で、「惣じて大名は面むきの御勤めしげく、朝夕近うめしつかはれし前髪(小姓)にいつとなく御不便かかり、女(側室)には各別の哀れふかく、御本妻の御事外になりける。これをおもふに、下々のごとく悋気といふ事もなきゆゑぞかし。上下万人恋をとがめる（嫉妬する）女程世におそろしきはなし」と悋気の功罪を説いているが、その一方で、夫婦の倦怠を次のように述べている。「人の妻も、男の手前たしなむうちこそまだしもなれ、後は髪をもそこそこにして、諸肌を脱ぎて、脇腹にある痣を見出され、ある時は、様子なきにありきて、左の足の少し長いしられ、ひとつひとつよろしき事はなきに、子といふ者生まれて、なほまたあいそをつかしぬ。これをおもふに、持つまじきは女なれども、世をたつるからにはなくてもならず」と書いた。

ではしだいに夫に見向きもされなくなった妻の心はいったいどこへ向かうのであろう。曽根ひろみは、江戸時代前半の刑事判例集である『御仕置裁許帳』の「密通仕置」を分析し、その大半が主人の妻や娘（相手の男は当然、商家の召仕や手代、職人の弟子）や、兄嫁、姪などの近親者で占められ、しかも、それらは同居しているか、かなり頻繁に出入りする者同士の間で起こっていたことに着目し、「当時、庶民の中で結婚して安定した家庭生活を営める者は一定の階層以上の者達で、下層では四〇～五〇歳でも結婚出来なかった者が多数いた。手代、召仕等の奉公人達は少年期に奉公に入り、独身のまま長期の住み込み生活をする者も多く、身近に接することのできる女性が、前記の主人の女房、娘、兄嫁、伯母、姪という近親者であったこと。また、逆に女性の側では一定以上の家業を営み、夫は留守がち（分相応に女性と金で遊ぶことも含まれる）で、何よりも当時の結婚が、親や親族の意向で決定され女性本人の意志や愛情が度外視され『うまくいかない夫婦』が決して少なくなかったことが想像される」とその背景を推測している（曽根二〇〇三）。

これは、特に町人の場合であるが、武士の場合では、妻、娘共にその密通の相手が召仕、中間、足軽、下僕、草履取りなどが多く、ここでも、密通が同じ屋敷の中で、あるいは頻繁に出入りするごく親しい者同士の間で行われ、その背景に、曽根が指摘した婚姻事情が当てはまるのではないか。

かつて、三田村鳶魚は、「江戸では、女房は得難いという度合いがひどかったので、その反動で女房を虐待するのが男前のいいことのように思われていた。男達は、女房を大事にするのはみっともないとどこかで思っていた。又、びたびたにしているのは上方者らしいと江戸前の女は嫌った」（三田村 一九九六）と、江戸の男女の気風を指摘しているが、江戸庶民の男女人口の極端なアンバランス、すなわち江戸初期で男一〇：女一、享保六年（一七二一）で男六五：女三五、慶応三年（一八六七）で男四九：女五一―実はそれ自体が売春や性犯罪の原因ともなった（丹野 二〇〇三）―ということも考慮すると、鳶魚の出典は明確にされていないが、あながち否定すべき見解とは言えないだろう。女房をわざと大事にしない気風は、江戸時代初期ほど強かったに違いない。

男の見栄で大事にされず夫からしだいに無視された妻たちの無数の姿がそこにはある。彼女たちはそうした不自由な状況に耐えに耐え続けた。しかし、その分、自由恋愛への憧れは強かったものと思われる。武士をはじめ、馴合夫婦となれなかった女たちは、ちょっとしたきっかけさえあれば、その先にどのような悲劇が待ち受けていようとも、生涯でたった一度の恋に落ちていったのである。

人妻との密通は男女共死罪、あるいは主人の妻との密通は女は死罪、男は引廻之上獄門、という厳刑にも関わらず、こうした犯罪が多発していたのは、男性の側から見れば、人妻はなかなか落ちないところに魅力があり、盗に成功した時の勝利感や征服感に酔い、しかもその喜びの大きさは、女性の配偶者の社会的地位（仕えている主人）に比例していたとも考えられるし（堀江 二〇〇五）、インモラルでかつ死の危険が伴う恋だからこそ、二人の情念はさらに激しく燃え上がったも面もあったと思われる。

さらに、当時の平均寿命ではどうか。鬼頭宏至によれば、中部地方の村落の男女で、江戸初期では、二十代後半から三十代、中期では三十代半ば、後期で三十代後半であるという。平均的には、女性より男性が方が長生きで、十五歳以下では男子の死亡率が高いが、十五歳を過ぎると四十過ぎまで女子の方が高くなるという。それは当時、女子は二十歳前半で結婚し、五十歳までに平均して五、六人の子供を産んでいたが、適切な医療、母体保護思想の欠如、堕胎などから胎児共々死んでしまう場合が多かったからに他ならない（鬼頭　一九八三）。こうした、死が現在よりももっと身近にあった当時、男女は共に、限られた時間の中で、恋に身を焦がし生の実感を感じ取ろうとしていたのである。

最後に、密通について次の二つの話題について触れてみよう。

一つ目は、「めがたきはうつほうがにくていなやつ」（安永9柳樽15）という川柳である。これは、密夫密婦は本夫を裏切った悪者で、本夫はその名誉を回復するためにさまざまな苦労の末にようやく仇を討った善人という一般的な先入観をものの見事に打ち砕いてくれる一句であり、確たる実証はできないが、もしかすると、本夫の方がどうしようもない場合が実際には多かったのかもしれない。男女の性愛における善悪は、所詮は当時の儒教道徳や、法からの裁断にすぎない。

もう一つは、井上章一が、『日本の女が好きである』（PHP研究所、二〇〇八年）の中で紹介している、寺田精一の『婦人と犯罪』（一九一六年）の次の仮説である。これは、「不美人ほど姦通を犯す」というショッキングな内容のものだが、それによると、東京刑務所に服役中の二六〇人の女囚（四〇歳以下）をその容貌から美・上・中・下・醜の五段階に分けたところ（分類には、女性犯罪を日常的に取り扱っている二人の女性が担当）、姦通罪を犯した女性は圧倒的に、平均以下の不美人であったという。その理由を寺田は、「美人に於ても姦通は少ないのではないが、（略）其夫人たる人が其美人を失わんことを恐れて、妻の不貞を知りつつも之を訴えるようなことがない。然るにそれがもし醜婦の場合には、平常より疎んじているのであるから（略）直ちに訴えうる」というのだ。はたしてそれがどれほどの真実性を有している仮説なのかは断言できないが、本書でも紹介したように、江戸時代、妻の密通を知りながら何ら手立てを講じ得なかった夫が多数いたことも併せ考えると、あながち否定すべき見解ではないのではないか。いや、むしろ、人間への深い洞察に満ちている見解とも言い得ようか。

いったい、近世において、どれだけの男女が不義密通で処罰されたのであろうか。不自由な結婚を強いられた近世以降の女性たちの不義は、好きな人と結ばれたいという人間の自然な性愛感情から見ると、起こるべくして起こったという同情すべき事情もあるが、自由な結婚が許される現代においても、男女の不倫が絶えないのはなぜであろうかという、性をめぐる根源的な問題は依然として残る。やはり、「既婚はもう恋の障害ではない。人が少し正直に生き始めただけのこと。一度の人生、愛が欲しくなったのだ」という福島瑞穂の言葉に（久田 一九九八）その解答を見出すしかないのだろうか。

しかし、それにしても、いったいこれから男女の性愛はどこへ行こうとしているのだろうか。

第二部　近世の性民俗と思想

近世の春画から

第六章　よばい・初夜権・乱婚

第一節　青い眼で見た日本の性

戦国時代末の宣教師たち、江戸時代の朝鮮通信使、幕末から明治にかけて日本を訪れた外国人たちの眼には、当時の日本の性風俗はどのように映ったのだろうか。中には誇張的な表現や自国を文明国とし日本を野蛮国とする差別的な見方も存在するが、生活や風習、文化が全く異なる彼らの眼に映ったものの中で、ある驚きをもって記録された事象には、当時の日本の生活、文化の本質的な部分に触れているものも少なくない。以下、近世の性の在り方に迫るためにもいくつか紹介することにする。以下の史料は、勝俣鎮夫、氏家幹人の前掲書の一部を引用した。

(A) ヨーロッパでは、未婚の女性の最高の栄誉と貴さは貞操であり、またその純血が犯されない貞潔さである。日本の女性は処女の純血を何ら重んじない。それを欠いても、名誉も失わなければ、結婚もできる（ルイス・フロイス『日欧文化比較』）。

(B) ヨーロッパでは、娘や処女を閉じこめておくことはきわめて大事なことで厳格に行われる。日本では娘たちは両親に告げることもしないで、一日でも、また数日でも、一人で好きな所へ出かける（同右）。

（C）ヨーロッパでは、妻は夫の許可なしに家から外出しない。日本の女性は、夫に知らさず、好きな所へ行く自由を持っている（同右）。

（D）ヨーロッパでは、既婚または未婚の女性が、何かたまたま起こった出来事のために、どこかの紳士の家に身を寄せたならば、そこで好意と援助を受けて、無事に置かれる。日本ではどこかの殿の家に身を寄せたならば、その自由を失い捕虜とされる（同右）。

（E）日本人はその妻が誰か他の男といるのを見つけたならば、話をしていただけでも妻を殺すことができるのであって、証人を必要としない。しかもこれは当然のことである。なぜなら、男が自分の家の中で妻と共にいる他の男を見たというのに、そのうえどういう証人が必要であろうか、というわけである（アビラ・ヒロン『日本王国記』）。

（F）日本では、いったん女が結婚したら、彼女は十分信頼してよい。なぜなら世界中に、これほど善良で忠実な女はいないし、過ちを犯した女は首で償うからである（同右）。

（G）日本では、婚姻は同姓を避けることなく、従父兄妹がたがいに嫁娶（嫁入りと嫁取り）する。兄嫂や弟妻も寡居すれば則ちまた率いて養う。淫穢の行はすなわち禽獣と同じく、家々では必ず浴室を設けて男女がともに裸で入浴し、白昼から互いに狎れあう。夜には必ず燈を設けて淫を行い、それぞれ興をかきたてる具をそなえてもって欲情を尽くす。すなわち人びとは懐中に画軸を貯え華牋数幅のそれぞれには、百媚千嬌の雲態（男女交情）を写す（春本のこと）。また、春薬が数種あり、その荒惑を助けるという（申維翰『海遊録』）。

A〜Gは戦国時代の末期から江戸時代の前半頃までのものだが、純血が重視されず、自由な女性の姿が印象的に描かれている。網野善彦は、中世に、女性の一人旅が予想以上に多く、それはセックスを伴うものであったことを推測したが（網野 一九八六）、Dでは、主人の強烈なイエ支配権が、また、E・Fでは、家の内部での妻敵討や密通仕置が明確に描かれている。Gは、「同姓不婚」を根本とする儒教国朝鮮からすれば、従父兄妹どうしの婚姻や兄嫂や弟妻との婚姻は、禽獣の行為のように見えたとしても不思議ではない。ただし、日本でも、儒教道徳の浸透によって、しだいに幕府や諸藩で若干の規制は行われるようになる。たとえば、幕府では、嫁いだ姉が亡くなり、妹が後妻に入ることは認めたがその逆は認めず、会津藩でも同様の禁令を出している。では、近世末から明治にかけてはどうだろうか。

（H）ある場合には日本の法律は、被害者が自ら犯人を処罰することを許している。たとえば夫は自分の妻の姦通の現場を押さえたら、その場で妻をも姦夫をも殺すことができる。その場合、夫は全く現場を押さえたといふことさへ立證すればよいのである。また娘が同じやうな罪を犯したら、父は娘の姦夫に大して同様の処罰を加へることができる。さらに父は罪を犯したわが子の生命をも完全に自由にできるのである（ゴロヴニン『日本幽囚記　下』）。

（I）男たちの行動のために常に誘惑にわが身をさらすあらゆる動機と機会が与えられているにもかかわらず、日本では婦人たちの不誠実な行為については挙げるべき例がほとんどないということは、日本婦人の特質の中に見られる真珠にもたとえられるべき美点である（フィッセル『日本風俗備考1』）。

（J）然し日本の下層民は、大抵の東洋国民よりも道義が優れているにも拘わらず、疑いもなく淫蕩な人民なのである。入浴の光景は別とするも通俗文学の中には、淫猥な挿絵と共に、或る階級の民衆の趣味習慣が淫蕩なことを明らかにするに足るものがあった。その淫蕩は啻に嫌になるほど露骨であるばかりでなく、不名誉にも汚れた堕落を表はすものであった（ペルリ提督『日本遠征記4』）。

（K）日本では男が、鉄の棒でその妻の歯をのどまで押し込み、なぐり倒して足で踏みつけるというようなことは知られていない。それはおそらく妻がその放埒な性癖や不貞の行為または口汚い言葉などによって、夫にそのようなことをさせる理由を与えるようなことが決してないからであろう（『エルギン卿遣日使節録』）。

（L）そして実際に、これらの娘（売春婦）は結婚すると—彼女らの階層の無邪気な判断基準のおかげでこれらは難しいことではないが—夫は妻の貞操に信頼を置くことができる。彼女は、誠実な妻という新しい職務の義務を完全に全うするより高い目的を知らないのである。妻が夫を裏切ることは離婚の理由になる。結婚しても夫が自由なのは原則として当然だが、妻が夫を裏切ることはきわめて稀である（C・ムンチンガー『ドイツ宣教師の見た明治社会』）。

ペルリ提督によって、日本の、淫猥、淫蕩な風俗を指摘された反面、日本の記録者たちは、おしなべて日本婦人の貞淑さを賞賛している。中世末のような、女性の奔放な行動は、この記録だけを見る限り影を潜め、近世を通して儒教の教化が進み、女性が家に完全に取り込まれたかのような印象を受けるが、前述したように、決してそれは不義密通が少なかったことを直接に意味したものではなく、ヨーロッパとの比較のうえでの印象であったと言うべきである。また、Hにあるように、妻敵討は幕末の時期でもたしかに存在したことを確認しておこう。

第二節　若者組と娘

かつて、「村の娘と後家、下女は若者の支配」という根強い風潮があり、娘の婚姻に関しても、若者たちの発意と選択で夫となるべき人物が決まり、これに対し、娘や父兄は全く苦情を言うことができなかった（中山一九三〇b）。

明治初年まで村内婚が圧倒的（瀬川 一九九一）な閉鎖的な村落社会では、村内の娘と他村の男が関係を結べば、若者組により男女双方にさまざまな私刑が加えられた。それを避けるためには、他村の男から、前もって若者組に酒（コトワリ酒）を送り（酒橋をかける）、予め了解を得ておく必要があったが（瀬川 一九七二）、それをしなければ次のような制裁が加えられた。

阿波では、両人を裸にし、男に自分の褌を咥えさせ四這いに這わしてある地点まで歩かす所があったというし（田中緑江 一九二六）、香川県五郷村では、一人の馴染みがあるのに他に男をこしらえた場合、娘は髪を切られたともいう。他村の男がコトワリ酒を出さないと、娘とその家を仲間外れとし、娘に道普請をやらせたり、高い崖から転がし泥田に突き落とされ親もどうすることもできなかった（瀬川 一九九一）。三重県志摩地方では、娘が他村人と関係を結ぶと、クイナオシと称して、娘の家に入り酒を飲み食い倒し、石川県能登島では、旅人が村に侵入すると、若者たちが旅人に糞便をかけ、千葉県宮崎村では、他村人と関係した娘をトラブッタとい い、酒橋をかけさせられ、若衆は浜に樽を担ぎ、大いに飲み、茶屋の酒肴まで取り寄せ、その代金を他村者に払わせた。瀬戸内高見島では、盆と正月にハカン堂に娘仲間を呼び、何貫匁かの石を被らせて山頂まで上らせたという（瀬川 一九七二）。

摂津西成郡三番村では、娘が他村の男と通じると、若者たちは五升樽に水を入れ木で作った鰹節や、鯛の代わりに草履半足を用意し、夜分に三番若中と書いた提灯を持ち、「お宅の○○さんはえらい好い御縁で御目出度さん。これはその御祝いです」と女の家に送り届け、他村からの妨害に備え家の周囲を張り番していた。そうした事情を知らなかった親は、若者たちと激しく談判して渋々、その返礼として金銭（二、三円〜十円）を与え、若者たちはその金で飲み食いをした。以後、その男としのび逢うのも若者らは黙許し、途中出会っても決して悪戯せず、もしそれをした場合は、仲間から外し交際を断ったという（佐藤菊三 一九二五）。同様の習慣は、宇和地帯でも報告されネリダシと呼ばれている（和歌森編 一九七四）。もっと酷くなると、大阪市南区木津町では、若者の恨みを買った場合、婚礼の際に、山のような空樽を持ち込み、「ばゝかけ」と称して肥桶を宴席の畳の上にばらまき、汚物の中に蟇蛙を仕込み部屋中ぴょんぴょん跳ね回り婚礼を滅茶苦茶にしてしまうこともよく行われたという（中山 一九三〇b）。

京都府何鹿郡志賀郷村では、その男女を昼間、素っ裸にして両人で提灯を持たせ先に立たせ、村民はその後ろにつき村内を囃しながら歩かせ（中山 一九三〇b）、茨城県久慈郡大子町地方では、その男を捕らえ水中に投じ代わる代わる殴打し、半死半生の目に遭わせた（竹内 一九三八）。また、ある村では、情交の現場を取り抑え、若衆組の前に引き出し、頭へサンダワラを乗せ、腰にすりこ木を差させて一同に謝罪させた。もし、謝罪しなければ二人を肥壺に叩き込んだり娘の家を村八分にしたという（赤松 二〇〇〇）。

近世前期、前述のように、村内の男女の婚姻に関しては若者組の統制下に置かれていた。石川県能美郡の各村では、村の処女は若者の共有で、それを承知しない父兄があると大挙して屋根をめくり、その娘を「せんでせん」と称し、婚期の遅れるようにしたというし、青森県下北郡東通村尻屋では、明治初年まで、娘が十五歳になると「メラシ宿」という家に泊まりに行き、若者たちの要求に従わねばならず、どうしても服従しない時は村を放逐されてしまったという（中山 一九三〇b）。明治四十二年（一九〇九）の青森県東通村大字目名の『若者連中規約』では、

一、尚連中の若者に非ざれば肌を接する能わざる事
一、家族は一切娘そのものには何も構えもせず、一切若者連中に預け若者の自由に任せる事
一、夜間は戸締、鍵等を掛けたる節は、罰金を徴せらるるのみならず、時には除名せらるゝ事あり
（『読売新聞』昭和四年一月一日）

とあり、完全に娘たちが若者組の支配下に置かれていたことが分かる。また、親の方でも、大正年間まで、わざと雨戸を外し、男が侵入しやすい状態にしていたとも言われるが、それは若者による娘への破瓜を期待したからに他ならない（平山　一九九六）。さらに、同村の後家でさえも、他村の酒席で酌をする場合も若者組の許可を予め必要とした（瀬川　一九七二）。また、○○では、「かくせち」と言って、収穫後、壮年男子や若連中が銭を出し合い、寺院や一軒の家を借りて寄り集まり飲食する風習があった。客には、村内の夫のいない女子を集め、期間は二日二夜から三日までの三夜で、その猥らなことは言いようがないが拒んだり諭したりすると、後で仕返しされるので主人も親も禁ずることができなかったという（史料94）。

女鹿淳子によると、「近世中期から後期にかけ、家を基準とした結婚観が村の上層部から一般農民に浸透し、家の拘束力が娘を家の内部に抱え込む傾向が強まっていった。それは換言すれば、武士の家父長的家制度の思想的支柱である儒教道徳が農民層まで浸透し家の存続を中心とした考え方が成立したことを意味した。さらに、そのことは、近世後期から、上層農民の家の娘の結婚年齢がしだいに低下したことにも現れ、そこには早期に他家に縁づかせることにより娘に対する若者連中の影響力を排除しようとする目的があった。また、十八世紀後半には明らかに上層部では村外婚が多くなり、若者連中の権限は徐々に侵害され逆に彼らは『敷村の娘は若者共のもの』と声高に言わざるを得なかったという。それは、嫁入り婚が一般化する傾向と軌を一にし、配偶

者の選択権が弱まり、婚前交渉を否定する風潮を生み出した。そうした変化への彼らの不満や反抗は、家父長の欠如もしくは不在の、村での劣位の家の娘や下女に向けられていった」という（女鹿　一九九五）。以下、いくつか具体例を見てみよう。

池田作次郎は、明治以前の風習として、「此の仲間の者は村中の下女と自由にする権あり。下女の主人も是を通例の事として故に出入り易き処に下女を寝さしむ。若衆来ると知るも一向頓着せず中等以下の家にては娘をも下女と同じくす。某下女は某若ひ衆の所有と定まりたる事なく、全若ひ衆社会の共有の姿なり」と指摘している（池田　一九八〇）。

明和元年（一七六四）八月、『南足柄市謝罪誓約証文』を引いてみよう。

一、先月晦日の夜、私共、久左衛門の留守宅に行き、下女を呼び出し無礼な振る舞いを致しました。さらに当月二日夜、六日夜も再び徒党を組み、久左衛門殿宅へ踏み込み隣家も騒がせたので、久左衛門殿は五人組へ届け出、村役人衆中様に訴えられました。去る七日から九日まで村中の若者共、家主までも召し出され不届きの段、御吟味遊ばされ一言の申し訳もなく、そのうえ、御上様までも訴えられればどのような越度（罪）にもなるべきところ、当村勘七、市郎左衛門に頼み、私共の不届きの段、御役人衆中様へ訴訟してくださるようお願いしたところ、私共、狼藉の段、御免下され、以後このようなことは村中若者共申し合わせ、不届きなる仕形は決して致しません（史料151）。

この事例は、「徒党を組み」とあることから（連名の人数が四人）、下女に関する輪姦の可能性が強い。さらに、この証文には「以後は、若者組仲間ということは名乗ってはいけないと仰せつけられたので畏みそのように致します」とあることから、若者組の解散命令を若者組が受け入れたことが分かる。

史料から

◎安永六年（一七七七）十一月十四日、下総国海上郡親田村古川茂右エ門は、八木村次郎右エ門の後家いわと密通していたが、同村兵右エ門外八名に発見され、二人とも裸にされ暴行を受けた。茂右エ門は、よほど腹に据えかねたのだろう。このことを地頭所に訴えた。茂右エ門は地頭から徒格を申し付けられ家来同様の者で密通したことであり、下男下女の密通は主人に引き渡すと『御定書』にもあり、茂右エ門の処分は地頭の勝手次第、いわは、「不慎之至不埒ニ付」三十日押込、主犯格の兵右エ門と弥平太は、奪った衣類を売り酒代にしたので、五十日手鎖、外の者は三十日手鎖となった（史料120）。

◎安永六年（一七七七）七月二十四日、遠州下村百姓藤十の下女りゑは、同村庄屋惣太夫下男善七と密通していた。その噂を聞いた藤十の下男佐助は、前々からの村の若者の仕来りでは、他所から抱えられた下男が下女と密通している場合は、事実かどうかを糺しその態度によっては打擲などを加えることになっていて先年も、打擲にあった下男もいた。七月二十四日夜、藤十方へ何者かが忍び入ったのを仲間の八蔵が見た。善七かどうか分からなかったが、八蔵は、たまたまその件で、惣太夫方へ話し合いに行っていた権蔵、林蔵、千之助と門で会い、「善七が忍び入ったかもしれない」と話し、六人一同、藤十方へ急いでやってきて佐助を起こし「火を灯せ」と言っている内に、「りゑが休んでいる部屋の側の戸を開け、男を逃した」と佐助が言い出したので屋敷内を厳しく捜したが見つからなかったので、直接、りゑから聞こうと、「主人を起こせ」と佐助に言ったところ、藤十の倅善蔵が起き出したので、「りゑを暫く貸して欲しい」と頼むと、「夜中女の義でそれはできない」と答えたので、「決して乱暴なことはしない」とさらに頼み込み、善蔵はしぶしぶ納得した。権蔵はりゑを外庭へ連れ出し垣根際で、「男の名を言え」と何度も問い詰めたのでついにりゑは白状してしまった。権蔵はりゑを主人に返すため、付き添ったが、「善七のことを言ってしまい、善七に申し訳ないから私を今ここで逃がしておくれ」とあまりにも懇願するので、「俺と密懐すれば逃してやる」と、雪隠の前で密懐し、その後はそこで別れた。残っている者は、惣太郎方へ行き、善七を起こし打擲してやろうと待っていたが、「りゑが雪隠へ行ったきり、帰ってこない」と権蔵が言っているうちに、「りゑを帰してくれるように」と善蔵の声がかかったので事情を説明し、皆で至る所を探し回ったが発見できなかった。翌朝、善蔵の妻ふさが、水汲みにやってきて井戸の中で死んでいるりゑを発見した。りゑを打擲したか、大勢で交合し気絶させたうえで井戸へ投げ込んだかと取り調べられ、権蔵をはじめ、全員、白状に及んだ。事実は、権蔵の強姦、りゑの井戸への身投げであった。善蔵は、二人の密通に気づき、下男の佐助に意見するように指示するなど、「未熟成る致し方」だったので、三十日押込、佐助は主人の指示を守らず村の若者に密通のことを話し、りゑを外庭に連れ出し、立ち帰るまで注意が足りず中追放、善七は密通のため、藤十方へ忍入ったので江戸払い、権蔵、助八、八蔵、源蔵（病死）、林蔵（病死）、千之助（病死）は江戸十里四方追放となった（史料18）

主犯権蔵の処分が少々軽いように思えるのだが（当初は遠島）、下男下女の密通は前述のように、『御定書』では主人に引き渡されるだけだった。しかし、殺人事件となった以上、それ以上の罰が下され、密夫の善七も江戸払いにされている。また、若者七名のうち、三十日手鎖の銀蔵を含めると、四名の者が処分が下る前に牢内で病死しているが、劣悪な牢内の環境（私刑も含めて）を想像できる。先述のように、こうした事例は、りゑの自殺がなければ、何ら公権力は介入しなかったもので、若者組の行き過ぎた私刑に公権力が下女の自殺を契機に介入した事例と言える。

◎文化二年（一八〇五）七月、姫路藩北宿村藤兵衛の妹さのは、小材村与一方で奉公していたが、十日夜、村の若者共が大勢打寄りさまざま打擲し、陰門へ砂などを打ち込まれ痛みが止まず、とうとう奉公できなくなり養生していたが、その後、ますます痛みが強まりその箇所が腫れ上がってしまった。その若者たちは多人数で一々分からなかったが、佐十郎、平蔵、久四郎、甚蔵、庄五郎、原十郎、要助の七名が主だった者なので、「恐れながらこれらの者を召し出し御吟味をして欲しい」と訴えた。

それに対し、小材村組頭は、さのは暇を乞い、「兄藤兵衛方へ帰して欲しい」と言ったが、「女が夜中に一人で帰ることはいけないと説得したがいっこうに聞き入れず一人で帰ってしまった。また、当村の若い者共が、暴力を振るったのであればその際に主人与一方に沙汰あるべきはずなのに何の沙汰もなく、勿論、村役人への掛合もなく暴力とは到底思えない」と素っ気ないものであった。その後、大庄屋所が、七名の者を取り調べても全員「決してやっていない」と否認をし、それぞれから口書を取った。兄藤兵衛から御家中のさる御屋敷様へ内々に取りなしてくれるよう申し上げたという風聞もあるが、小材村庄屋御役所から通達が届き、「早速、下済み（内済）せよ」と命じられた。結局、さよは仕事ができないという「不奉公出入」を給銀で済ませてくれたので、暴行事件の願書を取り下げ落着した（史料118）。

また、強姦未遂者で一旦捕縛されても、「仕付けの忙しい時期」で多方面から嘆願が寄せられ、たった七日ばかりで赦された事例もあった（史料70）。こうしたことから、現在の強姦同様、加害者が犯行を否定するとその犯罪の立証が困難で、当時もそのほとんどが被害者が泣き寝入りしていたことが読み取れる。

若者掟

　十八世紀後半から、各地で若者組の解散を命じる法令が相次ぐ（史料130）。「祭礼諸見物場へ徒党いたし」「無益の出銭人集めいたし（略）喧嘩口論を好み風俗悪敷罷成」「何事ニよらず寄合徒党ケ間敷仕、多人数集り多勢の力を以て水祝あるいはぐずりケましき事」「神事祭礼元服婚礼其外に付ても酒食遊興いたし、或宮寺え惣参と唱大勢出歩行、若病気等にて不ㇾ出之者は過料を為二差出一」など、数に物を言わせての社会的な逸脱行動—酒、若さ、不満が複雑に絡み合った暴走—をとっていたことがその主な理由であった。中には、他村への見聞を顧慮して解散を命じた村もあるが、村落の支配層から、果ては藩、幕府という公的権力から最も警戒されたのは、「徒党を組む」その行為であった。さらに、明治初期には民権運動の拠点とならぬように、さまざまな圧力が加えられていくことになる。

　当時の、若者掟を分析すると、天保年間以降に多く作られ、それもほとんどが同じような条文からなり、まるで作成のマニュアルがあったのではと思えるほどどれもよく似ているが（瀬川 一九七二）、どの村でも、実際に若者と娘に関する同じような状況の変化が現れてていたと思われる。

「どら」と称して当人の意思に関わらず「手込め同様法外なる致し方で（略）中には相続人にこれあるとも押して貰い掛け、親々難儀に及び候類もこれあり」（静岡県加茂郡下田町）と、盗み嫁や強引な貰い掛けをする場合もあった。鹿児島県下で、婚姻に不同意の婦女に承諾をさせるために、これを強いて姦淫する「おつとい嫁女事件」が起き、男が懲役三年に処されたこともあった。大正期でも、九州、四国、東北一帯、山陰、長崎、北陸一帯では、「カネ」をつけられたら女は拒否権を失い、その男の妻にならざるを得なかったのである（井上和夫 一九八〇）。

『若者掟』には、人妻や娘への性的干渉を戒める条目が多数、載せられている（伊奈森編 一九三七）。「不義ケ間敷義は弥堅く相守るべし。仮初にも人の家へ行き、主留守成る時は片時も遊ぶべからず。尤も用事之有らば用事之趣正《ただしく》敷内室へ申置き、右之挨拶相済み候はば早速帰らるべく候。且、又、召仕之下女等と密通事之有り候共、主人之前をも憚ざるに入り込み、我儘致すべからず候。或は人之娘或は人之嫁子等と不儀ケ間敷《がましき》儀は申すに及ばず、聊戯れ言も申間敷候事」（『天明七年渥美郡八王子若居者身持掟書』）、「女房たる者には堅く心を掛間敷事」（『文化元年知多郡乙川村飯森若者掟』）、「麻男一切無用之事」（『（天保以前）知多郡古布若者掟』）、「女房後家嫁等え馴々《なれなれしく》敷言葉合致し間敷事」（『文久二年知多郡鉄砲津若者誓詞一札』）、「若者は村内は申すに及ばず、女中、家主、よめ子等によらず物語堅く相嗜むべき者也」（愛知県渥美郡野田村）、「主に背き婦人と密通いたす不埒の義之《これ》有り候はば、連中を抜き申すべく候。猶亦一旦連中抜き候者に又々帰参叶い候はば、席三人下りに取り免し申す者也」（出所不明）。

こうした掟の項目を見るだけで、若者衆が、娘、下女、後家、あるいは主婦にもその性の矛先を向けていたことが容易に推測できるが、娘がしだいに家に取り込まれ、以前のように自由にできなくなり、そうした紛争が増えたことから、若者組自体が、ある意味、自粛するためにこうした条目を内部で作成したと考えられる。しだいに村で閉め出された若い性のはけ口は、村に進出してきた遊女や街道沿いの宿場の飯盛女たちに向かうようになる。

村の変化

寛政元年（一七八九）七月に、幕府から次のような法令が出されている。

都《すべ》て在かたに之有る売女古来与御免又ハ年久敷《としひさしく》領主承届は格別、隠売女はかたく差置申間敷候処、近来猥に相成所々に売女体之もの差置候段相聞候。右につき、おのづから村方風俗も宜しからず、農事怠り候間、近郊までも衰微に及び離散の者も出来いたし、且つ宜しからざる者も立ち入り候儀につき候間、自今隠売女一切差置申間敷候（史料120）。

また、同時期の『よしの冊子』には、「江戸で芸者狂いまたは中洲、日本橋その辺所々で地獄といって隠し売女を置いている。これは素人の後家、娘などが出るとのことだが、最近では上州その外田舎にも女を置き、女郎同様に江戸の地獄のように田舎でも淫を売っており、上州辺では悪瘡を患い一生片輪になる者が多い」と記されているが、さらに、十八世紀末に地域の商品生産や流通経済の結節点として町場が発展し、そこに遊郭などの遊興施設がつくられ村内から溢れだしてきた鬱屈した性を吸収し、若連中の暴走と相互に影響し合うようになる。「若者並びに奉公人にても遊女ケ間敷者小宿をとり止宿候はゞ、若者大勢申合小宿に入込早々追出し申すべく候」（安政四年愛知県幡豆郡行用若者条目）（倉地 一九九五）と若者掟の中にもそうした状況に対応した条文が現れ始めたが、寛政十二年（一八〇〇）三月七日、河内国茨田、讃良、摂津国嶋上・嶋下四郡の一四七村は、大坂町奉行所へ「隠売女躰并茶屋遊所同様之義御差留御願」の訴願を行った。それによれば、近来、枚方宿の旅籠屋は大坂、京都から「売女芸子躰之者」を数多く召抱え、「在郷ニ不似合諸事花美尽ㇾ之」状態にある。現在、二百名を越える飯盛女が、連日のように琴、三味線、太鼓を用いて酒宴の接待にあたっている。このため、近郷の農民、特に若輩者、さらには下男奉公人まで影響が及び、それがひいては周辺農村の荒廃を招きつつあるので、枚方宿内の取締りを求めるものであった。これをうけた大坂町奉行所は、直接事実関係の確認をあえてせず、一四七カ村に自己規制を求める顚倒《てんとうてき》的な裁断を下した（藪田 一九九〇）。

また、天保十三年（一八四二）、大和の幕府領の村々は連合して次のような訴願をしている。「近年、男女之交り猥ニ相成」農家の女性たちが妊娠、堕胎を繰り返し、そのため、人手不足がいっこうに解消されないので堕胎を禁止してして欲しいというのである（史料148）。その背景として、農村の性道徳を乱しているのは女奉公人で、勝手に私情を通じ夜に入ると男の所に行き、朝帰りをし、昼間、働かないばかりか不行儀このうえなく、注意するとすぐ辞めて奉公に行く者がない有様。するとそれをまねて相応な百姓の男女まで身持ちが悪く貞節を守る者がいない。特に近年は木綿織稼ぎが盛んで、木綿を織る織子たちが顔中、紅粉を粧い売女同様に身売りをしその価で身を飾り気ままな行いをするので、それに惹かれて女共は木綿織稼ぎに走り、農家奉公する者がいないというのである。

この史料を紹介した藪田貫は、性風俗の伝播が、遊女から織子、織子から下女、下女から農家の子女というように行われていると整理したうえで、十八世紀後半、性・婚姻風俗の転換が上層農から始まり、伝統的な若者組のそれと対立していたが、もう一つ、働く青年男女が新しい性・婚姻風俗（馴合結婚）を生みだし、地域社会の問題群の一つを形成していたことを指摘している（藪田 一九九〇）。

第三節　よばい

川柳に、「十三と十六たゞのとしでなし（初）」「十三ぱっちり毛十六」「十六でむすめハ道具ぞろいなり（初）」「十三ぱっちり顔中に塗り散らし」（渡辺 二〇〇一）とあり、十三で初潮、十六で陰毛が生えそろい、一人前の女性として認められるようになっていた。初潮を迎えると、浜松市では、隣家から米二、三合を袋に入れ贈り「初花が咲いておめでとうございます」と祝いの言葉を受け、三宅島阿古集落では「ハツヨゴレ」と言って、親戚中で祝い尾頭付きの魚、鮨を若衆へ配り、娘の大人への成長を告げた（宮田 二〇〇六）。陰毛は男性にとっても肉体的な完結を意味し、十六という年齢がその指標であった。そして、よばいによって女の完全な肉体を社会的に試し、二十歳を過ぎても男と接しなかった女は、「さねかずらが生える」とも言われた。年頃の娘は、よばい人という男たちが来ることを期待し、その親も、男が来てくれないような娘では困るという心境であった。だから、娘の独身時代は、誰にあてごうても良いという程度の貞操観念しかなく、そうした意味では、よばいは「遊び」でもあったのである（井上和夫 一九六〇）。

よばいは、「呼ぶ」という意味の「よばう」の名詞形であるが（性的な部分のみを強調した当て字である夜這いは妥当ではない）、その性格については、柳田国男は、中世以降、嫁入り婚に入る前の通い婚や妻問い婚の残存の一つと考えた。現在の日本民俗学ではそれを受け継ぎ、若者組の管理による結婚に向けての村の娘の管理（習俗）であるとしている一方で、柳田民俗学を批判する赤松啓介は、よばいは決して婚姻を前提とするものではなく、生産活動の共同管理や相互扶助のシステムの一環として性の共同管理があるにすぎないとし、一致点を見いだしていない（史料159）。

大日本恵土呂府の標柱を、択捉島に立てたことで知られる近藤重蔵の息子富蔵が、配流先の八丈島の風俗を記した『八丈實記』には、「又、夜行ノ少年輩、夜毎ニ思ヒ思ヒノ家ニ忍ヒ入リ、志ザス女ト枕席ヲ同シテ夜明ヌウチニ帰ル也。サレバトテサノミ隠ニモアラズ。コレヲ夜這人ト云フ。人家ニ戸ジマリナク、深更ニ出入スルハ盗難ノ患ナキ故也」と記されている。よばいは「まめ盗人」とも呼ばれ（赤松 二〇〇四）、遊びや、人生経験、義務などのさまざまな側面があったが、同時に複数の異性との関係を持ってはいけない、友人の馴染みの者との関係を持ってはいけない、頻繁に相手を変える者は多情もんと呼ばれ制裁を加えられるなどの一定の約束ごとがあった（江守 一九八四）。山口県大島郡安下庄町では、今までの相手と手を切る印に、足袋を贈ったという。それは「この度限り」の意であった（瀬川 一九七二）。東北では、男が目指す女の家の門口に一尺ばかりの彩色をした木を立て、女は許そうと思えば、その木を取り組みその夜から男が通う。あるいは、毎夜立てて千束になれば契ったという話も残っている（錦木）（池田弥三郎 一九七四）。津軽では、旧五月五日から八、九月までよばいは公認され、五月四日か五日の晩に娘のいる家は注連縄を張り、屋根や前庭に色紙を撒きその印としたとも言う（史料159）。

年頃の男女は、男は若者宿、女は娘宿（若者宿ほど、組織だったものではなく早く消滅した）に入り、先輩たちからさまざまな社会上の知識を授けられた。娘遊びや夜遊びと言って、一日の仕事が終わり、男たちが娘宿や女の家へ行き米搗きなどの仕事を手伝いながら、いろいろ世間話に花を咲かせる。瀬川清子によれば、そうした中で、一組の男女関係が生まれ、同じ宿のニスエ（妻帯者）が万事話をつけ、よばいに発展したという（瀬川 一九七二）。こうした泊宿は、日本の西南部に多く、東北地方では稀であったというが、宇和海村のように娘宿がなかった所では、娘たちが若者宿に泊まりに行ったという伝えがある（和歌森 一九七四）。長崎五島の久賀島で、他国の漁師が入り込むようになり学校長も若者たちの要請を入れて、娘宿を閉鎖した時の話。「宿をよせば祝言さえあげれんじゃないか。良い家の娘は家にいても結婚できるが、私らは相手見つけれん」と娘たちは猛烈に抗議し、一年後には復活したという。当時、娘宿が男女の自由な出会いの場であったことがうかがえる（同前）。

また、土佐の上八川、池川地方のように、よばいに提灯をつけて行かねばならなかった地方があるかと思えば（井上和夫 一九六〇）、播磨地方のように、手拭いで顔を隠して行くという地方もあったが（赤松 一九八九）、よばいは近代的な自由恋愛、結婚を意味せず、よばいから結婚へ進むのは直接的には受胎があったからであった（井上和夫 一九六〇）。しかも他村の男から自村の若者が一升酒を貰った場合や、同村の男をニスエから仲介された場合でも、ソバネ、ソエネをさせるのが礼儀であった（瀬川 一九七二）。

女の方からのよばいも、変型的に存在した。赤松啓介は、それを男の出稼ぎで男の数が減ると行われる「季節型」と、山奥や海岸などの辺地に赴任してくる教員、技術者などの所に来る「辺地型」に分類したが、その分布は、丹波、徳島北部、京都、福井、愛知、新潟、山形、兵庫、沖縄、長野、東京、山口（児島）と広範囲にわたっていたのである（赤松 二〇〇〇）。

さらに赤松は、「戦乱や飢餓、疾病、天災にさらされていた村で、絵に描いたような一夫一婦式限定性民俗を維持できるはずがなく」、「よばいは、様々な不均等な性生活を生じていた村落共同体を維持する必須の手段、民俗であった」と、よばいを評価しているが、私にはより説得力があるように思われる（赤松 一九八九）。

能登の鹿島郡能登島町閨部落では、村の若い衆たちが表玄関の敷居に、小便を流し音を立てずに侵入し階段の側に水を入れたバケツを置いてよばいをした。それは、万が一、追われた時の防御法であった。よばいは本来、相思相愛関係の男女間で女を訪ねる妻問いで、それ故にこそ、社会一般の是認するところであったが、身を委ねるかどうかは女の判断次第であった（天野 一九六三）。

後に娘が懐胎した場合、夫が誰であるのかの証拠として娘は、男がよばいの時に持ってきた手拭いを大切に持っていたという。父親を特定できなかった場合は、幼児を若者の輪の中に入れ、這い寄ったのが父親としたが、若者たちは一目散に逃げ出したという笑話もある（池田弥三郎 一九七四）。また、『甲子夜話』も次のような話を載せている。誰か父親か分からず、若者共が寄合口論となっておさまらず、氏神の社人が中に入り神慮を伺って決めることにした。そこでクジで決めることになり皆々拳を握り目を見開いて社人に注目。取り上げられたクジを開いてみると、何と「若い者中」と書かれてあったという。

第四節　私生児

当時、不義のことを、「ネトル」「マオトコした」「××は〇〇〇カンボや」「ヒカゲモン」「オカイコ」「カクシオトコ」と呼んでいたが、私生児を「ダンゴノコ」（元々は男女間の睦じさを形容した言葉）と呼んだのに対し、夫婦間の子は、一対の杵と臼で搗き上げた純なものと言う意味から「餅」とも呼ばれていた（天野 一九六六）。私生児はいったいどのように処遇されたのであろうか。

昔、ててなしごが生まれると、テテナシ祭をやった。四尺くらいの藁人形を三体（父母と子）を作り、頭部に紙を貼り目鼻を書き、胴に赤い着物を着せ胴串を刺す。村の若い者二十～三十人で担ぎ笛、太鼓で囃し、「何祭まつるよ、ててなしまつり、まつるよ」と歌いながら、夕方から暁まで村中を廻り、これをしないと村全体が貧乏をするという。この時、私生児の母は尻をまくって尻を叩きながら自宅の周囲を三度廻る。明治二十二年（一八八九）、オカネという女が私生児をなした時に相手の男は、ててなしまつりの行列に加わり一緒に歩いたという（橘 一九二九）。

また、私生児は、養ヒ子、父ナシ子、畑子などと呼ばれ、懐妊の婦人が離縁されれば父方、密通の場合は、男女いずれであっても婦人方へ引き取られた。加賀国河北郡のように養育料を添え他人にやるが、全ての経費は密通した男子が償却し、もし密通男子が複数の時には総高を均等に割って償却した地方もあった（史料136）。

村落社会では、ナゴや水飲み、小作の娘や後家、女奉公人に主家のオトナやアンサマがよく手をつけたし、「青田にゴシノウ（御収納）収めた」といって、小作料の支払いに困った小作者が地主の言に従い妻や娘を差し出し、収穫前期に小作料の減免を受けたこともあったという。オヤッサマが昼の内から小作者の家に上がり込み横暴に振る舞い、夫は黙認するか、娘を手放した（天野 一九六六）。

では、私生児の処遇はどうだったのだろう。①養育費をつけ旅の子なしの夫妻に貰ってもらう。成長後も親子の名乗りをせず通交も一切しなかった。②娘が私生児を生み、モライ子に出さない時、娘の実家で養育する。戸籍上は娘の両親の子とする。③母の婚姻に伴い連れ子として婚家先へ一緒に行く。セナコと呼ばれその場合、母子共に肩身が狭かった。④父方へ無理やり置いてくるが、母を慕って母方で引き取る。また、父方へ戻すということを繰り返しているうちに、幼くして死んでしまうこともよくあったという（同前）。

その他に、親類朋友の子供のない所に貰ってもらったり、僧侶の弟子としたり、堕胎、間引きを行ったりもした（史料136）。近世では、男女を問わず、女性側に引き取られることが一般的であったが（史料77）、それは明治六年（一八七三）一月の太政官布告にも受け継がれ、私生児はその婦女が引き受けることとされ、女性だけが一方的にその責任を負わされることになっていった（総合女性史研究会編 一九九二）。

子返し

間引きは、コガエシ、オス、モドス、ヨモギツミなど、地方によって呼称が異なった。これらの語の背景には、間引いた霊魂は一時的にあの世に返しただけですぐにこの世に戻ってこられるとする霊魂観があったと考えられ、胎内の子を中絶する堕胎や捨て子との境界が曖昧な場合もあったが、近世を通じて、「子返し」という言葉が一般的だった（史料159）。

通説では、都市では堕胎、農山漁村では間引きが行われていたとされるが、より、詳細に見ると、北関東から東北での間引き、堕胎は飢饉などの異常事態での人口処理問題であったのに対し（千葉・大津 一九八三）、江戸町方の堕胎は、特に、単身者奉公人の不義密通の処理問題であった。また、江戸や大坂では女子の捨て子の数が非常に多かったとされる。

『日本産育習俗資料集成』によると、間引きの場合は母体を損ずることがなかったので堕胎よりもいっそうよく行われたという。その方法は、胎盤で顔を覆い窒息させる、分娩直後に塗れた紙を口鼻に当て窒息させる、桶や樽に水を満たし入れる、石臼を胸に乗せる、スナカガリに砂を入れて胸に乗せ蒲団をかぶせる、産婦自身が膝にしく、臀部で押し殺すなどさまざまであった。また、その死体は、縁の下、床下や台所、便所や納戸の窓先、牛舎の堆肥の中に埋めるか、筵や菰に包んで川に捨てたが、男子であれば扇子を、女子であれば火吹田竹や杓子、鋏を添えたという（青柳 一九八五）。

また、堕胎の場合は、ごぼうやホオズキの根、ふき、つわ等を挿入する、竹で局部を突くなどの方法がとられたが（同前）、堕胎の中でも、胎児に物理的刺激を与えて早産させる指薬の方が、服薬よりも効果があり母胎には安全であった。明治後期、堕胎件数の八一％が指薬、つまり草根や木片などの挿入であった（沢山 二〇〇五）。

当時の川柳にも、堕胎を専門とした仲條が数多く登場する。

仲條ハむごったらしい蔵を立て（柳三1）
今迄の事を仲條水にする（安九礼3）

仲條はからしてきかぬやつが行キ（明五鶴3四）（辛子を飲むと子宮が収縮する作用がある）
仲條てたびたびおろすかけまの子（安元仁7）（陰間の主な客、御殿女中や後家たちであろう）
仲條ハはらみ女のまたをさき（天三義3）
ひとゐ事下女三文て子をおろし（安九礼6）（鬼灯の根、黒鯛、みずがねを飲む。浅草の鬼灯市が新吉原の裏手にあたることも何らかの関係があろう）（史料154）

私生児をめぐる内済

当時、私生児に関して、男女間でさまざまな内済が行われていた。

文政十三年（一八三〇）六月、岐阜での事例。庄蔵の妹ちゃうが七蔵の倅三蔵と密通して妊娠し、双方の話し合いで次のような取り決めがなされた。

①ちゃうを七蔵方へ引き取り、安産のうえは宮参り過ぎまで介抱すべき事。ただし、ちゃうを相応の方へ預け置くべき事。
②出生の児は七蔵方へ引請け、何れとも片付け申すべき事。
③産前、産後共病気等の節は、早速、親元へも知らせ医師に診せ養生大切にすべき事。万一、病死等になっても庄蔵から少しも故障を申してはならない。
④ちゃうの年季の不足分として、七蔵から庄蔵に金一両差遣わすべき事。

以上のように、女を男側にやり、出生の子の以後の処置についても委任し、養育費用を取らない代わりに女の年季の不足分だけで内済している（史料144）。また、女性の側が相手から出産の諸雑費、手当などを受け取り「以後は其御元え申分ハ勿論、少も御厄介懸ケ申間敷候」と内済した事例もある（史料144）。

さらに山田雄造がすでに紹介している次のような事例もある。すなわち「私はあなたと密通し拠ん所なく懐妊の身となり九ヶ月で出産しました。他に男もいるのではと疑わしく思い、あなたがお構い下されないとおっしゃるので確かなる証拠を左に載せます」と前置きし、

御渡申起請文一札之事

私、懐妊前の八月から六月に出産するまで「外ニ掛リ合之男少も御座無く候、若し此の旨ニ而茂相違之《これ》有らば、此の世ニ而ハ所々氏神様始め、梵天、帝釈、四天王、八幡大菩薩（略）」

と起請文を差し出した。相手の男に子供を認知させるため、妊娠に至るまでの日程を書き出しただけでも驚きだが、ここでは本人美津、同親清輔と親子共々、堂々と密通を起請文に宣言しているのである（山田 一九九五）。

では、当時、幕府や諸藩は堕胎、間引き、捨て子にどう対応したのだろうか。

大原健士郎によると、幕府は将軍家光の頃、正保三年（一六四六）に堕胎業の禁止令を出したのが初めてで、寛文七年（一六六七）五月に堕胎の看板を掲げることを禁止、延宝八年（一六八〇）、堕胎の依頼者と施術者を処罰する御触を出したが、殺児に関しては幕府諸藩共、明確な法文化を果たしていなかった（大原 一九七三）。

また、桜井由幾によると、堕胎や間引きが、為政者が禁止すべきものとして意識され始めたのは十八世紀後半からで、それまで、農民家族や武士の家の罪として裁かれることが多かった間引きや堕胎が、個人の罪として裁かれるようになったという（桜井 一九九三）。

天保十三年（一八四二）、幕府では次のような評議が行われていた。「難産で児を殺し母を助けるためというのは強而論ずべき儀に御座無く候らえ共、多くは父母に隠れて密通し計らずも懐胎し、それが顕れることを厭

うて行う。又は夫婦相談のうえ、猥りに堕胎する者もいる。先例を糺しても先例がないので、評定所一座の評議にかけられたし」と遠山左右衛門尉、鳥居甲斐守の連名での上申があった。それを受けた評定所では「生質不慎之もの共、后後之覚悟も之無《これなく》密懐に及び候は、人情之止み難き義に付、堕胎之産業取り潰し候とて、男女伝合之根を断チ候迄には、行き届き申し間敷き哉に候得共、何れにても仁術を表に致し内実残忍之所行に付」堕胎を依頼した者は江戸十里四方追放、医師は江戸払いとすることとした（史料58）。

以下、具体例を見てみよう。

◎天明五年（一七八五）正月、信州伊那郡飯田城下のいよは、同郡櫻町の萬之助と密通し女子一人を出生したが、その後、萬之助と交際が亡くなり伯父方で厄介になっていたが、我が儘に出歩き、去年の十月十九日、二歳の子を同郡本朝板屋藤兵衛方の表玄関へ捨てたので召捕られ、親類に引き渡され三十日押込、女児は親類共で養育、萬之助は三十日手鎖となった（史料67）。

◎金沢藩では、享保十五年（一七三〇）、新川郡清水堂村肝煎久助下人の助右ヱ門は、仲間の下女と密通し男子が生まれたが、下女は主人から暇を出され子供を抱えて助右ヱ門方へやってきたが、老母も「養いがたい」と言い、助右ヱ門は「生活が苦しく子供を貰いたいという者がいる」と偽り川へ投げ捨てて殺し磔となっている（服藤弘司一九六六）。

◎米沢藩では、寛政五年（一七九三）十二月十一日、産婆のれんが、服部専弥の妻を堕胎させ、両名共、囲入、専弥の父は遠慮三十日、専弥の母は逼塞三十日となった。寛政六年（一七九四）十二月二十六日、同藩大小姓佐伯浅五郎の妻ふさが指薬を用い堕胎。ふさは禁足（翌年十月御免）、夫は閉門、関連者十一人が禁足、慎、以後心得などの処分を受けた（史料87）。

沢山美果子は、次のような事例を紹介している。

◎　津山藩では天保五年（一八三四）の『赤子間引咎方伺書』で、間引き、堕胎の禁止策が、過料から辱めを加え、赤子を殺した両親は村非人、居宅を取り壊し村端に小屋がけさせ祖父母その外家族全員を住まわせた。二年後には、それまで処罰の対象者が当主であったのに対し妻が当事者として処罰され、間引いた場合は村非人のうえ、牢舎十日、堕胎した場合は村内末座のうえ、牢舎十日、懐妊届が遅れ不審がある場合は牢舎十日とされた。

人口政策および人道上の立場から、津山藩は、こうした禁止策を打ち出したのだが、沢山美果子は、当時の民衆が「婚前交渉、妊娠、婚外子は内縁関係にあったにせよ、恥とする意識は低く、結婚に連続している限りは社会的に許容されていたと思われ」、「身分を落とすことによって世間に対する恥の倫理観を植え付ける共に、人妻を生むべき存在として位置づけ、藩は、婚姻内での性と生殖の一致を図ろうとしていた」と評価している（沢山 二〇〇五）。

なお、後家や娘の密通による堕胎、間引きは人妻のそれより一等宥めて処分された。実に、間引きが殺人罪、堕胎の罪が明記され、はっきりと個人の罪として罰せられるようになったのは明治十三年公布の旧刑法からであった。

第五節　初夜権

初夜権とは処女と初めて交接できる権利を指し、早婚であった原始人が、来潮を待たずに性交し、出血に対する畏怖の念慮から発したもので、後に成女式的意義を持つ破瓜となったとされる。しかもその際、破瓜だけに止め決して射精を許してはならなかった（二階堂 一九二七）。

『耳嚢』の中に、次のような話が載っている。

津軽道中にカナマラ大明神という黒銅で作った陽物を崇拝し神体を尊んでいるところがあった。それはどういう訳かと尋ねると、古老が、「昔、ここにある夫婦に一人娘がおり、成長するにつれ美麗類なし。近隣の少年たちは、争って礼物を贈り妻にもらいたいと乞い求め、他に男子がないので婿を迎えたが、どういうわけか婚姻が整ったその夜に死に、それからあれかれと婿を入れたが、次々と即死するか、逃げ帰ってしまい、娘は父母共々驚き悲しむばかりであった。逃げ帰った男の話によると、女の陰中に鬼牙があり男根を傷つけられたり食われたとかということだった。ある男が、娘の婿になろうと、黒銅で陽物を作り、初夜の際にその黒銅を陰中に入れるとそれに食いついてきたので、牙は悉く砕け残らず抜け落ち、娘は普通の女となった。このことから黒銅の男根を神に祭今に崇敬しているという。

また、同様の話は二階堂拓久の『初夜権』の中でも紹介されている。

台湾生蕃、卑南社の間で次のような神話があった。火焼縞と台湾との間に橋があって往来自由な時代、トクビシという男子が海上で一人の婦女の溺死を救い後に娶って一人の娘を生んだ。その娘が年頃になり大変美人であったので、諸方から求婚があり、一人の男子を選び嫁がせたが、新父が一夜にして死んでしまった。再縁の男子もまた同じ運命になってしまった。村人は恐れ戦いて接近しないようになり、母親は大いに憂慮し且つ怪しんで、娘の昼寝に乗じて○○の内をこっそり覗くと、○○に白い歯が堅く立っているのが見えた。母は大層驚き、意を決して娘を箱に入れ海に捨てた。数日後、対岸の卑南社に漂着し、島民たちはこの箱を割り娘を出し、酒を飲ませ丁重に迎えた。一人の島の若者が、逸ってこの娘を抱こうとしたが、老蓄の思慮ある者が制止し、酔いに乗じて密かに○○を窺くと、以前と同様堅牢な白い歯が併立っているのが見えた。さらによく見ると、他物を咬害した痕跡があった。若者たちは驚いて一同に遠ざかった。ところが、一人の智者、堅い矛でその歯を削り、酔いが醒める前に全ての歯を除いてしまった。これで、頭目が安心してその娘の容貌を愛し婚姻しても何の変異もなく、後に美しい娘三人を得て幸福な家庭を作ったという。

二階堂は、「是と類似の説話又は同一の系統に属する神話はツングース始め世界至る所にあり。以て原始における処女膜堅労の一證左たらん乎」と結論している。

言うまでもなく、これらの話のキーワードは、娘の陰中にある鬼牙や白く堅牢な歯で、それらは処女膜を象徴し、次々と婿が死んだり逃げ帰ったりしていったのは、「破瓜を済ましていない処女と通じたから」と解釈できる。鬼牙や白い歯を砕いた黒鍋や矛は、それらを邪悪なものとして打ち壊す人工物、もしくは夫以外の男性器そのものを指し、その行為は、初夜権そのものを意味していると考えられる。

折口信夫は、初夜権は奈良朝以前は国や村の神主が行使し、村々の女は一度神の嫁になり初めて正式な結婚ができ、神祭の際に、神に扮装した男が村の処女の家に通い、娘は臨時の巫女として神の嫁となることが成女式で、その式の際に実際に破瓜が行われたとした（折口 一九五四）。元々、成年式には割礼、破瓜を伴うものであり、よばいはその後に行われたが、成女式が早くから廃れたことから、成女式にとって重要な要素であった破瓜の習慣が、他の機会や結婚初夜へ移行したと考えられている（平山 一九九六）。

長崎県北松浦郡平戸の稗田では、明日、結婚式を挙げる娘が母や姉など既婚婦人に伴われて、郷社の神社に行くと、神官が厳粛な装いで立ち会い、神殿の中に潜めている男根の形を持ち出し、付き添いの婦人にまず渡し、娘にあてがう。娘は股間を開いて神体の亀頭部を陰部にはめ込み処女性を破ったという（和歌森 一九五九）。

南方熊楠は、年頃の娘は米一升と桃色の褌を景物として所の神主や老人に割ってもらったとか、女子が柱に両手を押しつけてお尻を見せ、若い男がクジでも引いたのか、「俺が当たった」と後ろから犯していたとか、安堵ケ峰の浴場で、十四、五歳の娘が小児を背負っていたが、若い男を見れば「種臼切って下さんせ」と次々と迫っていたという見聞を書き残している。また、破瓜の時の血を甚だしく汚穢いなるものとし僧侶、梵士、奴僕をして破瓜をさせたとも指摘している（南方 一九七一）。

石川中部地方では、結婚前にその村で最も多くの女性に接した男に頼んで娘の不具か否かを検査させた親もいたという（『読売新聞』一九一六年一月二十七日記事）。

この、性交に伴う出血への恐怖は、結婚前に、新郎以外の者に新婦を委ねる風習となった。越後国頸城郡の僻村では、娘が他村に嫁す場合、同村の若者の承諾を得ることは勿論、娘は一度、同村の若者に婚せなければならず、拒絶した場合はさまざまな妨害を請けたという（渡瀬 一八八六）。羽州米沢の荻村では、「媒（仲人）する者、女の方へ行ってその女を請受けて、先ず媒者の傍らに臥せしむる事三夜」（史料88）とある。淡路島の出島では、結婚の前夜、花嫁を花婿の最も親しい友人三人が天神様と俗称する鎮守の森へ誘いそこで通じ、その後、花婿は初めて花嫁と結婚し、占有する権利を認められたというし、奥州のある地方では結婚の前夜、花嫁は自分の親戚中の未婚の青年と通じ、この後、花婿の占有に帰した。また、福島県石城郡草野村付近では、サエノ神祭が行われる旧正月十五日の夜に、年頃になる娘がいると、若者たちが集まって、「〇〇家の娘はまだ女になっていないから、あれを女にしよう」と娘たちを呼び出し女にする行事を明治初年まで行っていた（平

山　一九九六）。因みに、この役目に当たる者を「ワリ頭」とも呼び、これが済まぬうちは嫁入りはできなかったとも言われていた（藤林　一九九五）。

また、宮城県牡鹿郡福井村の各部落では、「おはぐろつけ」と称して、式の前夜に平素から新婦に目をつけていた青年に身を任せた。青年が誘い出しても、新婦の家に忍び込んでもよく、家族もそれを公然と黙許していたという（中山　一九三〇b）。三河南北設楽山中では、花嫁は、「ともおかた」という同伴の介添え女と寝たが、それは「お初穂は恵比寿様にあげる」という意味があった（折口　一九七五）。同様の話に、「富沢の赤田三郎の娘オツタは、オナゴにならずに床入りしたが、嫁添いと婿で床入りさせ無事に済んだ」というのがあり、儀礼的に初夜が営まれたことが報告されている（藤林　一九九五）。また、沖縄では、婚姻初夜から花嫁が昼は亭主方に、夜はあちこちに隠れたと言われる。そうした慣習は、大正四年まで行われ、その逃走期間が最長七十五日にも及んだ場合もあったという。それは、早く捕まると、花婿と結婚以前から会っていたなどと周りから散々悪口を言われたからだが、また、その間、花婿は友人たちと花街に繰り出す一方で、新婦は「お初穂は恵比寿様に差し上げた」とされていた（二階堂　一九二七）。何と、宮城県下では、明治初年まで、婿の父が花嫁と初夜を過ごす事例もあったという（藤林　一九九五）。

また、結婚前に性的行事の中で制度的に破瓜を行う場合もあった。岩見国浜田港付近の某村。女子が十五歳に達すると必ず男子と関係を結ぶ。十五歳過ぎてなお男子と関係を結び得ざる時は非常に恥辱であるとされた。女子を得た男子の両親は別小屋を主家の側に軒を足して建て増しし、女子に男子の名を記した提灯を与え、女子はこれをつけて通い、この女子を他の男子が犯すことは絶対に禁じられたという。大分県日出郡夜明村の盆ボボは、盂蘭盆の夜、一村の男女は全員で綱引きをし、その夜、十四歳に達した女子は必ず初めて男に通じることに定められ、これに参加しない女子は不具者と思われ結婚も拒絶された。大分県臼杵町近くの某村では、八月のある夜、一晩中祭礼を行い、村内のあらゆる女子が必ず三人の男と関係しなければならなかった。肥前天草島では、他の地方から旅客が来ると、良家の子女が自ら進んで枕席に侍る。そうすると、早く良縁に恵まれるという（竹内　一九一九）。

また、青森県下北郡東通村尻屋では、先述のように明治初年まで、娘が十五歳になるとメラシ宿という家に泊まりに行き、若者たちの要求に絶対に従わねばならず、どうしても服従しない場合は、村を放逐されたという。秋田県仙北郡檜木内村、田澤村では、旧正月の十五日に仮小屋を設け若い男女が会合し徹夜をしたという。また、越後国では、明治四十五年まで、盂蘭盆会になると、村の若者が盆の休日間だけの妻を、娘たちの中からくじ引きで決めた。娘たちには拒否権がなかったが、気に入らない娘であれば酒一升で代えてもらったといい、盆くじで本物の夫婦になる者も多かったという（中山　一九三〇b）。柴折薬師の大祭では、旧暦七月六日、国内外から数千人の者が集まり、薬師堂の内陣で御通夜が行われるが、その際、若い男女が互いに問答し、男の問いに女が答えられなければ男の意に従わなければならず、上層の娘はわざと男の目標になるように家紋入りの提灯を持って行き、中には男が女に負けて敗走する場面もあったという（杜山　一九二九）。

第六節　乱婚遺風

藤林貞雄が述べているように、上層階級では、嫁入り前に処女でなくなった者は傷者、中下層では、女になってからでないと婚姻は不都合という考え方が併存していた（藤林　一九九五）。では、未婚女性の場合は、初夜権や成女式で説明できるが、既婚女性をも巻き込んだ自由な性交渉（乱婚）はどのように理解すべきなのだろうか。

真っ先に思い浮かぶのは、奈良時代からの、筑波や童子女松原、摂津の歌垣山、つばき市などの歌垣である。元々は野山の神を迎えてただ踊りながら寄り添っていくだけのものだったが、その後、神祭として神と性的交わりを果たした（処女を神に捧げた）後に現実の男女の思いを遂げることができると考えれるようになり、しだいに、祭の夜には性の解放が行われるという習俗に発展した。木の根祭（木の根を枕とした）や暗闇祭などはその一例だが、神社の祭には御柱を立て男女が幾度もそれを巡り歩き豊穣を祈った（和歌森 一九五九）。

それはまた、異なる部落間の男女を結ぶ神の降臨する時と観念せられたのであり、参籠や雑魚寝も類似の意味を持っていた（橋本 一九七六）。何より、男女の交合のことを「お祭」と言い、それは、元々、神の意志に応える人間の喜びを表現する言葉だったのである（池田弥三郎 一九五九）。

下総鹿岩の帯解祭、紀州田辺の笑い祭、長門のほだれ祭などでも性の解放が行われたが、豊後の宮処野神社では、十月十五日、かつげ（担ぐ）祭が行われ、腰手拭をかけた女は誰が引っ張ってもよいとされた。また、天草の淡島神社では、穂の出る頃に夜祭が行われたが、それを石堂たおしと呼んでいた。石堂たおしは「野合」を意味する。他に、武蔵国府中大国魂神社の黒闇祭や、山城宇治の県神社の祭などそうした例は無数にある。日本の祭において神の出現（祭）を性行為の象徴としてとらえたとする吉野裕子の研究を踏まえれば（吉野 一九七二）、祭が男女の恋愛の機会であることは容易に肯ける。また、変化が少なく高度の定住性を持つ閉鎖的な農村社会では、こうした風俗が広範に見られ、男女のせめてもの享楽であり、離村者を防ぐための現実的な方法でもあったのである（井上和夫一九六〇）。また、「カタネル」「カタンダ」といって、祭礼や盆踊り、寺詣りなど人が多く集まる機会に若い衆たちが大勢で娘を人気のない所へ担ぎ暴行することも各地で見られたともいう（天野 一九六八）。

静岡市西北阿部川羽取村の洞慶院では、某月某日、鎮守の祭礼に夜十二時から、既婚婦人に限って誰でも自由に通じることが許され、駿河国興津町由井が浜の由井神社では盛夏の某月某日、○○祭が開かれ既婚未婚を問わず、誰とでも交わることができた（竹内 一九一九）。摂津国三島郡清水村の笠森稲荷は下の病の神だが、毎年、旧暦七月十四日から四日間行われる祭には、子供のない石女はその夜、川原で裾をからげ石の上に座っていると子を授かるとされ、陸前国宮城郡大澤にある定義如来（子授け、縁結びの神）という祠堂に七夕の夜、五千人もの男女が集まり交合したという（中山 一九二七）。

女性の講にはお籠もりするものが多いが、井原西鶴の『好色一代男』には「大原のざこ寝」と称して、「庄屋の妻、娘、下女、下男、上下の隔て老若の区別もなく神殿の拝殿にざこ寝して今夜だけは何をしても許される」とその様子が記され、「ざこねもいっそ手廻しなゑん定め（寛元袖1）」と川柳に詠まれており、京都八瀬の雑魚寝まつりでは、節分の夜、村の男女が産土神社の拝殿に雑魚寝をした（池田弥三郎 一九五九）。

下野国氏下都賀郡懸社太平山神社の八朔祭は、毎年八月四日〜五日に行われるが、四日の夜は「お籠り」と称して参詣の男女は雑魚寝をして風俗をよく乱し警察の取締にあったというし、信州諏訪豊平村小字山寺の八幡社では、毎月十四日の祭礼の日に「お籠り」として近在から社殿に泊まり良縁を祈った（中山 一九二八）。すでに網野善彦が、弘長元年（一二六一）、「春日社の神主たちが、社参の女人に、大宮、若宮の祠、拝殿、著倒殿周辺で密通していることを禁じた」通達への請文や、弘安八年（一二八五）、石清水八幡宮で、「宝前参拝並びに通夜の時、男女雑居すべからざる事」と発せられた後宇多天皇の宣旨を紹介し、「少なくとも鎌倉時代まで参籠者の男女の間では、性の解放された場と考えられていたのではないかとすら思われる」と述べたが（網野 一九九四）、神社への参詣や信仰は、先述のように自由な男女の交歓の場（無縁の場）であり、特に祭礼のその期間は、神の降臨が強く意識されより多くの男女が自由な性的交渉を持てたのである。未婚の男女にすれば縁結びの場であり、なかなか子に恵まれない既婚婦人にとってみれば、それは願ってもない子だね取りの機会であった。そして、そこで授かった子を「神の申し子」と呼んだが、実際には直接、神主や僧侶が授けた場合も多かったと考えられている（佐藤紅霞 一九三四）。また、赤松啓介は、摂津、丹波、播磨の国境に鎮座する名月会式に参拝し、参詣の男に貞操を買ってもらい、その代を賽銭にして投げ入れておくと厄払いになり、これをしないで夫、子、親が死んだりすると、あの奥さんは厄払いをしなかったと後ろ指を指されたという話を紹介している（赤松 二〇〇四）。氏家幹人は、それを口実に、自由な男との性交渉を楽しんだという理解を示した（氏家 一九九六）。おそらく、現実にはそうした面も多々あったに違いない。縁結び、子授け、厄払い、そして、夫の一周忌や初盆の精進落しとして「若い衆かつぎ」（後家二人で若い衆と交わる）などの名称で、女たちは各祭礼や参詣に出かけ性を発散させた（赤松 二〇〇四）。だから、野中兼山のように、受胎能力のある五〇歳未満の女性の寺参りを禁止した法を定めた場合も出てくるのである（井上和夫 一九六〇）。

中世の頃から、伏見稲荷や清水寺が、良縁を授けてくれる神として厚く信仰され、そこでの出会いは数多くの説話や、日記、随筆、狂言に登場する。ここでは貴船神社での敬愛の祭を紹介しよう。

和泉式部が藤原保昌に冷たくされたのでその愛を取り戻すために、巫女に相談して、貴布禰の祭をするのを保昌はこっそり社の木陰に隠れ見ると、老齢の巫女が赤い幣などを立て、鼓を打ち前を掻き上げ（陰門を）叩いて三度めぐって、「このようにしてみなさい」と式部に言ったが、式部は顔を赤らめて全く返事もできない。「覚悟があってここまでやってきたのにどうしてできないのか」と巫女が式部に迫ると、式部は「チハヤブル　神ノミルメモハズカシヤ　身ヲ思トテ身ヲヤスツベキ」と応え、その慎ましさに保昌は思わず、「ここにいる」と声をかけ、共に都へ帰った。後日談に、もしもあの時、巫女の言うとおりにしていたら疎まれきっと本意を遂げずに終わってしまっていただろうというのだ（史料60）。

この風習は、新吉原で、女が目鼻を描いた杓子を携えて四辻に行き、四方を招いた後で、当人の局部を三度叩いた、というものへと受け継がれる（柳田 一九六九）。

こうした性の解放は、近世社会では「藪入り」でも見られる。元々は、正月と七月の十五日に他所に奉公している子弟が両親の元に帰る休日を指したが（史料161）、安野眞は、「藪入りの藪とは人工の加わっていない自然、文化、秩序と対立する反秩序としての自然を意味し、藪入りとは自然の中に入ること、文化、秩序の外に出ることを意味したのではあるまいか」とし、「サエノカミ、道祖神、庚申等をもっと広く御霊信仰、厄神信仰等と捉え直し、さらに一般化して御霊、厄神が襲ってくる日には、日頃タブー視されている性は解放されると捉え直すことも可能なのではないか」と主張している（安野 一九八七）。

藪入りに関して、次のような川柳がある。

藪入の帰りたくないものを喰ひ（三23オ）（喰ったのは勿論下の口？）

物思ひ藪入己後の事と見へ（柳三19）

井原西鶴の『好色一代男』巻四に、主人の言いつけで張形を買った武家女中が世之介を巧みに誘い交接し、その別れ際に「又七月の十六日にはかならず」と言う場面がある。また、『好色一代女』巻四では「されど藪入りの春秋をたのしみ、宿下りして、隠し男に逢ふ時は、年に稀なる織姫のここちして」と、急いで奉公先から出た主人公は、後をつけてきた七十二歳の中間から思いを打ち明けられ、煮売屋の二階で急いで思いを遂げさせたという話もあり、この日は、思いを相手に打ち明け男女が一つになることが許されていたことが分かる。佐渡相川の藪入りの様子は『恵美草』に描かれ、「十六日（正月）げすの男も女も、なべて昨日今日の二日は、主のいとま許りておのが家々にまかりぬ。腰延べ心をやるも此の折ぞと、思う筋のわざしてたはれあいぬ。されば男女のみそかごとも誰制すとしもなく、年此いかでと恋ひ恋ひしも、今宵やいひ出らん。もとより相思ふ中は人目恥じぬさまにて、ゆるるかに睦言も尽しぬべし。女どち（略）木綿の衣裾のわたりさまざまの形染め、常はなはだ色に紅の筋したるに、手拭ひさしはさみ、高ぼくり履きながら、三人四人伴ひ連れつつ思ふ方へと急ぐ。大きなる声し歌うたひ、聞きしも知らぬ物語など処女しき所ぞなき」（史料157）と、その日の華やかな風俗を想像させてくれる。

第七節　幕藩法と性民俗

近藤富蔵の『八丈實記』に次のような記述がある。

「寛政八年辰年七日、懸令ヨリ仰セ渡シニ、嶋方仕来リニテ男女共若年之者共イタリトシ朋友傍輩躰之者方へ互に罷越シ寝臥致候由。不埒之事ニ候間、右躰之者有レ之者早速相糺、以来之慎方申教候様、可レ致」と命じられたが、その後も「（略）古ヨリノ土地ノナラハセ今ニアリ」であった。また、同島では、「（月経時に女性が忌み籠もる）月小屋の破壊を命じられたが、元のように何度も建て直され、「経水を忌み、月水の婦女には道路で会っても物も言わず、各々離散する」一方、夜になると少年たちがそこで遊んで、まるで三都の妓楼のような楽しみとしていたという。

こうした事例から、公権力が、人びとの意識の中に深く浸透している民俗的慣行に介入しようとしても、一片の法令だけではなかなか容易に改変できなかったことがうかがわれる。現段階では、両者の関係を知りうる史料があまりに少なく断定はできないが、先述のように幕府や諸藩が民俗世界に介入できた場合と言えば、①若者組が他村の男と密通した娘を制裁を兼ねて強姦し死に至らしめた場合、②他村の男が村の後家と関係を持ち村の若者に暴行され被害者から若者たちが訴えられた場合、③自村の多数の若者から強姦された下女が訴えを起こした場合、などのように、いずれも若者組の強姦を含む過度の暴力による、被害者側からの訴えを前提としていた場合に限定されていた点が注目される。逆に言えば、殺人を除き、過度でない暴力、もしくは訴えがなければ、その機会はなかったと思われる。

そもそも日本では、「乱婚遺風」でも触れたとおり、祭、参籠、雑魚寝、薮入り、初夜権の広範な慣行から、処女や貞操という性規範の確立が元々遅れていた。人びとは、祭で、神の出現を性行為の象徴としてとらえたが、そこには、先述のように「祭—豊穣—性」という神秘的な観念が人びとを多く支配していた。しかし、しだいに性が個人的な享楽の対象と見なされ、祭（薮入りも含む）は未婚男女の恋愛の機会であり、人妻にとってもそれは、子種取りや厄払い、精進落としといった名目での、年に一度の「性の解放」「性の快楽」を伴うものに変質していったのである。

たしかに、幕府や諸藩では、封建制的な家の存続維持の立場から、妻や娘の貞操を守るべく性風俗に関してさまざまな統制を加えている。

加賀藩では、元禄十年（一六九七）、町方の若い娘、嫁、妻、後家などが上方へ参詣することを禁じ（史料22）、土佐藩でも、既述のように野中兼山によって、受胎能力のある五十歳までの女性の寺参りが禁止された（井上和夫　一九六〇）。享保二年（一七一七）六月には、加賀藩で、「夜中に涼みに出る」と言って、下男が下女を誘引することを改めて禁じ（史料72）、幕府も寛政三年（一七九一）、鳥越の湯屋で姦通が発覚したことから男女混浴を禁じた（史料139、渡辺　一九九六）。

福井藩では、家中の下女が、夜分に暇を与えると深更になっても帰ってこず、前もって一泊の暇を願い許可すると、不埒なことを外で行っていると聞こえてくることもあり、「妄りに夜行を許さぬよう」に各主人に命じられているし（史料79）、岡山藩では、天保三年（一八三二）閏十一月、当人同士での婣合（馴合結婚）を改めて禁止し、特に道中で婦人に対し不法狼藉に及ぶ者共の取締を命じている（史料114）。

しかし、性がそもそも、神（祭）とも結びつくという神秘的な認識は根強く、公権力による全面的な慣行の禁止は困難であり、性風俗の規制という表面的な統制に終始した。

すでに長野ひろ子が指摘しているように、幕府は天保の改革で、都市の庶民女性の「三従の道」的女性への引き戻しを強力に実施した。町家の女子が女浄瑠璃や花かるたなどの遊びに興じたりすることや、夜中に婦人が参詣すること、男に唄、浄瑠璃、三味線などを教えていた女師匠を、「其中ニハ猥ケ間敷風聞も有レ之」としてさまざまな圧迫を加えるなど、男女入り交じっての行動は極端に警戒され、男女の別を明らかにする方針を強制した（長野　一九八二）。さらに、高価な櫛、笄、髪さしなどの禁令や、女性の衣服についても華美を戒める法令が再三出され（史料95）、それらは単に質素倹約だけを求めたのではなく、飯盛女に対してかつて幕府が出した「尤身なり之儀も見苦敷候而ハ、旅人も厭ひ嫌ひ候間、自然に奇麗ニいたし候趣相聞、至而売女ニ紛敷ものニ御座候」（史料100）というお触れにあるように、「華美な衣服―売女」という認識のもと、広範な隠売女の抑制をも一部、視野に入れたものと考えるのは穿ちすぎであろうか（飯盛女は、享保三年〈一七一八年〉人数が制限されつつ公許され、十八世紀半ば以降、茶屋の抱え女の売春と共に奉公人、下女の名目で公認された）。しかし、こうした強圧政策もほとんど実効があがらぬまま、ついに幕府は、終焉を迎えてしまうのである。

第八節　私　刑

かつて未開民族の間では、さまざまな密通に対する私刑が行われていた。フレイザーの報告からいくつか紹介しよう。

十六世紀中頃、リオデジャネイロ付近のブラジル海岸に住んでいた印葡人の間では、私生児を生んだ既婚女性は死刑にされるか、妻を持つことができない若者の情欲に委ねられ、子供は生き埋めにされた。ローデシアのバンツー系アエウバ人は、お産で母子が死ぬと、沢山の情夫と姦通したと考え、息を引き取るまで執拗に情夫の名を白状させ、情人は「人殺し」と呼ばれ、本夫に罰金を支払わねばならなかった。東アフリカワゴゴ人は、妻が不貞を犯せば、夫が獲物を殺すのを妨げ、野獣に殺されたり傷つけられたりするような危険に曝される。また、そうした一方で、特殊な事情の下では近親相姦が幸運をもたらすとも考えられ、東南アフリカデラゴア湾沿岸のトンガ部族の間では、河馬を狩る遠征前に、父は娘と関係し、東南マダカスカルのアンタムバホアカ人の間では、狩猟、漁猟、戦争の豊漁、勝利などを得るために自分の妹や近親の女たちと関係を結んだという（フレイザー　一九三九）。

公権力によって下される公刑に対して、当事者間で行われる刑罰を私刑といい、私刑は公刑に優先した。前記の妻敵討も私刑に含められるが、その制裁に関しては、私刑、公刑それぞれ単独に選択された場合もあれば、本夫によって密夫が耳、鼻をそがれ、後に訴えられ磔になっているような、私刑から公刑に連続する場合もあった（史料62）。ここでは、当時、密通に関してどのような私刑が加えられたのか具体的に見ていこう。

かつて、穂積陳重は、「文化高級の域に達するに至までは、復讐は自己の生活の安全に危害を加うる者に対する唯一の制裁にして、存在の競争の利器なり」と述べ、さらに「刑罰の目的が復讐であって人を憎むの極端が食肉であるならば、極刑が食人制であることは敢て怪しむに足らぬこと」で、アフリカのバッタ族を例に取り上げ、叛逆、姦通のような罪を犯した者をこの食人制に処し、旅人をして泣きながらその罪人の肉を食わしめるのを死刑の執行方法とし、他の蛮族でも、死刑囚の肉を生前に売却し、または、行刑後、公衆が勝手しだいにその肉を分け取りすることを許す習俗が行われていたと述べた（穂積一九八二）。

世界各国の私刑を最初にまとめたのは、宮武外骨であった。以下、その成果からいくつか紹介してみよう。

朝鮮では、本夫が密婦の鼻を剃ぎ家から追い出す。密夫に結婚に遣った費用を弁償させる。台湾では、密夫の頭髪を切り、または耳を切り、あるいは灌尿と称して尿汁を飲ませる場合もある。また、寺廟に寺廟用の物品を提供させ、その物品に姓名を明記し物品が現存する限り、人に嘲笑させ以後こういう恥ずべき事を絶対しないと自覚させせた。または、爆竹を肛門に挿し火を点じて爆炸させる者もいたという。同書には、安政四年四月、天保山沖に、筏の上に箱に入れられた女が、男の首を前に泣き悲しみ、同年五月にも、同じような箱が流れ、書付には「此女たすくべからず」とあり、これらを「淀のせいばい」と称していたことが記されている（宮武一九二三）。

『藤岡屋日記』には、嘉永二年（一八四九）、江戸大川でも戸板に乗せられた男女が大評判になったと記されいる。男は首だけ、女はまだ生きていて「助けてくれ助けてくれ」と言っていたとか。これはさる大家で寵愛を受けていた妾が殿の大恩を忘却して御中小姓と密通し、男は直ちに御手討ちになったが、女は憎い奴とわざと命を取らず戸板に打ち付け長く憂き目をみせてやろうと……。

こう見てくると、密夫を殺し、密婦に長くその辱めを与えた点にこの私刑の特色があったことが分かる。私刑は、本夫の復讐感情が強烈に作用する分、陰惨なものが多い。次ぎに紹介する二例はその典型的な事例であろう。

◎牛込の卑しい商人の妻が密通した。これに気づいた商人は、「めずらかに成敗せん」と、仲間四、五人で、妻が密婦と語らっているときに、丸裸にして交合の格好をさせ縄で縛り上げ、四谷のかみ原という所にすててしまったという。さすがに密婦の親は、これをこっそり連れ戻したという(史料56)。

◎深川平野町重治郎の妻さ多は、松五郎方職人と密通し、夫に傷つけられ、一年間実家に帰り養生した。元々、さ多は淫乱であったが、平常は夫を大切にし、重治郎も執心していたので、二人は復縁した。盆前に重治郎が、「その方のことで金を使い、盆前の職人の手間賃も払えないので、千住へ行って親父から金五十両借りてきて欲しい」と、さ多に頼み込んだが、「私の留守中に、女郎を買い盆の準備ができないんでしょ」ときっぱり断った。

その後、弟の栄蔵が遊びにきたので、重治郎は、昼過ぎから子供二人連れて、八幡宮に参詣し、帰りに料理茶屋に寄ったが、「用事がある」と途中で退出し、自宅に戻った。すると、さ多は、いつも夫婦で寝ている古座敷の納戸で昼寝をしていたが、突然、重治郎はさ多の首を切り落とし、醤油樽に入れ、両腕も切り取って樽に入れ、風呂敷に包み、寝所に錠をかけ樽を背負ってゆうゆうと立ち去った。夜になって、首を妻の実家である、千住掃部宿粉名屋三郎方に、樽をかぶせて置き、左手は、世話人で、さ多復縁の際の世話人でもあった同町家主三郎方の軒下に置き、右手は、風呂敷に包み、復縁に反対した同町近江屋三郎右衛門の駒寄に置いたという（史料123）。

重治郎の処分は明らかではない。

未婚女性の密通に関しては、町家では蔵牢、強制尼、親類預などがあったが（藤澤 二〇〇二）、かつての、私刑が神社の祭にその形跡を留めている場合もあった。近江国坂田郡筑摩神社の鍋かむり祭では、再婚の女に二枚の鍋、三婚の女には三枚の鍋を被らせ、恥辱を与えたというし、越中国婦負郡鵜坂神社の尻打祭は、多淫な女に対する神事としての刑罰で、その年、関係した男の数だけ尻を打ったという。また、讃岐では二人を広場に引き出し四方は見物人、丸裸にして大豆二升を蒔きそれを立ちながら腰を屈して一粒ずつ拾わせ元の一升枡に入れさせる私刑もあった。人びとは口々に罵り笑いに興じたという（宮武 一九二三）。

こうした私刑には、主人の下男・下女への成敗権も相当する。たとえば、井原西鶴の『武道伝来記』では、主人の寵愛が自分から他の女性に移り嫉妬に燃えた小梅は、菓子に斑猫の毒をしみこませ、奥女中たちを集めて茶事を開き、その夜七人が悶絶した。小梅一人だけ生き残ったことから犯行がばれ、松の木で箱を作りそれに小梅を入れ、死んだ女房たちの親兄弟を呼び寄せ、箱の蓋から身に届くほどの大釘を打たせたという。

また、元禄の頃、大久保平右衛門（五百石）がどうしたことか、召仕の下女二名を裸にして雪が降る中に晒し（密通絡みか）、凍死させたことがあった。それを両人共、頓死したと届け出たことから双方の親が公儀へ訴えた。平右衛門は元々行いが悪く、大悪人で、廻番の時、辻番へ戸の立てようが悪いと、わざと戸を外し自分の屋敷へ運ばせ、あるいは煙管などを見つけるとことごとく没収し、煙管などは馬につけ今では二、三駄ほども屋敷にあるという。評議の結果、平右衛門は切腹、主人の新庄土佐守（三千石）は閉門、小普請入りとなった（史料41）。こうした主人の下男・下女への成敗権は、『御定書』制定以後、しだいに制限されるようになる。

蝦夷は一夫多妻であったが、不義があれば、男夷を咎めず婦夷を擲棒で打ち殺し海へ流したともいい（史料99）、本夫が密夫を捕らえ罰銀銭で償わせたが、それが不可能な場合、何とかいう小さな棒で叩いたともされ（史料135）、今ひとつ判然としない。

サンカの社会では、仲間の娘や後家に猥らなことをしかけても大して問題にはならなかったが、仲間の女房に手出しをすることは断じて許されず、姦通が発覚すると仲間の集まった面前で二人は殺されたというし、南伊那地方では、人妻と姦通した者は、詫びを入れ一日許されて後も、羽織の着用は一切禁じられたという（竹内他　一九三八）。

第九節　上方と江戸

当時、性風俗のうえで、より自由奔放であったのは、江戸よりも上方であった。「狂歌をば天井までもひびかせて下谷にすめる翁とばや」と大田南畝に歌われた幕臣木室卯雲の『見た京物語』には、「六分女、四分男たるべし。夜も若き女ひとりありく。男女連立ちて歩行くを少しも悪る口いふもなし」とあり江戸との風俗の違いに驚いている。また、氏家幹人が紹介した、奈良奉行川路聖謨の日記『寧府記事』の次の一節は興味深い。「夏の夕涼みをする頃、二十ばかりの若い娘が門の辺りに床などを出し、そこへ若い男が来ればまず、煙草盆などを出してよくもてなし、二、三日も続けてくれば早くも家の奥へ連れて行き、菓子でも出してもてなす。

それを見ると父母は外へ行くという。貧家だからそうするのではなくまずは風俗で、娘で二、三度子を堕ろす者は夥しく、男がいないのを恥とするともいう。江戸者は皆、欺かれやすく惣じて計算してみると遊女より高値になるという」。

滝沢馬琴は、『羇旅漫録』の中で、「京によきもの三つ　女子、加茂川の水、寺社」を挙げ、大田南畝も『一話一言』の中で、京の名物として「水、水菜、女」を挙げ、木室卯雲も前掲書で、「(京に) 多きもの、寺、女、雪駄直し、少なきもの侍」と記している。卯雲は、京に美人が多い理由を、「思ふに、京は石地小砂利のみ多く、土気すくなし。故に人きれゐなり。女などはいにしへより美人の多きぞ。国に油気なく、きれいなるゆゑなるべし」と推察しているが、関東ローム層といわれる粘土質の黒土に覆われていた江戸では、その泥くささから美女はなかなか生まれなかったという指摘もある（原田 一九八一）。

そういえば、女性の立ち小便も京の風習であった。川柳にも「京女立って垂れるがすこしきず（柳六24）」「京女くるり捲くって立小便」（渡辺 二〇〇二）とあり、前記の『見た京物語』では、「尿を用い糞は不用。肥取馬などゝいふものなし。朝々青菜にしやうべんしようとて百姓ありく」と記されているが、滝沢馬琴の前掲書では、「京の家々厠の前に小便擔桶ありて、女もそれに小便をする。故に富家の女房も小便は悉く立て居てするなり。但良賤とも紙を用ず。（略）或は供二、三人つれたる女、道はたの小便たごへ立ながら尻の方を向けて小便をするに恥るいろなく笑ふ人なし」と記され、かなり風習として定着していたことがうかがえる。因みに、上方では小便は蔬菜の速効性肥料として珍重され、元禄頃から商品化されていた。

また、大坂西町奉行久須美祐雋の『在阪漫録』には、天保七年、正月に大坂の今宮蛭子、天満天神などで、悪徒らが没落した主家の女を見せ物に出し陰門を晒させて見物させ、不良の稼ぎをしていたという記録もある。

同書は、大坂の婦女が淫風であった理由について、「當地は一体淫風ニして婦女子の風儀はよろしからず。帰する処、利を専らとなす風俗故、おのづから廉恥の風を失へり。婦女子ニて利を得んことを専らに謀る時は、淫風隆んなるべき事、其理顕然たり。男子も商沽のミ多く、只管に栄利を営む故に、其父母夫たるものも、強而其事を責ることなきゆえに、ますます其風に流るると見えたり」と述べている。

商人の町、利を求める風潮がその理由として掲げられているが、前記の『寧府記事』では、「上方では、人殺しさえ金で示談となる場合もあり、密通も同様に金で解決され表向きになることが少ないのに対し、関東では侠気の気風がまだあるせいか人殺しもよくあり一得一失なるべし」と記されている。こうした相違は、武士の数が江戸に比べて圧倒的に少なかったこともその要因にあげられるのではないか。自由と淫奔さは紙一重で、さらに、奈良で、幼年者の盗みが多かった事実もそれと関連があろう。

第十節　性の珍談いろいろ

近世社会の性にまつわるさまざまな珍談を以下紹介してみよう。

◎　夫を捨て、巨大な一物の持ち主と関係を結び、馬に蹴られ死んだ百姓女房。

信州の百姓、近くに用事があって二里ばかり行った所で俄雨に遭い、その辺の家に立ち寄り晴れるのを待っていたが、亭主は三十ばかりで雨の難儀などを親切に労ってくれたが、胡座をかき衣類が乱れ両膝の間から男根が見えたが、それは膝と同じくらいの大きさだったので驚き、亭主もその様子に気づき困った様子だった。「何と珍しい、交接などはどのように」と尋ねるとその陽物を見せ、「この一物なる故、哀なる身の上、元々私はここから一、二町先の酒屋の倅ですが、この陰茎が人並みでないので、生まれてこの方、交接をしたことがありません。金銀を投じて所々配偶者を求めましたがいるはずもなく、せめて煩悩を晴らそうとあそこに繋いでいる馬を愛妾と思い、ムラムラッとくる毎に馬を犯し、生きながら畜生道に落ち悲しい身の上なのです」と語った。雨も止み、百姓は家に帰り、妻に男のことを全て話し「お前は、いつも俺のが小さいとぼやくが、このような大物も使い途はないのだ」と言うと妻は、「物に例えればどのくらい大きいの」と聞くので、床に懸けてあった花生を指し、「あれくらいだ」と言えば、「どうしてそんな物があろうか」と笑った。それから二日後の朝、妻の姿がないので、心当たりの所に聞いても分からず、丁稚に、「どこか変わったところはなかったか」と聞くと、「昨日昼頃床に懸けていた花生を取り、膝の上へ当てなどしているのを見た」と言う。夫は、初めて気づき、「淫婦の心を発し我慢できずに出掛けたのだろう」とそれ以上聞かず、昼頃からこっそり家を出て、大淫の男の所を訪れると、あの男が、「いかなる用事で参られた」と聞いたので、「この間の礼に寄りました」と答え、その後、四方山話の後、百姓が、「顔色が悪く何かご心痛の様だが、何か変わったことでもありましたか」と大陰の男に聞くと、「さればとよ、そなたと会った次の日の夜四時、四十歳くらいの旅の女が腹痛で一夜の宿を貸して下され」と言われ、湯など与え介護していたが、女が声を潜め、「陽物抜群のことを聞いています。ぜひ一目見せて欲しい」と突然言い出したので、「埒もないことを。どうしてこの私のことを知っているのか」と聞くと、「往還の馬子、荷持など皆知っています」と答えたので、何となくゾッとし、魔障のなす所かと暫く拒んでいたが、「旅の者ながらこの近隣にしばらく逗留している者です」と語り、化生のようにも見えなかったので、ついに出して見せると、頻りに手を以て撫で回し、あるいは驚きあるいは悦び狂乱のようになったので、私もついに淫事を生じ「夫がない身ならば情交しよう」と尋ねると、「こんなに大きい陽物を受け入れることができるかしら」と交接してみると、女の広陰は男の大陽物を無事に受け入れた。女は、「どうか私を妻にして」とせがみ、大陰の男も初めて佳人を得たことを喜びそれから二人で生活を共にした。女は朝も早くから起き出しまめまめしく働き「馬に秣をあげよう」と言い、「いや俺がやるからいい」と言ったのも聞かずに厩に行き、秣を食わせたが、馬にも妬毒があるものだろうか、ただ一はねに女をおさえ食い殺してしまった。「私の生涯の不具因果を感じ出家しようと思う。裏の空地にその女の死体を埋めてある」との話を聞き、「それは俺の妻だ」とも言えず、「哀れな話を聞いたものだ」と言って別れたという（史料135）。

◎

修行を試すために陰茎に鈴を付けた僧侶。

ある院で修行を試そうと住持から小僧まで、陰茎に鈴をつけ端座した。その前を十六、七の婦女に羅衣一片着させてその間を周旋させ、小僧から修学の輩、衣中の鈴凛々と音を立てていたが、上座の住持のみ一人鳴らなかった。見物の衆人嗟嘆して、「さすが住持だから心が全く動かなかった」と皆褒めちぎった。と、ある者が進んで、「住持の衣中を見せてください」と衣を綴い披いて陰処を見ると、すでに緒が切れて鈴が落ちていた。住持は誰よりもものすごい勢いで振り切ったのだった（史料24）。

◎

婿を追い出すため、陽物が大きくて娘の玉門が破られたと訴えた父親。

安政三年（一八五六）七月二十日、広小路仲町質両替店玉屋鉄五郎の娘やすは、婿を二度貰ったが共に不縁となり、南鍛冶町質屋山県屋二男を婿にしたが、前々から玉屋は御成道石川に下質遣わし万事石川の世話になっていた。その後、石川の番頭が玉屋にやってきて、婚礼当日であることを聞き、「それは御目出度うございます。もう少し早く知っていれば、私共の方にも若い者が一人おり、お世話申したものを残念に思います」と言った。それを聞いた母、娘がふと欲が出て、今度の婿が急に嫌になり、その夜、気持ちが悪いといって杯事も床入りもせず、以後、出て行けと言わんばかりの仕打ちに、聟はとうとう居たたまれず里に帰ってしまった。母はさらに仲人善兵衛に、「聟の吉兵衛は家風に合わないので実家に帰して欲しい」と言ったが、「律儀なる吉兵衛の何が悪かったのか」と食い下がったので、「実は改めてあの物が大きく婚礼の夜、娘の前に傷が出来腫れ痛み、その後寄せ付けず和合致さぬ婿ゆえと」と、早速その旨を里方へ話すと、父が「こちらで調べご挨拶に参上します」と、伜を二階に上げよく調べてみても特に異常がなく父は大層立腹した。直ちに息子に帰れと追い返したところ、玉屋では親類二人に金三両持たせ、加治町に寄こし「吉兵衛をお引き取りください」と金を出したので父はますます立腹し、ついに七月二十日、御月番南御番所へ訴えた。

早速、双方呼び出されお取り調べを受け、吉兵衛の男根の寸法を取ってくるように名主に命じ、播磨守殿がご覧になると、長さ四寸五分、廻り同断、頭、差渡し一寸と別に大きくもなかったが、「これは平常の寸法か、又、起こり候時（勃起時）の物か」とお尋ねがあったが、さすがの名主もはたと困り、この義ばかりは母にも分からないのでとうとう娘を出頭させることになった。娘は、「婚礼の夜に怪我をし、まへが割れて三日ほど悩み恐ろしく思い、それから寄せ付けていません」と主張したところ、吉兵衛は、「未だ一夜も添い寝しておらず怪我をさせたことは決してございません」と反論した（史料123）。

残念ながら、この事件の判決はどうなったのか史料は語っていないが、娘のまへを検使する方法しか真理を明らかにする方法はなかったと思われる。

◎　妻が本夫に蜥蜴を膾にして食べさせ毒殺しようとしたのを止めた密夫。

密夫がある時、その妻の許に忍び込んだが、その妻赤龍子を膾に調して酒を温め本夫に勧め本夫は全く知らず、やがて食わんとしたところを密夫思わず走り出し、「その膾に毒が入っているから絶対食べてはいけない」と押しとどめたので、本夫は驚いて「なぜお前はいるのだ」と聞くと全てを白状した。その後、本夫はその妻を追い出し、密夫は命の親なりと喜んで以後、兄弟の約をなし仲良くしたという（史料126）。

同様の話は『沙石集』にもある。「信濃国。ある人の妻の許に、マメ男が通っているのを夫が聞き、天井の上で伺っていると、マメ男が来て、物語をし戯れているうちに、夫が誤って天井から落ち腰を打って気絶をしてしまった。間男はこれを看病しかれこれ面倒を見ているうちに、お互いに穏やか気持ちになり、それから許して通わせたという」。

◎亡き妻の死体を掘り返した男。

弘化四年（一八四七）二月、北品川宿馬場町で、餅菓子屋を営んでいた清兵衛（二十一）は、妻くめ（十八）が生存中、至って仲が良かったが、くめは嫉妬深く、昨年十一月に難産で病死してしまった。清兵衛は悲しみの余り昇せ不揃い（乱心）の状態となり家財を取りしまい親類へ引き取られてしまった。しかし、この二月、清兵衛が菩提寺の覚林寺へ行き申し込んだのは、「くめが毎度、夢枕に立ち互いに執着深くどうしても往生できないのでどうか出家して欲しいと言うので、何卒弟子にして欲しい」と願ったが容易なことではないので、親類と寺で話し合い、乱心の体なので、剃髪でもすれば快方に向かうのではとその通りにし寺に置いた。二十六日夜、清兵衛は密かに起き出し、くめの死骸を掘り返し、自分の陰茎を剃刀で切りくめの手に握らせ、元の通り埋めた。翌日、清兵衛が住持に話すには、くめが夢枕に立ち、「陰茎があっては出家し難く安心できないので切り取って欲しい」と繰り返し言われたのでこうしたのだという。清兵衛は何をするか分からないので、今は親類が、水茶屋渡世つねに引き取らせ服薬で治療をしているという（史料123）。

◎妻を溺愛した夫。

　元禄十五年（一七〇二）五月二十九日、夏目紋右衛門にしゅんという妻がおり甚だ愛していたが、紋右衛門はどういう訳か心神荒蕩（乱心）してしまった。大事などがあって外出する時は、妻を長持ちに入れ錠をおろすという。最近、家の裏で北隣の比木伝六を呼び出し、「妻がそちらにいるはずだから早く出せ」と言ったが、伝六は乱心なることを知っていたのですかし宥めた。伝六の弟瀬兵衛が紋右衛門方へ行ってみると、妻を縄で縛り上げていたので、「なぜ縛っているのか」と問うと、「これは女影（または魔王）だ。本当の女はそちら（伝六方）に行っている」と答えたという。女に縄をつけ自分の腰にくゝりつけ、大小便に行くのにも縄を離さなかったので、女は蓬頭渋面の体。これだと本物の魔王と思える。あるいは伝六が、家の裏に出ると、撃とうとして十匁鉄砲を構えている時もある。まずは、当分、病気にし、親類共で大竹の囲いに入れておいた（史料15）。

◎妾を引き離されて乱心した男。

　元禄十五年（一七〇二）十月十二日、鈴木七兵衛弟善右衛門は、始め御書院番であったが、甚だ、好色で妾がおりその寵愛は絶倫であった。妾の一類はち坊主などまで呼び寄せ生活の面倒を見たので身代困難となり、一家で意見しても聞かなかったが、そのままにはしておけず、ついに妾を家から出してしまった。このことから、大いに悶え悲しみついに乱心してしまった。今日その家の前を通ったが、善右衛門は籠に入れられ、「ご飯はまだか、開けてた洩れ、のふやのふや（妾の名はのう）」と板をしきりと叩いていたという（史料15）。

◎妻を押し伏せている夫を切り殺した男。

文化三年（一八〇六）十月二十二日夜、浅草三好町辰五郎は、仕事先から帰ったところ、自宅前で西丸小十人都築金吾が妻かねを往還に押し臥せていた。かねが助けてくれるよう泣き叫んでいたので、訳が分からなかったがともかく理不尽な義と思い、金吾を突きのけかねを逃したところ、金吾は刀を抜き斬り掛かってきたので、その刀をもぎ取り、他にも方法があったにも関わらずその刀で金吾を殺してしまった。辰五郎は死罪となったという（史料8）。

◎夫を嫌った妻。

天保十一年（一八四〇）七月二十四日、江川伝左衛門の妻（二十三）は昼頃、小石川伝通院の後三百坂浄土宗光円寺に参り、門番から花を買い、蛇の目傘丸に蔦金の字の記があるものを預け、墓へ行ったが中々に戻ってこなかったので、寺へ届を出し一同で探し回ったところ、古井戸端に新しい黒塗駒下駄と紋浴衣を整えていたので、よく井戸を見たところ、女の死体があった。早速、引き揚げて、種々手当をしたが叶わず、尤も衣類は新しく唐繻子の帯、堕落紋の浴衣、かなりの美婦で翌二十五日に身元が分かり引き取られた。その女は十二の時に貰われ気に入られて嫁になったが、春頃から亭主を極端に嫌い、前日の夜も吉原灯籠見物をしていたという（史料123）。

◎物の怪に取りつかれた新婦。

弘化二年（一八四五）四月二十六日、西丸表坊主頭竹内長庵の娘いわ（十七）は、奥坊主杉田昌悦に嫁し、床入りになった際、行灯を消して欲しいと言ったので、初縁で恥ずかしいのかと思い、行灯を消したところ、嫁の側へ寄り添い肌を撫でている内に、何とも分からずぞよぞよとした感触がし気味悪くなり、当人は竦み震え始め突然、「上野の八ツの鐘が聞こえる」と言いだした。いわは素っ裸で立ち上がり蚊帳の釣り手を引き切り、昌悦の胸を突き廻し、眼釣り上がり姑の寝間へ行き髪をとらえ引き倒し乱暴し、一同が驚き騒いでいるうちに突然、ガバッとうち伏した。翌朝、平常のまゝで、夜中のことを話すと面目なく涙ながらに姑夫に詫び、恥ずかしく恐れ入っている様子は不憫に思えたが、昼後、また、発作が起こり「髪の中に姉の死霊が取りついている」と喚き、髪の毛をかきむしり俄に惣毛逆立ち恐ろしい姿となり沢庵桶から大根漬を糠共、取り出し丸かじり。水を乞い、丼様の物へ水を入れ与えたところ、一、二杯飲み干し頻りに継母の怨みの数々を申し罵り、鈴など打ち鳴らした。そして常香盤の四隅に線香を立て仏前へ霊の勧請をしようとした時、昌悦の知人が婚礼の祝いにやってきたが、その者へ後ろから抱きつき、肩に食いつき、勝手に逃げ出したところ、その時の匂いのくさい事、まるで死体が腐ったような匂いがしたが、程なく鎮まりまた、前のように詫びた。いかにも不憫に思いなるたけ家に置き、祈祷でもしようと思ったが、一日に三、四度発作が起こるので止むなく里方へ返すことになった。

長庵には先妻の娘がいたが、幼年の頃母が死去し、後妻をもらい程なくいわを出生した。六、七歳の頃、先妻の娘が宿の小者と密通の上懐妊したので、継母は殊の外慳貪にし悪口を言い手療治で堕ろしたので、予想以上に苦しんでいるのを見て継母は笑っていたともいう。娘はこのことを決して忘れず、「お前の娘に取りつき怨みを晴らしてやる」と言って狂死してしまった。

今回の婚礼の前から怪しいことはすでに起きており、加持祈祷で一応全快したはずだったが、この度の婚姻でまたまた再発してしまった。その夜、長庵は死霊を憎み、仏壇の位牌を脇差しで切り割ったが、益々

◎密通していた三人の男に難題を申し掛けられた婿。

嘉永二年（一八四九）、御作事方定普請同心鵜野銈蔵の弟金十郎（二十二）は至って内気な性格で、青山久保町の傘張り民三郎の弟子になり職分も一人前になり、この冬には別宅するほどでいた。一方、青山百人町の同心須田竹太郎の妹しゅん（十六）は、至って身持ちが悪く、百人組兵庫組同心高橋栄蔵の倅蔵太郎、同田口源助の倅鎌次郎、同山田忠右衛門の倅政次郎らと密通していたが、この春から金十郎は、しゅん方へ浄瑠璃の稽古に来ていた。この頃、職分に精を出し少々の金子を蓄えていたが、これまた、しゅんと密通し、この六月、民三郎の世話でしゅんを貰い受けることに決まり印も遣わした。これを聞いた三人は大層立腹し近辺の若者共と申し合わせ、金十郎を所々へ連れ回し酒を飲ませ難題を申掛け、さらに遊所へ行き、金十郎一人を残して全員先に帰ってしまうことも度々あった。この六月十五日夜、金十郎を竹太郎方へ呼び、三人は予め相談づくめで、無理に酒を飲ませ縁組みが整ったことを言いだし、そのことで口論を仕掛けることもあったが、夜八ツには別れ、金十郎は泥酔し麻布笄橋続きの鈴木友右衛門地面の井戸へ身投げをしたという噂が立ったので、早速、御調べとなり、蔵太郎、鎌太郎は御頭から勘当、竹太郎は家事不取締で、跡を番代に申し付けられた。

その後、しゅんは小石川金杉水道町浮世絵師玉蘭斎の妻となったが、しゅんが飼っていた猫が、二階で臥せようとしたところ、しゅんは急に具合が悪くなり、臥すことができなくなった。猫はしゅんの側を少しも離れようとせず、付き添っていたので、「いったい、これはどうしたことか」と問い、金十郎の始末を聞き、離縁の内談を進めた。同二十五日夜、玉蘭斎が休んでいた枕元に大きな猫が来て、両手をついて

死霊は荒立ったという（史料123）。

言うには、「しゅんを妻に持てば食い殺すぞ」と言った。玉蘭斎はそれに驚いて目覚め、翌二十六日には離縁となった。しゅんは実家に引き渡されたが、猫はそれよりも早く行き、今でもしゅんの側から片時も離れずにいるという。金十郎の一念が猫に託され、猫として生きているのだろう（史料123）。

◎門前に置かれた女の生首。

　安政三年（一八五六）十二月十七日、四谷右馬殿横丁にある桐ケ谷という明屋敷の伊賀者門前に女の首が髪を結ったままで切り落とされていた。調べで安部摂津守下屋敷預り岡本与市郎の妻であることが分かった。

　同家中の妻三人連れで浅草市の帰り、この妻が一人先に帰ったところを、抜き落ちに首を切り落とされた。その首はおこそ頭巾のままで切り落とされたので、風呂敷包みが捨てられていると中間が拾ったとも、またはきれいに打ち落としているので、本田髷の髪そのままに落ちていたのを子供が見つけ桐ケ谷へ知らせたとも。当初は人形の首と思っていたらしい。首と胴は一丁ほど離れ死骸はその後屋敷へ引き取った。この妻は養子を度々取り次々と追い出したので、きっとその養子のうちの一人の仕業であろうという（史料123）。

◎放屁から密通騒ぎ

　ある町家に一人住まいしていた者がいた。隣は夫婦と七、八歳の娘であったが、ある時、妻が夫の留守中に大きな放屁をしたのをこの男が聞き、「女にて人もなげなる放屁也」と嘲ると女は憤り、「自分の家で屁をひるをどうして嘲笑うことがあろうか。入らぬお世話だ」と互いに声高に言い争い、相店の者集まり二人を引き分けた。そこへ夫が湯から帰り、娘から、「留守中におかしなことで騒ぎになり、隣の叔父様とか丶様があれこれ言い争い、でもか丶様から絶対これは誰にも言うな口止めされた」と言うのを聞き、早速、「これはどういう事だ」と妻に聞いても固く言わず、「さては、隣の男と姦通したな」と憤り、かれこれ言い争い出刃包丁で妻の頭を傷つけ、この騒ぎにまたまた相店の者が駆け集まり二人を引き分けたが、隣の男も来て取り支えたので、これも傷つけ、表沙汰になろうとしたが内々に済ましたという（史料135）。

◎夫の陰茎を切った妻。

木挽町四丁目の駕籠屋伝蔵倅久次郎（三十一）の妻たき（二十八）は、深川仲丁料理茶屋に奉公していた久次郎と通じ夫婦となっていたが、久次郎が瘡毒をたきに移したので、たきの面体は見苦しくなり、久次郎は遊女屋へ通いたきと寝所を共にしなかったので、悋気を起こし、この九月十二日夜、酒酔いのうえ、久次郎が遊女屋から帰って二階で寝ていた時、剃刀で久次郎の陰茎を根元から切り取り、里方である深川自身番横丁清五郎方へ行き、久次郎の傷が治るように所々へ祈願してまわりその甲斐があったのかようやく平癒した。たきは持ち歩いていた陰茎の処置に困り、菩提所愛宕下青松寺中ぎんそう院へ埋めたという（史料93）。

俗にバレ句と呼ばれた川柳は数多い。それらは、想像に任せて作られたものもあるが、当時の人びとの性に関する考え方を知るうえでは格好の史料といえる。以下、いくつかあげてみよう。

町内でしらぬハ亭主斗り也（不明）（あまりにも有名な一句）
間男の方ハ抜き身がちゞこまり（柳六五13）
間男と切レろとていしゆほれて居る（不明）（妻にぞっこんの憐れな亭主）
間男とていしゆぬき身とぬきみ也（安二桜4）

間男をせぬと女房は恩にかけ（柳五40）
けとられまいと女房はさせる也（安六智6）
間男をさせまいとやったらにさせる（安九桜3）
我が顔ににた子を産ンで名がたゝず（三24ウ）（しかし、子供の顔は徐々に変わってゆくもの）
付合ひてさせたがなせと聟へ言イ（天五智9）（開き直る女房。しかも聟の立場は弱い）
入りむこと間男迄にあなとられ（安元仁5）（説明の用なし）
入聟のじんきょハあまり律儀過（天四礼4）（お気の毒様）
尺八に胸のおどろく新世帯（柳二40）（本夫が虚無僧に身を変えて妻敵討に）
出会茶屋危うい首が二つ来る（柳六13）
ぬす人の子も出来よふとしうといひ（安九礼5）（庚申の日に交接すると盗人の子ができるというう俗信）
けふハ庚申だと姑いらぬせハ（安九天2）
腹の立つ顔も交って水浴びせ（柳六28）（水祝い。経水を火というので火を止めるには水。懐妊の呪術である。その中に新婦に恋慕していた奴がいた）
反物をお熊一ト色けちをつけ（柳十三30）（白子屋事件のお熊。引廻しの時、上着に黄八丈の大格子縞を着用し嫌われた）

第七章　性愛と性器信仰

第一節　性愛論

長野嘗一は、「古代の人々は、セックスに関する事柄は、人間の種族保存や増殖に直接関係し生産に寄与するものであるだけに、そこに神秘な力が宿ると考え、数々の信仰と祭祀と祭を生んだ。しかし、時代が降り文明が開けると共に、性が生産に直結することの神秘はようやく薄れ、それはもっぱら享楽の手段として意識されるようになった」と述べた（長野 一九六九）。

八世紀までの日本では、男女共、配偶者以外の異性との性的関係を排除しない対偶婚が行われ、性愛の面である程度、対等な立場であったが、十二世紀からの武家層から始まる嫁入婚の成立によって（柳谷 二〇〇八）、女性は男性の家に取り込まれ、しだいに夫への絶対的服従を強いられるようになった（石井良助 一九四二）。近世に至り、封建制維持のために本格的に採用された儒教では、子を生むための性愛は敬意を表されこそすれ、男女の恋愛は不和や危険、苦悩を生むものとして排除されたばかりではなく、最悪のエゴイズムともみなされた（パンゲ 一九八七）。さらに儒教では孝、不孝が強く説かれ、不孝は、「祖先を祭らない、親に孝行を尽くさない、子をなさない」こととされ、子供を沢山なすためには妻の数をいくら増やしても構わないという考え方を肯定した。換言すれば、儒教は繁殖のための教えでもあり（邱 二〇〇〇）、「夫婦別あり」として夫婦の愛情にさえ道徳的価値を認めず（中村元 一九六二）、女性は、性欲の対象、子を生む道具という一方的な差別観を展開し（津田一九五三）、先述のように、日本では近世初期、武士の間でこうした風潮が特に強く男色が盛んであった（氏家 一九九五）。

男女差

男女の身体的精神的な差は、当時から多くの識者がさまざまな角度から論じている。その圧倒的に多いのは、陰陽二元論的な説明であったが、その一例として、水野澤斉の『養生弁』から見てみよう。

ある人が、「男女とも天地の気を受て生るゝ事は同じからん。然に男は智者多し、女は愚者多しいかん」という質問をした。それに対し、「凡て男女とも五臓六腑ありと云とも、男は陰嚢睾丸陰茎など外に在て腹内広く臓腑の位する所密なれば其心識逞しく思慮決断速なり。女も臓腑は勿論陰器に於ても其脈道男子と異なるなし。然其卵巣膣喇叭管など内に在りて腹内自ら狭く、五臓六腑も共に小なり。故にその心識も小にして思慮決断定まらず智恵浅きものなり。凡て男女とも五臓六腑ありといふとも男は陽にして昼なれば少々愚なりといふとも、日中に曇りたるごとし（略）。女は陰にして夜なれば勝れて智恵ありといふとも月夜の晴れたるごとし」と答えている。

澤斉は、内臓の広狭や陰陽で男女の違いを説明しているが、さらに、これを敷衍し、男は「陽」だから、生まれながらに美、天にして心身共に塵がないが、女は「陰」だから、化粧しなければ美しくなく、地にして、心身共に塵芥が多く、人を疑い、怒り恨み、人を誇り物嫉みすると述べている。

ここまで、はっきりと言わなくともいいのではないかと思うくらい、男女の差を陰陽二元論で説明し切っているが、『赤蝦夷風説考』の著者工藤平助の娘只野真葛《ただのまくず》は『独考』で、「女はをとこの為に有るものにして、女のために男のあるにはあらず。それをひとしき人ぞとおもふは、誤なるべし」と、男女の優劣を『古事記』からの男女の肉体的差から説明している。

性　欲

性欲についてはどうか。性欲に個人差があることについては、現実の例を人びとは見聞しそうした中から経験的に何らかの知識を得ていた。たとえば、『好色一代男』の世之介は、五十四歳までに関係した女が三七四二人、男が七二五人で、数自身は架空の物語で参考とはならないが、男であれば、できるだけ数多くの女性と交わってみたいという自然な欲求を、西鶴独特の誇張を交えて表現したものであろう。

たとえば、『よしの冊子』に記されている次のような挿話。

御目付坂部は、淫欲少なく二十五歳で妻をもらうまでは、婦人に少しも近づくことはなかった。今でも仲間で淫欲の話をしていても、「私は全く妻への義理ばかりで一年に三度の交接しかしない。実はそれさえも迷惑に感じているのだ」と。だからだろうか、実子がなく養子をもらっている。逆に、桑原善兵衛は、十二歳の時から下女に手を出し、妻が病気だったときは妾を一人置いた。さらに御番勤務の時は、下女に手を出した。その頃、不養生を意見する者がいたが、「有難いことだが、私は格別じゃ」と答えたとか。ただし、吉原へ行くことなどはなくもっぱら家女とばかりであった。これという才略もない者だったが、こうした開けっぴろげな性格で個人に可愛がられたという。

年頃になっても、いつまでも婚姻させないのは父母の咎とまで言い切ったのは竹尾覚斎。「人生まれて淫心を生ずる事、男女早晩ありといへども、皆陰陽の和合にして此念のなきもの、いける身としてなき事あたはず。然にまゝ其時に至れどもとつがしめず。故に種々の悪評の起れる事あるに至りて、俄に驚あせしむる事、父母の不正と云べし」として、続けてさまざまな事件を述べている。文化元年（一八〇四）、木下辰五郎（五千石）の娘十九歳が琴を教えていた盲人と家出。文化十二年（一八一五）、織田左衛門（一万石）の娘は抱えの歩徒と家出をしたが、三浦辺りで捕まり帰家後は、半年余り座敷に押し込められ、家長の養女としてある与力へ嫁せられる。寛政年中には水野飛騨守（三万五千石）の奥方が、中小姓と家出をし、大風雨の夜に僕の格好で提灯持ちとなり門を出た。「これらは父母の心なきが原因である。少年の男女を慎ませる事だけを大事にして、年頃になったら夫婦にしなければ独淫などをし、男は遊女、地獄、芸女に戯れ子孫の胤子を空しく洩らし、果ては他の子を継承させることになる」（史料78）と記している。

性欲の最も激しい若年者への対応は、当時、主人たちも家内取り締まりのうえでかなり苦慮していたものの一つでもあった。まずは現栃木県の『上高根沢村宇津権右衛門家奉公人取締議定』（史料145）から紹介してみよう。

一、男女密通不儀不埒之儀は急度《きっと》相慎可ㇾ申候、尤奉公請状ニも相断置候儀ニ付、承知ニて可ㇾ有ㇾ之候得共《そうらえども》、万一心得違有ㇾ之候ては不二相成一儀ニ付、尚又申渡候間、聊不埒無ㇾ之様可二相守一候、畢竟《ひっきょう》困窮ニて無二余儀一奉公住いたし候儀を若右躰不奉公之儀も有ㇾ之《これ》候ては、自分之身之上へ相抱、弥増二難渋一ニおよひ候儀眼前之事ニ付、此段急度申渡候事。

奉公人同士の密通は日常的にも数多くあり得たし、請状にもそれをしないことを誓ったものも多いが、この史料から、宇津家の主人は、道徳的な倫理観に訴えるのではなく、経済的という、より現実的な理由から奉公人同士の密通を防止しようとしていたことが分かる。

すでに氏家幹人により紹介されているが、、明和五年（一七六八）、栃木県の黒羽藩領の村々では「先其所の男女嫁娶せしめ、不義なる事無レ之様仕《これなきようつかまつり》、鰥夫寡婦にも似合の夫女房を為レ持」（史料145）と教諭され、未婚男女の結婚を通して不義なることを未然に防ごうともしていた。逆に言えば、若い男女や配偶者を失った者同士で密通が頻繁に行われていたことが想像される。実際にこれを行った事例が、文久年間（一八六一年〜六三年）の土佐であった。同国高岡郡北川では、男子が娘のある家に泊まりに行くのみで結婚せず、一定した夫婦ではなく相手がころころ変わったので、娘のある家には相続人があるが、男の子しかない家では跡取りができなかった。そこで、文久年間に庄屋の吉村虎太郎が村民を諭し、一時に十九組の結婚式を挙げさせ夫婦を定めたという（井上和夫 一九六〇）。

『御定書』では、家内の下男下女が密通した場合、主人に引き渡すことになっていたが、たとえば次のような処分を受ける場合もあった。

> その武家屋敷の堀の囲る溝の上に作った紫の門から二人は追放することになっていたが、母は恥をかかせまいと真夜中に中門の潜りを開けて出してやり、誰もこんなことがあったとは知りませんでした。紫の門からの追放は、公のこととされていましたので、この刑罰にあたった者は世間から見放されてしまうのでした（杉本 一九九四）。

さらに、下男下女の密通は当時、数多くの川柳に詠われている。

たくわんをにぎって下女ハされて居る（明五礼6）（リアリティーにあふれている）

こしぬけの下女御しらすで五人さし（安元松4）（五人の男に輪姦された）

くとかれてさかみ御安イことゝい丶（明七信3）（川柳では相模女は淫奔であるとされている）
おれに斗カさせぬと下女をくどく也（明七礼6）（密通を目撃した他の男にも）
中には、奉公先の主人が下女と性関係を結ぶ場合もあった。
度々なされましたそうだと宿ハいひ（明七礼6）（主人に下女の請宿が穏やかに出る）
やく女房牛王をのめと下女をせめ（明四智6）（牛王の裏面に「旦那様とは何もありません」と書かせ血判を押させ飲めと責めている）
松崎堯臣も、若い家臣たちの性について次のように述べている。
　特に若者たちに色情が起こらないわけはない。それを無理やり抑えれば病を発し武備にも役立たなくなる。だからといって、許してしまえば、非法のことができて自ら害を招く輩も多いから、止むを得ず娼家に行くべからずと暫く制した法を、破らない程度に時々行くのは、私に聞こえてきてもどうしてそれを咎めることができようか。（略）「せめてこのように心配している私の心を知って欲しい」と、涙を流して言うと、聴いていた若い家来たちも身を捨てるほど感悦したという（史料132）。
松浦静山の所にやってきた林子が言うには、「今から三代前の秋元但馬守は御役を一度引き再勤した人であるが、妾の年が二十五歳になると手当をして他に縁づけて来た。人情はたとえ夫妻でも、初めは容色を愛するところあれば最後まで長久なる者はなく、三十歳も越え容顔も衰えれば自ら愛情は薄くなり、人の生涯に関わる事なので早く縁づかせた方が良い」とのこと。それを聴いた静山は「実に仁人の用心とも謂うべし」と感嘆している（史料24）。まさに男性本位の考え方で、いくら「人の生涯に関わることなので」とは言いながら、かつ、平安時代以来、一定の年齢になると妻は夫との性関係を絶つ床去りがあったとはいえ（総合女性史研究会編　一九九二）、他家へやらされた妾は勿論、それを迎える側への配慮は全くない。また、同じ箇所には林子の話として、今から三代前の鳥居丹波守も、中年で妻を亡くしたが、後室もなく妾を長屋に置き、閑暇の時に長屋へ行き、酒食を運ばせ、弦歌酔飽して帰ることが時々あるばかりで一生を送り、色に溺れず身の摂生ともなり高齢で重職を勧められたという。この話から、次に、性の節制という課題に私たちは思い至る。

節　淫

すでに、氏家幹人が紹介しているが、たとえば、幕臣旗本天野長重は、病の根元を房事過多に求め、「精液は天地から父母を経て身に授けられた至宝である」と考え、陰茎（セックス）の慎みを第一にした（氏家 一九九六）。また、松平定信は、子供の頃から虚弱体質だったので、節淫不淫を心がけ、三十歳で月に二度、五十歳で年に五、六度、五十代半ば以降は全く不淫し、交接の喜びを感じたことはなく、ひたすら子孫をもうけるためにのみその意味を見出したが、なかなか子に恵まれずに側室をめとった時でさえ、二ヶ月もじっくり観察してから床入りをしたという（秋山 二〇〇四）。有名な貝原益軒の『養生訓』では、色欲は子孫繁栄の手段で、命の源である腎（精を作る）を養うことが肝要で、二十歳は四日に一度、三十歳は八日に一度、（略）、六十歳では本来抑えるべきだが月一度は良いとし、四十歳以上でも「接して漏らさず」を心がけるべきだと説いたが、その一方で、隠居した大名の多くは、数多くの子を身ごもらせ、松浦静山も、四十七歳～七十四歳までに六、七人の側室を持ち、計二十人もの子をなしていた（氏家 一九九八）。

氏家幹人が引用した次の論文は、節淫の本来的な意味を考えさせてくれる。ニューギニアの原住民の間では、精液は、戦争や狩猟、共同祭祀などの活動を遵行させ、判断力、理解力の源泉とみなしたが、精液は自給不可能なものでそれを消費していけば自然に衰弱するものととらえた。女性から与えられる血、母乳、食物には、女性の汚れとでもいうべきものが含まれているので、鼻孔、ペニス、舌からの瀉血や強制的吐瀉をさせる必要があり、また、年少者を活力に満ちた男性にするために、未婚男性から、肛門性交や口辱で精気を補充してもらう儀礼を行っていた。結婚をして長期間にわたっての性交渉は、当然、精液の減少をもたらし、月経血、産血はもちろんのこと、産小屋や乳幼児にも決して近づかず、女性がまたいだ食物は決して食べたりはしなかったという（杉島 一九八七）。

しかし、行きすぎた禁欲については『色道禁秘抄』に次のような記述があることを忘れてはならない。

久しく性を排さざる時は、返って濁精滞りて淋疾、痤皰、便毒、無名の腫物を生ず。欲念熾んにして御に及ばず年月を歴るなれば、是が為に発狂眩暈の疾を生ずる事あり。（略）譬へば、家政厳かなる老夫婦、最早倅に妻妾を持たせて宜しき年齢なれ共、迎へたらば腎虚の病を生ぜんと、いらぬ事を慮りて年月を送る中、其の子欝症或ひは発狂の症となる事多し。（略）然れ共、其の子私に売女等を犯すれば、其の害をまぬかる。故に右狂症は、田舎、売女なき地に多し。古人唯腎虚の病を論じて、濁精欝蒸の気より起る病多きを、何故言はざりしや、井水汲む程清し、汲まざれば反って濁るも同様なり。

愛欲の表現

そもそも、男女の色欲（愛欲）についてはどのように考えられ、どのように表現されてきたのだろうか。

原始仏教では、人間の欲望のうちでも、最も根源的なものを「渇愛」とし、独身禁欲の清浄行を必須のものとし、在家生活を営む者には結婚外の性交だけを否定したが、仏陀は言う。「たとい怖しい毒蛇の口の中に男根を入れても女性の陰部にいれてはならぬ。燃えさかる火の中に男根を入れることはあっても、女性の陰部に入れてはならない」。また、「愛欲は楽しみが少なく、苦しみが多く、悩みが激しく禍《わざわい》のはなはだしいものであることを実際知っていた」（岩本 一九六四）と。しかし、日本人にはこうした仏教の性愛観に、ついになじむことができず（橋本 一九七六）、仏僧の世界においてもほとんどの者が妻帯をしているのが実情であったのである。

性愛についての話は、当初から説話の中に数多く登場する。

たとえば、『日本霊異記』では丹治比の写経師が、野中堂で法華経の写経を依頼されていたが、雨が降り出し女衆が堂内に入りむんむんと立ちこめる女の意切れに耐えきれずに、交接をしようとした途端、二人とも死んでしまった話（下ノ十八）、『今昔物語』の、男に捨てられて死んだ女が男を取り取り殺そうとしたが、陰陽師の指示で、一晩中、妻の死骸に背負われて髪を離さず走り回り、何とか命拾いした話（二四ノ二十）、近江国にいる奥方の生霊が、都に出てきてある男に道案内させ、閉じている門をすうーと入り夫を殺し、後日、屋敷を訪れた男に「先夜の嬉しさは永久に忘れることはございません」ともてなした話（二十七ノ二十）、長楽寺の僧が御供え用の花を摘んでいるうちに日も暮れ木陰で一夜を明かし、翌朝、六十くらいの女法師が現れ、「今まで愛欲の心を発することはなかったが、あれは男かと見ただけで元の姿になってしまった」と泣き悲しんで山深く歩いて行ってしまった話（十三ノ十二）等々、枚挙に遑がない。

さらに、同書には、大蛇に犯された娘の話が載っている。

河内国更荒郡馬甘の里に、裕福な家の娘が登っていた桑の木に、大蛇が巻きつき下から登ってきた。娘は蛇を見て驚き木から落ち、蛇も共に落ちて娘を犯した。両親は早速医師を呼び、黍の藁三束を焼き湯と混ぜ三斗の汁を取って煮詰め二斗とし、猪の毛十把と調合し、娘の頭、足の位置に二本ずつの杭を打ち、そこに両手足を縛り吊り懸け女陰を開いて汁を流し込むと一斗ほど入り、蛇がようやく離れたので殺して捨てた。蛇の子は白く固まりオタマジャクシのようであったが、猪の毛は蛇の子に突き刺さり、女陰から五升ほど出てきた。さらに口に三斗ほど、注ぎ込むと蛇の子は皆出てしまい、何とか命だけは取り留めた。ところが、三年後、娘はまた蛇に犯され死んでしまった。娘は死に際に「我死にて後の世に必ず復相《またあ》（蛇と）はむ」と言い残したという。

同じく、次のような話もある。

仏（釈迦）と弟子の阿難が墓の付近を通り過ぎた時、夫と妻なる者が泣いていた。仏は妻が泣いているのを聞き、声を出してお嘆きになった。阿難がその理由を問うと、「この女は前の世に一人の男の子を生み、非常に愛執し口で子の男根を吸った。しかし、三年後に急病でなくなる時にその子の男根を口で吸い、『私は次々と生まれ変わって後の世でそなたといつも夫婦になる』と言い、そして隣家の娘に生まれ変わりやがてその子の妻となったが、子（夫）は亡くなり、自分の夫の骨を供養し今慕い泣いている。私は、この女が全て悪い因縁をつくったので嘆いている」とおっしゃったという。

また、『古今著聞集』には次のような話がある。

一生、不犯を誓った尼がいた。年の盛りで大変清らかで生計も決して侘びしくなかった。物詣した際、ある僧がこの尼を見て、心引かれたが、どうにもしようがない。思いのあまり、尼の居場所を見て帰り、その後も思い忘れることなくずっと思い続けながら日を送った。ついにいても立ってもいられなくなり、尼の元に訪ねていったが、この僧は見目よく尼にも似ているので尼に扮装して仕われて隙を窺おうと思って行った。男は、「でたらめなことのように思われるかも知れませんが、実はこちらに御奉公したいと思い参りました。長年仕えてきた男が亡くなり、今では独りぼっちになってしまい、今更、宮仕えもできず、このような遁世の辺りでは召し仕われることもあるだろうとやって参りました」と言葉巧みに神妙に言った。尼は、本当はでたらめのように思えたが、さし当たり人手も欲しく心底は分からなかったが、物の言い方も穏やかそうであったので、とやかく言わず承知した。さて、使ってみると甲斐甲斐しくよく勤め、女とは思えないくらい丈夫でひどく役立ち、ひたすら家の中のことを任せ、しだいにこの上ない大事な存在となっていった。こうしてその年も過ぎ、今は尼からこれほど大事な者と思われ、生活も不自由がないので本心を隠して過ごしていた。次の冬の頃には、「夜は寒いだろうから私の衣の下で寝よ」と言われるままにした。なかなか恋情を鎮めがたかったが、何とかその気持ちを抑え、その年も暮れた。翌年の正月七日間は、この尼、別時念仏で持仏堂に籠もり、食事の時以外出てこないと、新米の尼に指図して念仏を行い、八日目にようやくいつもの生活に戻った。数日間の引き続きの仏事で心身共に疲れてしまったのだろうか、その夜はだらりとして寝てしまった。この僧、よく数えてみれば今年で三年、何を目的にこうして一生懸命仕えてきたのかと考えているうちに、「もうどうにでもなれ、今こそ決着をつけてやろう」と「よくねいりたる尼のまたをひろげてはさまりぬ」。兼ねてから、しかりもうけたなみなみでない物をわけもなく根元まで突き入れたが、尼は怯え惑い何と謂うこともなく引き外して持仏堂の方へ走っていった。僧は、「あゝ、もうダメだ。どうしたらいいだろう」と胸が騒ぎ隅っこで屈まっていると、尼は持仏堂で鐘を何度も何度も騒がしく打ち、何か物を言いながら慌ただしく帰ってきた。僧は自分の罪はもう逃れることはできないと覚悟していると、意外にも尼の気色は悪くなく「どこにいるの」と尋ねたので、思わず嬉しく思い、「ここにおります」と答えると、やがて尼は股を広げ、「おほはりかゝりてけれぱ」意外に思ったが押し臥せ思うがまま責め伏せた。「どうして先程、引き抜いて持仏堂へ行かれたのか」と聞くと「これほどに良い事をどうして自分独り占めできましょう。その上前を仏に進上しようと鐘を打ち鳴らしに参ったのです」と顔を赤らめて答えた。その後、二人はめでたく夫婦になったという。

不犯を誓った聖職にある者でさえ、僅かなことから男女の妄執に取りつかれ身を滅ぼすというプロットは、古今東西、数多くあり得たし、生身の人間の愛欲はなかなか消し去ることができなかったことを示している。では、近世では、この男女の性愛一般をどのようにとらえていたのだろうか。

近世の性愛論

『貞丈家訓』では、「色とは女にまよふ事也。女に迷へば、何事も女の心にさからはぬように機嫌を取り、女の心任せになる故、知恵ある人もたはけ者になりて、心立ても身持ちも家の作法もみだりになり、わざはいを引出し、あやふき事也。（略）知恵ある人も女にはまよひやすし。つゝしむべし」と述べ、『微味幽玄考』では、「別て、淫杯は発して忍び難く、智識も是に迷ふと。世に言い触たる事故、もし是に入初ては常人の慎み得べき事にあらず」と、色欲は、知恵や智識では容易に抑えがたい力を持つことを見抜いている。

享保の改革を行っていた徳川吉宗と真っ向から対立していた尾張藩第七代藩主の徳川宗春は、その施政の一環として、「色を好むハ人の通情にして遊蕩無キ時ハ家婢等に弊害を醸し、却て有ニまさるの不義を生ずるものなれバ」、藩祖以来禁止されていた遊興所（遊郭）を設けたところ、全国から千人もの遊女たちが集まり、「此主旨に背戻し、殊更ニ遊興ニ泥ミ家業を怠り活計を失ひ、終ニ不実となり是が為人のはづかしめを受け、士道も立難きニ至れるものあり」となったので、「彼食物の如き節制を守り、之を食すれば、其味も宜しく、又、身命を衛守ものなれども、之を失する時ハ、却て短命を促すの具と変ずるを見るべし。遊興も亦かくのごとし」と、行きすぎた遊興への傾斜を強く戒め、後に遊郭も整理せざるを得なかった（史料117）。堀景山は『不尽言他』の中で、「欲は即ち人情の事にて、これなければ人と云ものにてはなき也」「人情の内にて男女の欲こそいち重く大事なるものと知るべし。（略）何程の高明なる人も大英雄の士でも、必ずこれには惑い溺れて、平生の心をとり失う事なるゆえ、人の最も第一にこれを大事とし、慎み畏るべき事。甚だ危なき場にして、これに於て克念へば聖ともなり、念はざれば狂ともなる分かれめの所と知るべし」と、男女の欲を肯定しながらもそれに溺れることを強く戒めている。国学はよく「人の情のふかくかゝること、恋にまさるはなければ也」（史料39）と恋愛至上主義を唱え、さらには、家族本意の婚姻の風習を批判したが、その中には、萩原廣道のように、婚姻は恋によってなるべきもので、互いに知らない者を親などの取り決めで強いて配偶とするのは天地自然の理に背くと平安朝の風習を賛美する者も現れた（津田　一九五三）。

また、国学者の宮負貞雄は、「天地の神明産火神も、人の体に不用の一物を産みつけ給ふべきものかは。必ず用に立てよとの、神の御心なる故に、彼一物が自然の如く附て生るるなり。抑人の体の内に、陰処ほど大切なる処はなく、実に子孫生成の尊き道具なるを、生涯不用のねせものにしては、必ず神の御心に叶はぬ理なり」（『国益本論』）と、新たな生命を生み出す陰処は、神から授かったものであるとする、ある種、土俗的な陰処＝神聖観を展開している。

さらに、只野真葛は、「人の心は陰所を根として体中へ、はえわたるものなりけり。男女相かゝらひて、恋しゆかしとおもふことの、昼夜心にはなれぬといふも、心の根をあはするわざ故なるべし」と、恋は「心の根」と「心の根」を合わすことと断定し、その発動の根元は陰処にあるとし、「男女の淫楽は、さらにこころのわざにあらず、みな情欲になるものなり」（『独考』）と恋愛も専ら生理的欲求によるととらえた。現在の生物学的な視点からしてみても、全く見当外れな見解ではなかったことが分かる。

既述のように、近世社会では、十八世紀後半頃から、男女の馴合い婚（自由恋愛、結婚）は下層身分では広く見られたが、上中層身分では、やはり家父長により婚姻相手を決められ、家同士の結婚がごく当たり前であった。婚姻当日に、初めて相手の顔を見たという話はそのことを意味する。さらに、当時、庶民の世界では、遊女を含め実際に夫婦でなくても、愛する男女関係を夫婦関係とみなす恋愛意識が成立し、自由恋愛や恋愛の情緒に価値を置くことが重視されるようになった。高尾一彦はそれを「好色余情」と呼んだが（高尾　一九六八）、ここでいう「夫婦」とは排他的に真心を交わし合う関係で、「夫婦の契約」とはただ一人の男との約束であったと考えられる。そうした意味では、それは一夫一婦倫理に支えられたものであった。

「夫婦の契約」から重罪を犯し命を落とした女性も少なくない。すでに曽根ひろみが紹介しているが（曽根　一九九〇）、元禄九年（一六九六）、上総国月出村やすは、江戸に奉公に出ていた半三郎という男に会うために、小岩、市川の関所を破り死罪となった。やすは、甚三郎に嫁いだが五年後に離縁し、結婚前から夫婦の契約をしていた半三郎を慕って主人に断りもなく出奔したのである。「何とそ半三郎に逢申度存」というやすの供述には、半三郎への痛切な思いがにじんでいる（史料17）。他にも、他村の男と密通のうえ、「夫婦約束」をし、夫と離縁し飯盛女になったが、男が夫婦の契約を破ったので殺害し、死罪となった事例もある（史料101）。自らの婚姻を破ってまでも一人の男との「夫婦の契約」にこだわり続けたのは、一夫多妻や買春などの抑圧的環境にあったが故に、相愛の男と真心を交わし合うことを心から希求したものと考えられる。

第二節　増穂残口

近世前期に京都で、神道理論で男女の愛情や庶民的な家族道徳を説いた増穂残口は、『艶道通鑑』の中で、「男女一双にして高下尊卑なし」と男女平等を説き、「凡、人の道の起りは、夫婦よりぞ始まる」とし、その後に陰陽和合で神も仏も聖人も生まれ、「その夫婦が和せずして、一日も道あるべからず」「今の世の有様、上辺の礼ばかりに拘りて曾て和の道なし。根本の夫婦睦ましからざるより、父子調はず、君臣平ならず、兄弟合はず」と、あくまでも人倫の中心を夫婦に置き、「共に飢共に寒ても、情の真は離れざるぞ夫婦とはいわめ」と、その和を説いた。今の婚姻は、「礼にかかわりて和を知らざる」ことからさまざまな問題を起こすので、「恋慕の情より仲人求め、和を立て礼を調へば是、神人合体の夫婦なり」と、真の男女の和合が恋慕の情から発することを宣言し、その恋慕愛情も執着すると、迷い誤ることもあるが、「執と着を嫌いて恋慕愛情を捨べからず。此道なくて一日も世界が立つもの歟」と恋愛至上主義を唱え、「色に染て礼に背とも、世の浅ましき欲に泥て道を喪ふ者よりは遙かに勝れたらんか」と色欲（肉欲）を真っ正面から肯定した。

こうした考え方から、残口は密通や相対死までも肯定する。「今世に他の妻を犯して掟に触れ、または首の代に金銀を立所帯を失ふ者数多有り（略）初めより道ならぬ事と思慮を改めば、何に迷ふべきぞ。又、改めれぬ心決定せば、縦しは骨を刻まれ肉を削がるゝとも、何を悲しまん」「売女の中に金詰まり義理合いとはいへど、弐人心を乱さで刃に臥有。脇目よりは狂乱のように笑ひ罵ども死を軽んずる所、潔く哀也。是を笑ひ謗る輩は、どふぞ成らば死んでみや」と。

家永三郎は、残口が町人の生活感情を体得し、生殖器崇拝を含む民俗宗教を巧みに取り入れ、神道祭祀の本質を陰陽和合―男女和合に求めた点に注目し、近代市民思想のさきがけをなすものと評価した（家永　一九六七）。それ自体、農耕社会の民俗的な心性で普遍的に合致するものであったが、当時の男尊女卑の風潮や結婚や夫婦関係に対する批判を強烈に展開した点は大きく評価されていい（倉地　一九九〇）。

第三節　安藤昌益

昌益の思想を理解するうえで重要な概念は「互性」である。要約すれば、この世の全ての物事は、それのみでは決して存在し得ず、必ず反対の物事が存在し、しかもその相互補完（和合）によって初めて存在しうる。仏教で言う縁起的な物事のとらえ方にも似てなくもないが、「男を去れば女なく、女を去れば男無く、男女合して一人なる則は人倫常なり」（『統道真道』下）。このことから「一人ナル故ニ、上下ヲ指ス所無シ」（『自然真営道』）と、四民秩序そのものを否定したうえで、男女の差別を徹底的に否定しその平等性を説いた。また、「夫婦は第一倫、子を生して、親子は第二倫」（『統道真伝』上）、「夫妻は一人にして互いに他夫他女に交わらざるは人道なり」（『同前』）と夫婦の和を第一とし、互いの貞操を守ることを主張し、一夫多妻、姦淫、売春を批判して再婚を肯定した。

さらに、人間には生存に関わる「真思」（本源的な欲望）があり、それを「食ヲ思フ」と「妻交を思フ」の「二思」とした。食を摂り穀精が体内に満ち、男女の交合を行うのは人間にとって不可欠なもので、自然な働きであるとし、「男女交合の念は生死にして離絶すること能わざる自然の道なり」「常に男は女を思い、女は男を思う。自然進退の一気なり」（『統道真伝』下）と論じた。さらに、人は「交合の念有るが故に乃ち人の生命、性真あり。故に交合の念之れ無き則は人死す。人死して穀に帰す。穀発見して人と為る」（『同前』）と、穀物―人―土―穀物という生命の循環をも想定している。

具体的な交接について、「男は外進気にして茎を門内に進み入れ、動ゝを為し、女は内進気にして門内に茎を引き入れて動ゝす。男は上に覆て転、女は下に載って定。互に動ゝするは木火の進気の性なり。動ゝの内、金水止静の中より精水出んことを催す。男女の神に応えて余念を亡して真感知す。之れを楽嬉《たのしみ》と為す」（『統道真伝』上）としているが、それ以前に「神気盛んにして女の内に感通して交わり合わんことを欲す」と、男女相互の情愛の交流を重視している。

また、兄妹婚についても次のように独自の見解を展開する。「天地ノ精、逆極シテ生ル物有リテ、是レヨリ通発シテ男女ノ人ト也。（略）而シテ即チ交ハリテ子ニ男ヲ生ム。又ノ子ニ女ヲ生ム。（略）此兄妹ヲ夫婦トセザレバ、則チ又、子ヲ生ジテ人倫世界ノ相続ヲ為スコト能ハズ。故ニ此兄妹ガ夫婦ト成リテ子ヲ生ミ（略）故ニ他女ヲ娶ルト雖モ乃チ同姓ナリ」（『自然真営道』）と人類の起源に遡って論究し、兄妹婚（近親相姦）はなくてはならなかったことを唱えた。

このように、昌益の思想は、男女の和合が豊穣をもたらすという民俗的な心性に根ざし、そうした意味では、残口同様、陰陽和合にも依拠していたが、倉地克直が述べているように、最終的には、陰陽の概念がともすれば差別的階層的把握に陥りやすいことから、最終的には陰陽を捨て、その代わりに「互性」という概念を発見した（倉地　一九九〇）。しかし、家永三郎がすでに指摘しているように、昌益の思想が、「万人直耕」など、絶対的な価値の高さを持ちながら現実的な影響を遺さないまま消え失せたのは、彼の思想が、歴史の発展の大勢から遊離した時代錯誤的な性格を持っていたからに他ならず（家永 一九六七）、その革新的な思想が発見されたのは、狩野亨吉が、明治三十二年（一八九九）頃に、稿本『自然真営道』を紹介するまで長く埋もれていたのである。

第四節　稲荷詣

『枕草子』には、二月初午の日に、清少納言が稲荷詣（伏見稲荷）をした時の様子を次のように記している。

稲荷に思ひおこして詣でたるに、中の御社のほどの、わりなう苦しきを念じ登るに、いささか苦しげもなく、遅れて来と見る者ども、ただ行きに先に立ちて詣づる。いとめでたし。二月午の日の暁に急ぎしかど、坂のなからばかり歩みしかば、巳の時（午前十時）ばかりになりにけり。やうやう暑くさえなりて、まことにわびしくて、など、かからでよき日もあらむものをなにしに詣でつらむとまで、涙も落ちて、休み困ずるに、四十余ばかりなる女の、壺装束などにはあらで、ただひきはこえたるが、「まろは七度詣でしはべるぞ。三度は詣でぬ。いま四度は事にもあらず。まだ未（午後二時）に下向しぬべし」と道にあひたる人にうち言ひて、下り行きしこそ、ただなる所には（普通の所なら）目にもとまるまじきに、これが身にただ今ならばや（その時は、この人に今すぐなりかわりたいものだ）と、おぼえしか。

さらに『今昔物語』にも、その祭礼当日、近衛舎人茨田重方が、妻が変装した美女をくどき、妻に日頃の浮気を衆人の下に暴かれ散々とっちめられる話や（二十八ノ一）、妻（ある国守の妻の娘）を亡くし悶々としていた右近少将が、亡妻に似て一段と魅力的な妻（その国守の妾の娘）に出会い、姫に心を奪われ在所をようやく探し当てた話が載っている（三十ノ六）。『今昔物語』には、「二月初午ノ日ハ、昔ヨリ京中ニ上中下ノ人稲荷詣トテ参リ集フ日也」と記され、人びとは、神木である験の杉の小枝を請い受け家に持ち帰った(史料163)。他に、『蜻蛉日記』や『更級日記』にも、稲荷詣のことが記されているが、ではなぜ、伏見稲荷がこれほどの数多くの人びとの信仰の対象となったのであろうか。

二月初午の日は、和銅四年(七一一)二月七日(二月初の午の日であった)、秦氏によって稲荷神が稲荷山三ケ峰に鎮座されたことに由る。近藤喜博によれば、稲荷詣の基盤は、少なくとも古墳時代からの稲荷巫女の活動にあったとされ(近藤信博 一九七八)、その後、秦氏が空海に全面的に協力をし、東寺建造用の木材を稲荷山から切り出し提供したことなどから、稲荷社は、東寺の守護神となり、密教の影響、とりわけ吒枳尼天を大幅に取り入れることになった。

吒枳尼天は、大黒天の眷属、原形は夜叉神の一つに数えられるが、大毘盧遮那如来により、六ヶ月以前に人の死を予知し死人の心臓を食べることを許された神であった(守山 一九六五)。後に、豊穣と生殖の女神とされ(服藤早苗 一九九五)、稲荷神、霊狐とも同一視され、しだいに修験道や巫女たちによって稲荷神そのものの愛法化が進められていった(近藤信博 一九七八)。

『新猿楽記』に出てきた「伊賀専」「阿小町」は共にキツネのことで、性的な神の崇拝とキツネ信仰がさらに結びつき、稲荷神社の付近では、その神に男根(リンガ、この場合、鰹破前=男根)を捧げ、彼らは愛法(愛染法)を祈ったという(橋本 一九七六)。当時、女性が衣服を縫って奉納すると験があるという俗信もあったが、稲荷社はこのように、日本古来からの豊饒神的儀礼と、密教系の吒枳尼天信仰が習合し、都市民が愛の獲得を祈願する性愛神へと発展していった(服藤早苗 一九九五)。

平安中期には、主に異性の愛を祈る女性たちが、院政期には、藤原兼通の娘が幼い時、後見人などが娘のために参詣しているように（『大鏡』）、天皇という権力に接近し皇子を生む女性が絶えないようにと貴族が参詣の中心となっていった（田中貴子 二〇〇四）。後に吒枳尼天は、人間の愛欲そのものですら仏心に通じるものであることを教えてくれる愛染明王と同一化され、最終的には天照大神とも習合してゆく（藤巻 一九九九）。実に「愛法神」とは、稲荷の神の自称でもあったのである（近藤信博 一九七八）。

第五節　性器崇拝

道祖神

宮田登は、日本の性信仰の体系が、農耕世界の豊穣を前提として男女の和合を軸にして成り立つとして、道祖神祭、真言立川流、富士信仰（不二道）という系譜を想定してみせた（宮田 二〇〇六）。以下、この系譜に添いながらそれぞれの内容について概観してみよう。

元々、道祖神は、「塞の神」「道陸《どうろく》神」等と呼ばれ、古典に現れる「岐《つきたち》神」「道《ふなどの》神」「衢《ちまた》の神」を指す。『古事記』では、伊弉諾が筑紫、日向の橘小門《おど》でお祓いをする場面で「投げ棄つる御杖に成れる神の名は衢立船戸神《つきたちふなどのかみ》」とされ、また、『日本書紀』では黄泉の国から逃げイザナミを離縁する場面で、「時にイザナギノミコト、乃ち其の杖を投て曰く『此より以還《このかた》、雷敢来じ』とのたまふ。是を岐神《ふなとのかみ》と謂す。此、本の號は来名《な》戸祖神《ふなとのさえのかみ》と曰す」と、杖から生まれ邪悪なものを遮る力を持つものとして描かれている。そして「さ神」を具体的に現すために山の聖なる木の枝が選ばれ適当な場所にさされた。西岡秀雄によると、この「さす（挿す、刺す）」から「さく（裂く、割く）」の語が派生し、木の棒を「竿」、先端を「さき」、さ神が邪神を「さえぎり

（遮い）」、「さくる（避くる）」役目を果たし、それが「さく（柵）」「さまたげ（妨げ）」「さわり（障害）」の意に転じていったという。このように、「さいの神」とは、山の神、田の神、路辺に置かれて鬼神や邪気を追い払う神に端を発する「幸いの神」であったが、この神は中世に入るとセックスの神と融合するようになり、道祖神とか塞の神と呼ばれるようになった（橋本 一九七六）。

塞の神が村の外れに置かれ悪霊を遮る役割を果たしたのに対し、道祖神は、むしろ、集落の中心に置かれ、あの世とこの世の接点としての辻に深く関わる神であり（両者は混同）、男女の結びつきや性に関わる神、境を次々と開いてくれる旅の神としての性格を強めてゆく。仏教では冥界思想の影響でその本地が地蔵尊であるとも説かれているが、神道では猿田彦命に付会されている（大島 一九七一）。

実は、あの世とこの世を結びつける力を持つ道祖神からすれば、この世に住む男と女を結びつけることなど、いとも簡単なことであった（笹本 一九九一）。また、当時、辻は数多くの人びとの往来で賑わったが、辻は子供の遊び場でもあり、日頃から子供と深い関係を持ちながら自然な性教育の役目をも果たしてもいたのである（大藤 一九八五）。

史料上、道祖神はどのように記録されてきたのであろうか。

『扶桑略記』天慶二年（九三九）九月二日条には、「都の大小路に木製の男女二神をつくり、へその下に陰陽物を描き、器や香華を供え、幣帛を捧げていた」という記述があり、早くから男女二神が人びとの信仰を集めていたことが分かる。性器は、あの世から新たな生命をこの世に導き出すという点では、人間の体の中で、あの世とこの世をつなぐ聖なる部分であったが（笹本 一九九一）、それは性器の生殖能力に超自然的な霊力を認めた原始的な心性に基づく（宮田 一九七七）。

そして、平安時代には、性を厳しく律する仏教から異端の烙印を押されながら、子孫繁栄と愉楽という性愛を司る性格を帯び（田中貴子 二〇〇四）、後世、本居宣長の『和訓栞』には「往古は婚礼の仲人をさいの神と呼びたり」と記されている。

『源平盛衰記』には、奥州名取郡笠島道祖神の話が載っており、藤原実方が馬に乗って道祖神の前を通過しようとすると、所の者が「効験無双の霊神なので下馬して再拝せよ」と諫めたが、実方は、それが都の一条の北にいる出雲路の道祖神の娘道祖神であると知って、「我、下馬に及ばず」と馬を打って通過したところ、神罰が下り主人も馬も殺されてしまった、という挿話が記されている。この話に関して、増穂残口は、「道祖の神と申は、猿田彦にて、本より和国の恋知神にて渡らせ給ふ。さすがの実方朝臣、神秘のふかきを嘲給ふによりて、冥罰立所にあたり給ふ。是又末世のしめしか」（『艶道通鑑』）と記している。

また、今川貞世の「道行きぶり」にも「川のほとり近く、石の塚一つ侍り。これは神のいます所なりけり。出雲路の社の御前に見ゆる物の型ども一つ、二つ侍りしを、『なにぞ』と尋ねしかば、『この道を、初めて通る旅人は、高きも卑しきも、必ずこれをとり持ちて、石の塚をめぐりて後、男女のふるまひのまねをして通ること』と申ししか。いとかたはらいたきわざにしてなむ侍りしかな」と記され、その信仰は脈々と受け継がれていった。

道祖神は、元々は丸い石や性器をかたどった石神として描かれていた。「平次郎刑屍解剖」を主催したことで知られる橘南谿《なんけい》の旅行見聞記『東遊記』には、

出羽国、渥美の駅のあたりにの街道の両方に岩の聳えたる所には幾所ともなく、必岩より岩にしめ縄を張り、其しめ縄のもとに、木にて細工よく陰茎の形を作り、道の方へ向けて出しあり。其陰茎甚大にして長

七八尺ばかり、ふとさ三四尺も有べし。あまりけしからぬもの故、所の人に尋れば、是は往古より致し来れる事にて、さいの神と名附けて、毎年正月十五日に新敷作り改むことなり。（略）また其しめ縄に紙を結びて多く附たり。是はいかなる故と問へば、これは此あたりの女、よき男を祈りてひそかに紙を結ぶことなりと云。（略）京都の今出川の上にある所の幸の神といふは、いかなる神にてましますや、すべて田舎には、色々の名は替あれども、陰茎の形の石、陰門の形の石を神體として所の氏神抔といはひ祭てたふとびかしづく所多し。

とし、「神道の秘事にはかゝる事も有べしとぞおもふ」と、そうした風習の始原を神道に求めている。また、陰茎石にはものすごい力が宿り、それにいたずらする者に禍をなした。「石の長者」と言われていた木内石亭が、全国の奇石類の資料を整理した『雲根志　上』には、「奥州南部領三戸岡山の金精神といふ大社は猿田彦の命とも云ひ、神体は金の男根なり。金玉茎大明神と号す。拝殿に自然石の長さ三尺ばかりなる陰茎あり。重さ十貫目余也。是を御影石と名づく。或時、所の若き男ども集り、この石を力持して遊びたるに、忽ち、ふるひおきて、残らず虚の如し」とある。また『同書　下』には、「明和年中に（略）又、讃岐国より出るも、北方に陰石を拾い、南方に陽石を得ると。是、天地自然の理なるべし」と記し、さらに、「常陸国茨木郡高原の畑の中に一茂りの森あり。弓削道鏡を祭る宮なりと。当社の神体長さ一尺五寸にして自然石の陰茎の形なり。又、谷一つへだてゝ。むかふの山陰に一茂あり。是は孝謙天皇の宮なり。此神体は長さ二尺黒石にして薬研の形、くぼき中に一核ありて女陰に似たり。此辺の土俗、女法王宮、男法王宮といふ。縁遠き女、祈願することあり。きはめてしるしあり」と記している。

宮田登の指摘にあるように、北―陰石（女）、南―陽石（男）、あるいは、谷を隔てて、弓削道鏡（男根）―

孝謙天皇（女陰）と向かい合わせにされているように、道祖神は、男女一対の神と信じられていたのである（宮田二〇〇六）。

天明七年（一七八七）から、幕府の巡検使に随行して東北、北海道を旅した古川古松軒は、その見聞録『東遊雑記』の中で、沼宮内と渋民村の間にある巻堀村での見聞を次のように記している。

この所に金勢宮と称せる事跡ありて、御巡検所なり。古社のありし所を古社と号して、わずかなる小社ありて、神体は宗七郎という神主の内に、棚を釣りて祭ることとなり。その神体と称せるものは、図の如きの男根の形と陰門の形なる石なり（原本に図欠）。（略）宗七郎がいうに、むかし女帝の御時にこの二つの神体を奉納ありて、神にあがめよとありしゆえに、我先祖が金勢宮と名づけしといいぬ。考えもあるべし。道祖神のことならんか。

男根の形は鉄を以て製せしものにて、千歳もたちように至って古くみえて、長さ六寸五分、環も鉄なり。陰門の形は自然石なる黒色の石にて、長さ四寸六分、横三寸少し余、奇石と称すべし。皇極天皇奉納ありし神体なりという。ゆえあるべし。埒もなきようにて、往古はかかる神体も国ぐにに多かりし。武蔵国舎人村（東京都足立区舎人町）にも、毛長明神の神体男根女根の毛なりしといえり。神代の風俗ならんか。笑うべきにはあらず。

また、菅江真澄も、その紀行文に道祖神に関する記述を数多く残しているが、寛政五年（一九七三）旧暦十月二十七日に、「横浜（青森県上北郡横浜町）てふうらつたひて野辺地（上北郡野辺地町）のみなとに行べけれども（略）又天魔神といふ祠に、をばしがた（陽根）にたぐふ石をあまたならべたり」（『そとがはまづたい』）と記している。さらに、寛政八年（一七九六）旧暦十月二十七日には、岩木山を左に見る山道を歩んでいたが、

「細ケ平の村はしに飯成（稲荷）のほぐらあり。そのかた岨に、おばしがた（陽根）のなりしたる石をならべて幸神（塞神）と祀る」（『そとがはまづたい』）と記している。

道祖神は表側は杖をついた旅行者が、裏側には男根が彫られているものが非常に多い（池田弥三郎　一九五九）。双体の道祖神は近世以降、特に本州中央部に多く見られる。橋本峰雄はそれを「サイの神と仏教の大聖歓喜天の習合したもので、猿田彦と天鈿女の姿を模したもので、男女の和合を表したもの」とし、さらに、ヒンズー教のヴィシュヌ神の別名ハリは猿を意味することから、猿田彦は元々、日神、猿神でもあり、インドの各地では、村の入り口に、道祖神として猿型の像を置き、不妊の女が秘かに全裸となってこの像を抱き妊娠を祈ったとも言う（橋本　一九七六）。横山旭三郎によれば、新潟県広神村滝之又では道祖神に願いをかける時は、小石を二つ投げつけ、それから左手で二本の小枝を結びつけて祈願すると立願成就するとされ、五月八日、村の女は山菜を採り炊事して待っていると、男の人が酒

信州地方に独特な双体道祖神

食を持ってきて、この道祖神の前でお参りをし部落あげて酒宴を開いた時があったという（横山　一九八〇）。おそらくは、その際に性の解放が行われたと思われるが、宮田登が言うように、日本宗教史の中で男女二神を主神として具体的な祭を行ってきたのは道祖神祭であったことの意味はきわめて示唆に富むといえよう（宮田　二〇〇六）。

道祖神祭

この生殖器信仰が農耕の豊穣を祈願する小正月の予祝儀礼となって道祖神祭となった。道祖神祭は正月十四、五日に行われる農耕儀礼の最も中心的な行事と位置づけられる。『北越雪譜』によると、越後国魚沼郡では、正月十三日、「花水祝い」と言って、前年の新婚の家に村人が集まり、花婿に水を掛ける。天鈿女命に扮した者が、箒の先に女陰を描いた紙をつけ、猿田彦命に扮した者が、手杵の先を赤く塗り花婿に水を浴びせたという。ここでの手杵は陽物の象徴であることは言うまでもない。また、他の地方では、松や大根、柳、ヌリデ、杉、松、藁などで作った男根で、前年の新婚夫婦（嫁もしくは入り婿、娘、不妊の婦人）の家々を廻り腰を衝き早く妊娠するよう（男と出会えるよう）祈る「シリたたき」の風習は、全国至る所で行われていた。中には新婚の家で新婦に抱かせ大笑いさせ、その声の大小で年の豊凶を占った所もあった（西岡　一九六一）。そして、この祭で、子供組や年少者が司祭者の位置にあり、道祖神祭は火祭を以て終了した（宮田　一九七七）。既述の通り、福島県石城郡では、小正月十四日夜はサエの神祭と言い、「天下お許し」の性の解放日で、村々の女子の成年式は多くこの夜に行われ、これが済まないうちは嫁入りができなかったという（藤林　一九九五）。

民俗と性

自然に人間の生殖力の模倣をさせようとした模倣呪術は各地に伝わる祭にその痕跡を無数にとどめている。嶋田尚は、民俗に見られる性を祭礼習俗以下六つに分類したが（嶋田 一九七六）、交合の所作を行うものの中には、次のようなものがある。

群馬県吾妻郡六合村赤岩部落では、道祖神祭のその夜、各家庭では、猿田彦の掛図に灯明を灯し、囲炉裏に夫婦が裸になり四つんばいになって、夫が男根を振りながら「粟穂も稗穂もこの通り」と言えば、妻は片手で自分の女陰を叩き「大きなカマス、七カマス」と夫の後について囲炉裏の周りを回ったという。平野地帯では、稲の種まき後、夫婦共、畑に出て、夫は男根を出し妻は裾をまくって道祖神祭と同じ動作、唱詞を繰り返し、田植が済むと今度は若い男女に田の中で抱擁させ、周囲の者が水をかけながら一斉に「おめでとう」と唱える慣習が明治の頃まで行われたという（藤林 一九九五）。

また、室内で、田仕事の真似をして見せ、女装した者と男とが抱擁してみせる「穂ばらみ」という神に繁殖の祈りを捧げる神事や（宮尾 一九六九）、赤い麻の長襦袢を着、赤い布の頬被りした婆が、何度か、社の御拝前と庁屋の間を行き来し、赤手拭いで頭を包んだ翁面の爺を招くと、爺は走って行って変な腰つきをし抱き合ったまま、薦の上を重なってこける祭（西角井 一九六九）もある。茨城県稲敷郡阿見町大字福田では、旧十一月十五、六日に、福田の馬鹿祭といって（収穫祭の一種）、ヒョットコとオカメの面をつけた夫婦役が、大根を削って作った巨大な男根と女陰を下腹部に構え、腰を振りながら性交の表現をした踊りをしたという（藤林 一九九五）。岡山県赤岩郡山陽町牟佐の高倉神社では、十一月十五、六の新嘗祭において、主人が、「大きな物を進ぜよう。引きはだけて待ちたまへ」と言うと、妻は俵を股に挟んで進み、主人が杵を俵の中に差し入れて納めると、また、妻がお櫃を抱えて出てきて、「トトウ、トトウ」と呼ぶ。夫は、手にすりこぎを持って「オーイ」と応えて現れ、お櫃の中をスリコギでかき回すという（西岡 一九六二）。

茨城県の鹿島神宮では、新旧共、五月五日、お田植祭（平三坊神事）が行われるが、白鉢巻きたすけ、杉葉を一杯に詰めた草刈り籠を背負い、木製の馬鍬と木製の男根を持って現れた平三坊は、馬の後を追って神社の周りを三回左回りする。杉葉は苗を意味し、「苗ぶち」といってこれを地面に投げ、これと同時に縄をつけた男根も投げ歩く。これは性交と種付けの表現であると見られ、見物人の若い娘を見ると、その男根を持って追いかけ性交を迫る仕草をする。平三坊が境内を三回回る終わった頃、鳥居の後ろからオカメの面をつけ、緑の着物を着田植えの服装をし、はらみ女の格好をした昼間持ち（昼食を飯台に入れ持っている）が二人現れ、平三坊の方を見て、「ホーイ」「ホーイ」と呼んで手招きしつつ拝殿の方へ進み、平三坊はそちらの方へ行き、木製男根を用いて二人と性交の表現をする。普通は立ったままの仕草であるが、場合によっては輿に乗って転がしてしまうこともあるという。この後、神事の中心は、早乙女二人（小学生くらいの女子）に移るが、かつては体の弱い女の子を選んで行わせたことから、丈夫になるための祈願でもあり、二、三年同じ子が継続して早乙女に扮したという。これらの神事は、境内に子安神社があり、平三坊やヒルマモチがそこから出て戻るとされており、やはり子宝信仰と何らかの関連を持つものと考えられる。また、この平三坊神事は、花嫁は必ず見にこなければならないものとされ、当日は晴着を着てくるのが慣習であったことから、「嫁比べ祭」と言われたこともあった（嶋田 一九七六）。

愛知県蒲郡市三谷町の九月九日三谷祭では、七福神祭の白狐が、スリコギ様の物を持ち、見物の女たちの間に突入して腰をつく。この日限りは身分のある人妻や娘も全く抵抗できなかったという（太田 一九八六）。

以上のような性交の擬態に対して、実際に性交をしたものもあった。京都府桑田郡稗田野村で、八月十四日の上社、大社の道鏡祭では、盆踊りに興じた後、森の中で男女が欲しいままの行為をしたというし、宇治の県神社では、真夜中に神輿が渡御し、灯火が消されて各地から集まった男女が暗闇の中で乱交し、これを「県祭の種もらい」と呼んでいたという（西岡　一九六二）。

群馬県伊勢崎市では、大根で男根と女陰を作り、祝言の杯の席へ「お肴」と称して贈り、初夜の床の部屋に移し、翌朝汁の実として二人に食べさせる。また、長野県上田市では、祝言物として、二股大根に一点の紅をさした物、山芋を刻んだ男根を算盤に乗せて走らせる儀式があった（太田）。奈良県磯城郡大三輪町江包で正月二十日に行われる綱掛神事はその巨大さで有名である。この村の須佐之男神社において、一反歩の藁で一丈八尺の巨大な男根を作り、隣村の、これまた巨大な女陰のある稲田姫神社にくり込んで交合させるというが、これを「お綱ハンの嫁入り」と呼んでいる。同様の神事は、愛知県の田県神社と大県神社でも行われる（西岡　一九六二）。

牛尾三千夫は『大田植の習俗と田植歌』の中で、さまざまな性民俗を紹介しているが、田の神は田唄の中でも色唄を好み、一つ多くでも色気の唄を歌えば秋の糊米が多く穫れるとし、早乙女たちも腰巻きの下には何も着けないのが田の神への敬いとされ、股引などをはいて田に立つ早乙女は大勢から笑われたことを紹介している。たとえば、田植歌には次のようなものが歌われた。

人の女房と枯木の枝は　命かけなきゃ登られぬ（島根県仁多郡仁多町阿井地方）

ゆんべ来た夜這殿は無手法な奴だ　あんどん返し猫踏み殺し　生んでも戻せ三毛猫の可愛げなを（島根県能義郡広瀬町）

能登半島の村々では、旧十一月五日、「アエノコト」という新嘗祭を行う。各家の主人が、装束を正し、田へ田の神を迎えに行き、家に請じて風呂を勧め、座敷に招き食膳を捧げ酒を勧める。田の神は目が見えないので、食事を勧める時に、主人がその椀の蓋を取っていろいろと食物の名を告げる。また、風呂の時には白い二股の大根を差し出すが（橋本 一九七六）、これは言うまでもなく、女性の奉仕を意味している行為である。

農耕儀礼で男根が強調されるのは、人間の生殖能力が農作物の増産に連なる感染呪術に基づくからで（宮田 一九七七）、かつては巫女たちが村々にやってきては道祖神を祭っていたと考えられている。

『耳嚢』の中に「陽物を祭富を得る事」という話がある。ある商人が西国に行く途中に泊まった旅籠屋の亭主が、神棚のような所で灯明を灯し神酒などを捧げ一心に祈っているようなので、側に寝ていた妓女に、何を祈っているのかと聞くと、「亭主は元とても貧しかった時に、途中で石で作った男根を拾って帰り、男根は陽物第一のものでこれは目出度いと、それから朝夕渇仰したところ、日増しに金持ちになり、今は旅籠屋を営み私のような妓女も百人に余る」と教えてくれた。商人は夜明け前に目覚め、あの神体を盗めば俺も富貴になれるとその男根を奪い、翌朝暇を告げて帰ったが、その御利益か、商人も日増しに富貴になったという。

女陰崇拝

元々、性器信仰の中では、女陰崇拝の方が最初で、次に男根崇拝、さらに性交の行為を示す陰陽崇拝が行われた。天鈿女命が、天の岩屋戸の前で、「胸乳を掛き出で裳緒を番登に忍し垂れき。爾に高天の原動みて、八百萬の神共に咲ひ」て、天照大神を無事、岩屋戸から引き出し、さらには、天孫降臨の際に、それを妨害する猿田彦を、「其の胸乳《むなぢ》を露にかきいでて、裳帯《もひも》を臍《ほそ》の下に抑れて、咲噱《あざわら》ひて」屈服させた話などは、女陰の持つ呪術的な霊力を示唆している。

この話と類似の昔話の中に「鬼が笑う」というのがある。すでに河合隼雄が紹介しているが（河合 一九八二）、何者かに掠われた娘を救いに母親が後を追いかけ探すがなかなか見つからず、小さなお堂に泊まる。そこに親切な庵女がいて、娘は鬼屋敷に掠われたこと、鬼屋敷に行く方法などを教えてもらい早速行ってみる。鬼が酒に酔いつぶれて寝ているうちに母娘は逃げ出したが、この時も庵女が現れ、舟で逃げるようにと助言してくれる。ところが、鬼は目を覚まし、家来を連れて母娘を追いかけ、舟を呼び戻そうと川の水を飲み始めた。鬼の飲み込む力は相当なもので、川の水が減り舟は段々後戻りし、鬼の手が届くまでになった。その時、また、庵女が現れ、「お前さんたち、ぐずぐずせんで早よ大事なところを鬼に見せてやりなされ」と言って、庵女も一緒になって三人が着物の裾をまくった。これを見て鬼共は笑い転げ、その拍子に水をすっかり吐き出してしまい、母と娘は無事帰ることができたという。同様の類話は世界的にもほとんどなく、河合はその独自性に注目している。

女陰を露わにする行為の意味を、吉田敦彦は、「ほとんどすべての場合において、鎖されている口、入り口、通路などを開く働きとして解釈される」とした（吉田 一九七六）。たしかに性器の露出そのものが「開く」行為であり、天の岩屋の場合、天鈿女命の行為によって、神々の口を笑いによって開かせ、沈黙を守っていた天照大神の口や猿田彦命の口をも開かせた。その意味では、橋本峰雄が言う通り、「鎮めと和平の力の源泉」（橋本 一九七六）と考えてよい。吉田はさらに、世に光をもたらしたりする天鈿女命は、「インドのウシャスなどと似た曙の女神として観念されていたのでないか」と推測している。

室津市津呂町の鰹船で不漁の時は、女房たちが停泊中の船上で、酒食を持参して歌ったり踊ったりし、そのたけなわ、船に祀られている船霊に蹲り腰巻きの裾をはしょり「漁をさしてくれましたら皆な見せますきに大漁をさして下さんせ」と祈るという（宮田 一九七七）。

沖縄では、火事の時、「ホーハイ」と唱えた。「ホー」は女陰のことで、「ホーハイ」は女陰を開け広げてみせることを意味した。また、奄美では、風の神は女陰を忌み恐れるという信仰があり、大火の際、腰巻きを脱ぎ竿につけ屋上で振り回しながら、「ホーホイ、ホーホイ」と呼べば、決して飛び火しないと信じられていた（藤林 一九九五）。また、中山太郎は、平田篤胤の『宮比神御伝記』の註を引き、「縫い物針をなくした時、ひそかに信仰の神を念じ、陰毛を三度かきあげ、三度叩けば針は必ず見つかる。その時は陰毛を三度かき下ろす」という事例を紹介している（中山 一九三〇a）。さらに、淋病の治療には生理中の女性とセックスすれば治るというのがあり、生理中の下着は、獣に咬まれたり爪で傷つけられた場合の薬となり、経水の血は、腫れ物や切り傷の薬としても用いられていたという（氏家 一九九八）。

狩猟民の性

一方、狩猟民俗の場合はどうであろう。千葉徳爾によると、新潟県赤谷の漁師たちは、熊を捕るために山入りした三日目に、誰もが「マタギにかかる」と言って次のような儀式を行ったという。すなわち、炉の上座にしつらえた木の台に腰をかけ、足を炉の中のマタギに乗せ、陰茎に細綱を結び、同じく炉の中に設けた木の鳥居をくぐらせ自在鉤にかける。指導者の山大将が、蓬の箸で陰茎を挟み、唱えごとをすると、ボウジ（炊事頭）が縄を三回引く。これは初マタギを山の神の弟子とする儀礼で、「マタギ祝い」と言われたという。なお、この儀式は、山言葉を忘れた者、タブーを犯した者にも、明治末頃まで行われた。また、秋田県阿仁の狩人たちは、熊を捕った夜、小屋の中で「クライドリ」という儀式を大正末年まで行った。若いマタギに陰部を出させ、燃えさしを紐でくくったのをそれに結びつけ下げ、熱いのと煙にむせながら、シカリが「ハヽヽ」と言うと必ず「ホヽ」と言わねばならなかった。また、伐採業者が山の神に木製男根を供えて祭り、山仕事をする者が鎌などを紛失した時、全裸になって探すと見つかると言われるが、それらは、山の神が女神であるという伝承と深く関わるという。ただ、千葉が言うとおり、農耕儀礼で男女交合の模擬を演じそれによって豊穣を祈ることと、山で男根を示すこととは別の意義があり、生殖力とは違った活力、たとえば、獲物に対する攻撃力を象徴的に表現している存在としてとらえるべきであろう（千葉 一九七五）。

男根が、生殖や性交と無関係に用いられていることは明らかに農耕儀礼の場合とは異質であり、このことは狩猟民だけではなく漁民の社会にも認められており、男根崇拝を基礎とした文化系統論にまで展開する可能性を秘めている（宮田 一九七七）。

その後、性器崇拝はさまざまな形態に変容していった。大国主命は仏教の大黒天と習合したが、古い大黒天の頭巾は亀頭に（それ以前の姿では、左手は女握り——親指を人差し指と中指の中に入れる——にしている）、下の二つの米俵は睾丸に、また、夷子の持っている弓状の釣り竿は女陰をそれぞれ表し、利副神らしいセックスと結びつけられて信仰されていたことがうかがえる。木は神の依代であると考えられたことから神木が男根のシンボル、玉串の御幣も男根のシンボル、鈴は亀頭のシンボル、注連縄は男女の腰蓑の変形であるとされた（橋本 一九七六）。このように、原始神道は、性器崇拝をその核として成り立っていたのである。そして、猿田彦は天狗（男根）に、天鈿女はお多福（女陰）にその姿を変えながら、和合、生殖、豊穣の神として、その信仰を脈々と集め続けていったのである（同前）。

第六節　真言立川流

真言立川流と言えば、網野善彦の『異形の王権』で紹介された文観の名が真っ先に思い浮かぶ。文観は、真言立川流中興の祖と言われ、史上初めて、律僧にして僧正、僧綱に列なり、かつ東寺一長者になった人物で、さらに醍醐寺座主をも兼ねるに至っている。また、その配下に悪党や非人を多数抱え、実際の武力を後醍醐天皇に提供していたが、天皇の絶大な信頼を得ていたのは、さまざまな呪術、修法にあった。とりわけ、嘉暦元年（一三二六）から元徳元年（一三二九）までの四年間もの間、後醍醐天皇の命で、幕府調伏を行った点が最も高く評価されたのである。

元徳元年（一三二九）、後醍醐天皇自らが行った祈祷は、聖天供―大聖歓喜天浴油供―と呼ばれるもので、それは、悪人悪行速疾退散（幕府の悪行を除去する）を祈願するものであったが（歓喜天は像頭人身の男女抱合、和合の像）、現役の天皇でありながら、自ら法服を着けて真言密教の祈祷を行う様は、まさに異形の王であった。こうした密教への傾倒ぶりには、当然、文観の大きな影響があった。建武二年（一三三五）、高野山僧徒が満衆一同の評定による置文を定め、文観を糾弾した奏状を後醍醐天皇に提出した。それによると、文観は、「算道を学び、卜筮を好み、専ら呪術を習い修験道を立て……荼吉尼を祭、呪術訛文を通じて後醍醐に近づき、ついに僧綱にまで列なったが、律僧でありながら、破戒無慚、武勇を好み兵具を好む。まさしく天魔鬼神の所行であり異類そのものに他ならない」と、文観自身の罷免とその縁者の全ての追放を求めた。網野は、後醍醐の新政権を「極言すれば、後醍醐はここで人間の深奥の自然―セックスそのものの力を、自らの王権の力としようとしていた」と評価しているが、真言立川流とセックス—男女和合はどのような関係を有したのだろうか。それを明らかにするためには、まず密教の根本教典『理趣経』に遡る必要がある。

インド密教の経典『理趣経』では、男女の愛欲を肯定し、男女交媾の恍惚境が清浄な菩薩の境地であるとした。平安末期、三宝院仁寛に始まる真言立川流は（以下、立川流）、陰陽道や民俗宗教的要素を習合させ発展したが、慶長年間に幕府により徹底的に弾圧された。しかし、後に石門心学と合揉し庶民に浸透する一方、前述のような日本の民俗信仰の類似性から、民衆的宗教である不二道にも多大な影響を与えた（宮田 二〇〇六）。

立川流の基本経典『宝鏡抄』に、「見其宗教者、以男女陰陽之道、為即身成仏之秘術」「言眼耳鼻舌皆為浄土男女、二根即是菩提涅槃真処」（守山 一九六五）とあり、男女二つの原理によって一つの世界がつくられていると説く。それは、世界を二項的にとらえる見方に表れ、具体的には、宇宙の本源である「阿」と「吽」に基づいて次のように考えた（宮田 二〇〇六）。

（阿）	（吽）
女	男
胎蔵界	金剛界
赤	白
弥陀如来	釈迦如来
愛染明王	不動明王
地	天
二	一

母　　父

男と女の原理は、「二にして一つ」という「和合の論理」に帰着し、金胎不二は二根交会（性交）により実現し、しかもこれが「父と母」と表現され、そこでは子供を生むことが当然容認された。宮田登は、「立川流は産む性（性欲）に集中徹底することで、解脱を目指すという宗教的行為をとった」としたが（宮田 二〇〇六）、橋本峰雄は「産む性をストレートに肯定できる道を立川流に学んだことは、日本の庶民にとって画期的なことであった」と評価している（橋本 一九七六）。

また、大歓喜に入った女性（金胎不二の境地）は、女神となり、愛染明王となり、その歓喜に溶かされるのが男であるととらえた。これはヒンズー教の受動のシヴァ（男）と能動のシャクティ（女）にもなぞらえることができるが（藤巻 一九九九）、本来の立川流は、男女交会の実践による即身成仏を説いたものではなく、人間は、元々、母の肉から出る赤い一水（経水）と父の骨から出る白い一水（精液）、そして識心（念の世界）から出来ており、識心で、赤白二渧の和合融合による生命誕生の段階まで遡り、本来の仏性を持った存在である自分を観じることを目的としたが、陰陽師や民間で呪術などをやっていた修験者、外法坊主らにより、吒枳尼、稲荷、狐信仰と結びついた髑髏本尊を作りあがめる一派も現れた。

髑髏には、智者、行者、国王、将軍、大臣などの十段階の階級があるが、作り方にも、大頭、小頭、月輪形の三段階があった。たとえば、大頭を例に取れば、髑髏に作り物の顎、舌、唇、歯などをつけ、下地を塗って髑髏の表面を滑らかにしたうえで漆を塗り、美女と毎夜交わり、男の精液である白渧と女の経血である赤渧の冥合水を百二十回塗り重ねる。この間、冥合水を塗る度に、反魂香に千反を薫じ、反魂の真言（不明）を幾百万も唱える。その後、髑髏の上に銀箔、金箔を三重に押し、その上に曼荼羅を描き、さらにその上にまた、銀箔、金箔を押し、曼荼羅を描く。それぞれの作業にも必ず和合水を塗り重ねる。そして、道場を構え、種々の珍酒肴を整え、行者と女人だけで言葉も振る舞いも絶やさず賑やかにし、さらに、子丑寅の三時に、髑髏を壇上に安置して、山海の珍物、魚鳥、兎鹿の生肉、反魂香を供えて種々の祀りを行い、卯の時に、錦の袋を七重にしてその中に入れ、夜は行者の肌に添えて暖め、昼は壇上に安置すること七年。八年目に、髑髏本尊が初めて行者に悉地を与えるという。悉地成就にも、三段階あり、上品の場合は、髑髏本尊が言語を発し三世のことを行者に告げ知らせ神通力を得ることができ、下品でも、世間的な願望は凡てなるという利益を得るとされた(史料2)。

髑髏法のルーツは、道教や仏教の妖術・符術にあるとされるが(藤巻 一九九九)、守山聖真によれば、髑髏を用いるのは、髑髏に三魂七魄があり、三魂は死ねば六道に生まれ、七魄は娑婆に止まり、本尊を守る働きがあり、髑髏を養い祀れば、行者の所望に従って福徳を与えてくれると信じられたからであった。また、男女の和合水を髑髏に塗るのは、新しい生命の誕生は、父母赤白二渧を基本に生ずるが故に、それを髑髏に塗り髑髏に籠もっている七魄を生ぜしめる目的からであった(守山 一九六五)。つまり、それは、陰陽和合により、死が生に転換することを目標とし、男女の和合水の結合により生命が誕生することを呪術的に表現したものであったが(宮田 二〇〇六)、橋本峰雄は、真言密教の『理趣経』の「男女交媾の恍惚境というものを、強迫的に性器に集中して理解したもの」と解釈している一方で、「性を性器においてのみ理解した所に根本的な誤謬を犯しているのではないか」「インド、チベットの性ゆが行者、立川流の男女交会は男性の側からの解脱追求であり、女犯という一方向での発想で、自他を超えるという大乗仏教的な男女平等の即身成仏は成就されえない」と批判している(橋本 一九七六)。

このように、立川流は、陰陽のバランスが全体を秩序あるものにすることを構想し、それは「男女愛欲二根交会赤白二渧和合」の言葉に集約され、究極的には、即身成仏が人間の出生に連なることを象徴しているのである。後に、立川流は、密室に籠もって法悦を迎えるという、北陸や東北に残されたおくら門徒や、庚申待ちや、雑魚寝などの土俗を生むことになるが（原 一九五九）、陰陽和合、産む性（性欲）の肯定などは、次の説で述べる富士信仰（不二道）に大きな影響を与えたのである。

第七節　不二道

不二道については、宮崎ふみ子の優れた研究があるが（宮崎 一九七六）、以下、それに多く依拠しながら概観してみよう。

富士山は、古代から穀霊信仰、浅間神社信仰、富士の神霊仙元大菩薩、修験道などの信仰を集めてきたが、十八世紀前半、不二道を創始した食行身禄《じきぎようみろく》は、元禄元年六月十五日という辰年辰の日辰の刻に、富士の山頂で、仙元大菩薩の男綱・女綱が結ばれ、それまで続いてきた旧い世の心の持ち方である「神代の影願」が潰され、以後、三万年余りの、「みろくの御直支配」が続くはずであると説いた。次いで、十八世紀後半から十九世紀初めに活躍した参行六王は、教理の深化と体系化を図り、「男綱女綱」の結合を、陰陽の新たな結合を意味すると解釈し、次のように述べた。

元禄元年辰六月十五日辰の刻の一天より此世ふりかわり候訳ハ、夫陰陽と申事ハ何れの道にもはなれ□事にして、陰も陽も勝劣のなき事なるに、神代の影願にハ専ら陽を尊び陰をバはるかにおとりたるもののやうにとりあつかひ、あまりに陽のミを尊び過たる故、陽火長じて既に此世海陸と可レ成処を、南無仙元大菩薩様のとそつ天より男綱女綱をつなぎ被遊、御世を御あらため被遊、万坊の衆生、江河のうろくす迄も御たすけ被下候事なり（『参行六王価御伝』）。

本来、陰と陽は優劣のないはずであったが、この世の開闢が陽の「開く」という働きによって行われたという理由で陽だけ偏重されてきた。開闢以来、この状態が続けば陰陽が極端に不均衡になり、「猛火洪水」が起こるに至って、この世は「海陸となる」外はなくなる。世界をこの滅亡から救うためには、「ふりかわり」、即ち根本的な変革が必要だと考えたのである。さらに、陽の偏重は、男女婚姻の道については、和合の喪失を引き起こすとした。

末世におよびては、男女の心持までも此水火の理に元づけり。男女の綱の道にとりて其道理を考見るに、陰陽和合の理にあたらず。いかにとなれバ、男は陽にして火なり。女は陰にして水也。火を上として水ハ下とす。然ル時ハ火は上にありて火勢いよいよ上へのぼり、水は下にありて水勢ますます流れ下りて、水火ともに其気遠く別離して通気を失ふものなり。凡て如斯の理を心としてやどる人間なれはバ真実和合の心なく、其気はなればなれとなり。依之元禄元年辰六月十五日より御改、是迄の南北水火の理を潰し、東西木金の理に渡りて見れバ、少陽少陰にして甚気むつまじ。南北水火のごときハ、大陽大陰にして過大なり。（中略）御直願ハ此東の木西の金の理、男女綱の道を教るものなり（『同前』）。

従来、男―火―南―大陽―上位、女―水―北―大陰―下位のようにとらえていたが、大陽大陰は、男女の気が乖離してしまうので、再度、陰陽を結合し直し（男綱女綱をつなぐ）平衡をとる必要を訴え、男―木―東―少陽―下位、女―金―西―少陰―上位（この場合の上下位は次の小谷三志の教典から補足）とその関係の変換を唱えた。

次いで、十九世紀前半に活躍した小谷三志は、大衆的規模の宗教運動を展開し、陰陽の調和の中でも、夫婦や男女間の和合を重視した。従来から不二道には、密教や神道、心学、国学、儒学などの影響が見られたが、家業に出精し、他人を助け、奢侈や利己的な欲望追求を否定するなど日常生活における道徳を説いたが、何よりも、すでにみろくの世に入っていることを自覚し、心を正し、倫理的な生活態度を確立すれば幸福になれると説いた。

当時、平田国学も、和合の精神で家や村の崩壊を食い止めようとしており、男根と女陰の性交は和合の軸と考えられ（宮田 一九七七）、不二道の教理の完成が、安藤昌益、宮負定雄の発言とほぼ同時期であった点も見逃せない（宮田 二〇〇六）。次に、天の御用に立ち、天地相続を遂げるには、家業出精の他に、よい子を作り天の御用に立てることが大切な役目とされ、天からよいたねを授かるための和合の方法が丁寧に教えられた。遊女買いや間男狂いなどが厳禁とされたのは言うまでもない。たとえば男女の交わりについて「凡交りの日限ハ、経水順道に見終て二日過て三日の内、刻限ハ亥の間なり」と具体的に示しているが、三志によって作られた次の和讃は、両性の「おふりかわり」を示すものであった。少々長いが、引用してみよう。

女が男のふりをして　前髪とってなかをすり　男のよふに髪ゆふて　咄しじまんでかごをかき　こんのもゝひきこんきゃはん　わりふんどしで　しりからげ　遠人からなるおんかたは　はかまをはいて一腰で

男がふり袖こしなひし　姿はほっそり柳ごし　女はそれにひきかへて　むねをたくってあけひろげ　じばんのえりまでぬき出して（中略）むかしはよめ女がはずかしく　へんじするさへ口のうち　今の花よめものいゝは　男まさりの口上で　はずかしそうはさらになし　よめに来た　夜もまち兼ねて　女がさきに

いひまする　男返事しあいしあいと　はずかしそうに見へまする　そこでしふともおこり出し　今のよめ子はあつかまし　なれなれそうにそばへより　外のみるめもはばからず　あんまりちやほやい丶まする（は丶さん）おいらがわかきときとはかはりはて　女かけ取りに出かけます　をんながだんなになりました　そばからはゞさんやきもちで　りんきのやうに　見へまする　是は全くふりかわり　双方これをするならば　むつましくなりまする　元むつましきをねがひしぞ　（中略）　みろくのみよを守んせて　とつきのみちをあらためて　女が上に下男　おんなのしようは水なれば　下へながる丶ものぞかし　男は火にてのぼるもの　今迄とつきは　世おあわせ　ふりかわりなばいだき合ひ　これむつましきたねつくり　それ故此度産る丶は　女がうつむき男　あをむきまして生れます　月も　日もつきのびまして　十月十日となりまする　女が左右もかわりまし　男が右になりました　足からうむもたんと出来　これ順産になるぞかし（史料111）

両性転換の状況を男女がそれぞれ認識すれば、男女はますます仲良くなり、みろくの世にふさわしい両義性を持つ子供を生むことができる。そのためには、男を下に、女を上にという具体的な性交の体位まで示した。不二道は、農業の順調な発展を保証する論理を、正しい男女の性行為に求めたが、この性は、享楽ではない、子供を生み出すための神聖な性であり、それは男にも女にも平等の条件として備わっているものと考えた（宮田 一九七七）。そうした意味では、不二道では、女性に対する血穢のような差別感は薄かったのである（宮田 一九八二）。

第八章　近代的恋愛のゆくえ

明治に入って早々、突然離婚が激増した事実は、それまでいかに女性が男性本位の社会に屈従していたかを物語る。女性自ら離婚訴訟を起こした例や、離婚に応じない妻を監禁した夫が有罪判決を受けた例などがあり、明治六年（一八七三）には太政官布告により、妻が離婚訴訟を起こしうることが確認された（加藤 二〇〇四）。

しかし、そうした一方で、新政府が家父長的家制度を存続させるために、教育の一環として近世武家上層の儒教的な性のモデルを意図的に浸透させたことは、昭和二十年（一九四五）の終戦まで大きな影響力を有した（井上章一編 二〇〇八）。西洋近代文明が怒濤の如く押し寄せた明治以降、日本での恋愛観はどのように変容していったのだろうか。

まずは、「造化機論」と呼ばれる性の解剖書が多数もたらされたことによる、新知識の普及を上げことができる。上野千鶴子は、その影響を、①大陰唇《そとのふち》、小陰唇《うちのふち》、卵巣《こだねのす》などの訳語の発明（上野は性を全て陰に追いやった責任の一半はこの訳述者にあると批判している）、②処女膜の紹介と処女性の観念の浮上、③妊娠・出産のメカニズムの発見とそれからくる避妊・産み分けなどの生殖テクノロジーの紹介、④手淫の害の執拗な強調、⑤性と愛の一致および女性の性欲の肯定、をあげた（上野 一九九〇）。特に、②で言う処女は、元々は「未婚の女性全般」を指す言葉であったが、明治に入って、「性体験のない未婚の女性だけ」を示す言葉に変わり大正期に定着した。その変容をもたらしたものは、女性の純血を尊ぶ良妻賢母型思想の浸透による（加藤二〇〇四）。

明治初期に同時代の水準をはるかに超えた啓蒙思想を展開していた福沢諭吉は、「古人が一度び貞節など云へる故を立てゝより、後世の学者が唯その故の文字に拘泥して之を墨守し（略）貞節を対照するに淫乱の二字を以てして、貞ならざる者は必ず淫なり。淫を防ぐの法は云々す可しとて其間に些少の余裕を許さずますます以て両性の関係を窮屈にして、双方にその区域を限り男女相互に近づく可らず。相互に語る可らず。見る可らずとて（略）殊に徳川政治の太平二百五十余年年の其間に人心は次第に萎縮して都て用心堅固を旨として男女の交際に就いても云はゞ臆病にして（略）婦人をば人間交際の外に擯斥して有れども無きが如きの地位に陥らしめたるは我日本国の一大不幸と云ふ可きものなり」（『男女交際論』）と、新しい男女交際の仕組みを提唱している。また、その一方で、一夫一婦制を高らかに主張したが、それは恋愛結婚をも勧めたわけではなかった。親が探してきた結婚候補者を血統、当人の体質、智愚などから決め、良家の子女を守るためには娼婦の必要性を説くなど（『配偶の選択』）、男女平等思想には自ずと限界があった。

明治から昭和初期まで人妻の自由恋愛を法的に禁じていたのは姦通罪であった。言うまでもなく同法は、明治十三年（一八八〇）に制定され、明治四十一年（一九〇八）十月一日付で全面改正された旧刑法の第百八十三条「姦通罪」で、「有夫ノ婦カンツウシタルトキハ二年以下ノ懲役ニ処ス、其相姦シタル者、亦同シ」と規定され、妻が姦通した時は、夫は妻とその姦通相手を告訴し、裁判によって「二年以下の懲役」に処することができた。しかし、夫が姦通しても、相手の女性が人妻でない限り姦通罪は適用されなかった。

同法に関しては、明治十五年（一八八二）、基督教婦人協会矢島楫子を中心に、「一夫一婦」「姦通罪の改正」の建白が太政官へ提出され（総合女性史研究会編一九九二）、明治二十六年（一八九三）、同協会から同様の請願があり、津田真道他三十名が衆議院議長星亨にその採択を求めたが、否決された（『時事通信』明治二六年一月一三日）。実に、「夫にも貞操義務がある」として、妻の慰謝料請求を認める判決が大審院で出されたのは昭和二年（一九二七）であったが、戦後になり、憲法で男女平等が保障されると、姦通罪の規定は明らかに矛盾を呈することとなり、国会で、夫が姦通した場合、妻にも夫とその相手を告訴することができるようにするか、あるいは双方とも罰しないよう姦通罪そのものを廃止するかの激しい議論の末、ようやく姦通罪は削除された。これで、姦通は刑法上は罪にはならないことになったが、姦通罪を支えてきた精神が完全に消滅したわけではなかった。昭和二十二年（一九四七）に改正された民法で、配偶者に不貞な行為があった時、夫婦の一方は離婚の訴えを提起することができるという形で一般化されることになった。民法七百七十条で規定する「離婚条件」は、①配偶者に不貞な行為があった時、②配偶者から悪意で遺棄された時、③配偶者の生死が三年以上明らかでない時、④配偶者が強度の精神病になり回復の見込みのない時、⑤その他婚姻を継続し難い重大な事由がある時、の五項目に限られ、その中でもやはり不貞行為が第一にあげられたのである（川西二〇〇三）。

少し、姦通罪を追い過ぎた。再び、話を明治に戻そう。

明治三十八年（一九〇五）に雑誌『天鼓』を創刊しユートピア的社会主義を唱え、主著のほとんどが発禁処分を受けた田岡嶺雲は、「結婚によらざる恋愛あれば之を称して私通といふ。私通は寧ろ純なる恋愛に非ずや。之を野合といふ。野合は寧ろ真なる恋愛に非ずや。之を奸通といふ。奸通は寧ろ許らざる恋愛に非ずや」（同誌創刊号）と自由恋愛と結婚の矛盾を鋭く指摘し、真の恋愛は娼婦との間でも可能であるとした。また、現在の法律道徳は、異性の私有を是認しそれを犯せば不貞として罰するが、「財産に私有がなければ偸盗なくして共有あり。異性に私有なければ不貞なくして恋愛あり」と主張し、「相愛せざる者の結合を強ゆるは罪に非ずして、相愛する者の相結ぶは則ち罪なるか。今の道徳法は結婚を強制し、一夫一婦を強制し而して更に其結合を続くることを強制す。この強制を破って自由の恋愛に駈するものあれば則ち曰く姦通と。今の道徳法は自ら姦通を促まり出して而して之をなす者を罰する也。酷忍といはざる可けんや」（同誌一八号）と、社会主義的な立場から当時の一夫一婦制による婚姻制度を痛烈に批判した。こうした自由恋愛の考え方は、芥川龍之介の「結婚は性欲を調節することには有効である。が、恋愛を調節することには有効ではない」（『侏儒の言葉』）という言葉を想起させる。

大正になると、デモクラシーの影響から、恋愛における精神の純粋さが主張される。たとえば、京大教授で欧米の近代文学を紹介した厨川白村は、恋愛至上主義の立場から「真の恋愛は人格と人格との結合である。魂と魂との接触である。其間何等利害、家名等を挟むべきではない」と自由恋愛や恋愛そのものを神聖視し、さらに「生殖のための肉欲が人間的であり、人格的であるための唯一最大の要件としては、真の恋愛といふものにまでそれが醇化せられ精神化せられて居らねばならぬ」（『近代の恋愛観』）と肉欲が純粋な精神性を伴うべきことを主張した。しかし、その一方で、一般的には、「男性は何人の女性とセックスをしても自分の血筋を汚すことはないから許されるが、婦人は他の異性に接した場合、たとえ一度でもその肉体に男性の影響を永く受けるものであって、それまで純粋だった血液がそのために混濁し汚れ、姦通の結果生まれた子供は不良になる」などという体液学説が唱えられ、処女性の偏重と性規範のダブルスタンダードが強化されていたのである（川村 二〇〇四）。

しかし、恋愛が個と個との関係であり、それが双方に自覚されたとき、従来の家や社会的なモラルから二人は解き放たれたが、身分や家を越えた恋愛の実体は、井上章一の表現を借りるならば「容貌恋愛—お互いの面喰い」でもあった（井上章一 一九九五）。その具体例をいくつか駆け足で見てみよう。

堺の菓子商駿河屋の娘（与謝野晶子）が歌の師匠であった鉄幹を愛し家を棄て東京に走り、師の妻の地位を奪うことに成功し、処女作『みだれ髪』で一躍女流歌人の名声を得たのは明治三十四年（一九〇一）で、彼女の恋愛を讃え真似する者が続出した。明治四十五年（一九一二）には、市ヶ谷の未決監に、姦通罪で訴えられた北原白秋と松下俊子の姿があった。大正年間は、人妻たちの恋の花盛りであった。

「自由恋愛」という言葉を初めて使ったのは社会主義者の大杉栄であった（明治三十九年〈一九〇六〉）。彼は言う。「たとひ如何なる恋仲と雖も、斯く狭き垣の中に押し込められて、日夜絶えず相接近して何の変化もなき同じ事を繰返して行くならば、その熱情も何時かは必ず冷却すべきはずである。一生涯、或る一人を限って、其人とのみ共に暮らさねばならぬと云ふのは、随分苦痛な話である。（略）彼の一夫一婦制が今日まで多く失敗に帰したるは、全く此の単純の真理を解すること能はざりしが為で、狭隘固陋なる嫉妬の情、他人の身体に対する所有権の観念、社会の世論、及び法律の制裁などが、皆相合して夫婦間の恋愛を殺し尽くし、遂に私欲と淫心との外なきに至らしめたのである。仮に茲に極めて深く相信頼せる清く美はしき夫婦があって、其の一方が第三者と深き友情を結びたりとて他の一方は少しも驚かず、又、それを以て直ちに自己に対する不義不信なりともせず、場合に依りては却って双方の為に善き友を得たるを喜ぶことありと想像せよ」（『婦人問題』）と。大杉は、このように一夫一婦制に縛られない自由恋愛を標榜しているが、彼はそれを実際の行動に移している。大正五年（一九一六）、妻の保子の他に、東京毎日新聞記者の神近市子、平塚らいてうの主宰する『青鞜』に入り活躍していた伊藤野枝（当時、辻潤と同棲中）の四角関係に際し、「全員の経済的自立、別居、性的自由」という多角恋愛論を展開したが、同年、葉山日陰茶屋に逗留中であった大杉の頸を、市子が短刀で刺す事件が起き、最終的には野枝が恋の勝利者となった（彼女も郷里の結婚から数えると三人目）。結局、大杉は恋愛を擁護する外見をとりながら、性（身体）と愛（精神）を切り離し、肉欲、色欲の満足を求めたとも言える。

大正六年（一九一七）、枢密院副議長芳川顕正伯爵の娘鎌子（二七）が、夫がありながらお抱え運転手と心中をはかり未遂に終わった。その四年後、九州炭坑王伊藤伝右衛門の妻燁子が、宮崎龍介と恋愛関係となり彼のもとに走った。言うまでもなく、燁子は柳原白蓮のことだが、彼女は後に夫に絶縁状を送りその全文を朝日新聞紙上に発表している。大正十二年（一九二三）、有島武郎と記者の波多野秋子が軽井沢で心中した。秋子の夫から、姦通の慰謝料を口実に一万円か告訴かと脅迫されていたことがその原因であった（近藤富江 一九八〇）。

彼女たちは、夫や社会よりも自らの主体的な恋愛に身を投じ、社会からの指弾にも耐えた。しかし、こうした著名人の思いきった行動とは裏腹に、一般の女性たちが投稿した新聞、雑誌の「人生相談欄」では「望まぬ妊娠による拘束」「多子多産」「夫による暴力」などの悲痛な内容が大多数を占め、それさえも、女、子供の体験として低く価値づけられ、まともな言説とは見なされなかった。男たちは女性の人権どころか、人格と見なさず、中には自分の妻を「養っている」ならまだしも「飼っている」と公言してはばからなかった男性も多数いたのである（杉田二〇〇三）。

昭和二十年（一九四五）の終戦後の男女平等、新民法公布を経、一九六五年、ついに見合い結婚と恋愛結婚の比率が逆転する。

塩野七生氏は、『男たちへ』の中で、「ほんとうに恋をした女には、不貞も不倫も不道徳も、一切関係なくなるのである。恋愛は凡人を善悪の彼岸を歩む者に変える」「男が女に魅力を感ずるとは、所詮、その女を抱いてみたいという想いを起こすのであり、女が男に魅力を感ずるとは、その男に抱かれてみたいと思うことにつきるような気がする。（略）健全で自然で人間の本性に最も忠実なこの欲望を刺激するのが人の持っている魅力というものだろう」と、それぞれの「魅力」の重要さに言及している。一説には、女性の四人に三人が男性の目に魅力を感じているという報告もあるが、それは大脳を極度に進化させたヒトが、その脳の働きで「自分の性を生殖だけという狭い枠から解放し」「話す、書く、言葉によって互いに五感を刺激し合い愛を確認する」動物に進化した結果であり（大島 一九八七）、デズモンド＝モリスが言うように、四足歩行から二足歩行になった人類が、顔対顔のセックスを基本とし、求愛期において、口、鼻、目、眉など複雑な顔の表情で自分の気持ちを相手に伝えるようになったことと深い関連を有する（モリス 一九六九）。

そして、性行為は、情緒的安定や親密感の確認などパートナーの結合維持に役立っているが、ある点では、人間に一種の「性的過剰化」をもたらした（アイベスフェルト 一九七四）。

小倉千加子は、いくつかの野生児の例から、そのほとんどが成人に達しても性行動を取ろうとしないことに注目し、それは言語を持たなかったことから、性的アイデンティティーを持ち得なかったからだとし、性欲（セクシュアリティー）は本能ではなく、「文化の作った強力な意識装置」であるとした（小倉 一九九五）。そうした意味では、恋愛は、言語を含めた高度な精神作用とも言うことができる。

塩野七生はさらに「貞潔な女たちは、ほんとうに貞潔を守ろうとして守っているのであろうか。貞潔は守るべきであると信じるから守っているのであろうか。私にはどうもそうとばかりは思えない。もしも、結果として愛する男を裏切らないで済んだ女も、ただただそんなことをしたら彼から捨てられるという怖れだけで、ようやく一線を越えないでいるのではないだろうか」と、捨てられるという恐怖感から多くの女たちは辛うじて過ちを犯さないでいると主張しているが、それはフィッシャーの「性に関する二重基準がない社会では、女性の不倫の率が高いことから考え、女性は男性と同じくらいの頻度で性の多様性を求めるのだろう」（『愛はなぜ終わるのか』）という指摘と重なる。

また、数々の男女の愛を描き続けてきた渡辺淳一は、「男にとってセックスと愛は別問題で、男には愛以前に性的欲求があり、相手と性的関係を持ってみたいという衝動がある」「殆どの生物の雄は一匹でも多くの雌に子を産ませ、自分の遺伝子を多く残そうとする習性を持っている」「男は一人の女性とつきあって性感自体深まることはない。ところが、女性は逆で、肉体の記憶を強く身体にとどめておく」と、性愛における男女差を主張する（渡辺 一九九八）。フルティによれば、女性の浮気は生物学的な適応の手段であるとし、雌の猿が、生殖に結びつかない多数の雄と交尾を行っている事実に注目し、そこに、①生まれてくる赤ん坊を殺そうとするかもしれないのでできるだけ数多くの雄と関係を持つ、②父を曖昧にすることで雄全てに父親として振る舞わせる、などの目的を想定したが（フィッシャー 一九九三）、実際に、一夫一婦は、哺乳類動物では僅か三％にしかすぎず、それは雄の遺伝子にとってはきわめて不利であることから、自然に選択された結果と考えられる。さらに、離婚のピークは四年目で、それは子供一人を育てる最小期間でもあるという興味深い仮説もある（同前）。

現在の、男性、女性の「脳の構造」や「脳内物質」の研究によると、男性は、視束前野の神経核が大きく、快感の記憶が強くすぐに性行為をしたくなるのに対し、女性は、男性に比べ性欲を促す男性ホルモンであるテストステロンが三〇分の一しかなく、大脳皮質でセックスの理由を考え、納得しないとなかなか性行為に及ばないという。ところが、性急な男性は射精してしまうと一気に性欲がさめてしまうが（これもテストステロンが原因）、女性は、好きな相手と一緒にいて、抱かれ続け、ともかく長くその快楽を楽しみたいという性向を示すといい（米山 二〇〇三）、先の渡辺淳一の指摘を想起させる。また、特に、女性が、身長が高く（強い肉体

―最近は後退）、高学歴（高い知性）、高収入の男性を結婚相手に選ぶのは、それらが、自分および子供を将来にわたって守ってくれるかどうかの指標と考えられているからなのだともいう。

また、男性は見ただけ、想像しただけという観念的要素で性的興奮を呼び起こされるのに対し、女性は、視覚での刺激ではびくともせず、皮膚や粘膜の接触刺激で性的興奮を喚起されるともいう（近藤・大島 一九八二）。さらに、医師で作家の藤田徳人によれば、人は自分に似た異性に好意を持ちやすく、特に一目惚れには、両親の面影や教育、遺伝子の影響があるという。日本男性は世界的にみても惚れやすい性格で（一目惚れ経験六八％）、中国、メキシコに次いでイタリアと共に第三位（因みに最下位は米国の二七％。日本女性の一目惚れ経験は世界の平均以下で、結婚や出産、子育てという現実問題がその大きな理由）という調査結果がある。また、大島清は「真の恋愛感情が成立し結婚に至るには、魅力、愛着、エクスタシーの三要素が欠かせない」とし、愛着とは「現実的な存在として相手を感じること」だと指摘する。さらに、男性は別れた相手と似た人を求める傾向にあるが、女性は別れた相手と類似した男性を避けようとする傾向にあるという（『朝日新聞』二〇〇六年二月十二日）。執着心が強いのは男性で、先に見た傷害殺人事件でも、元密夫によるものが多かった事実と重なる。

現在の非対称な男女の性愛は、今述べたように、男女の脳の構造、ホルモンなどの生物学的生得的な性向の違いも一要因だが、今まで見てきたような歴史的社会的に形成され、そして現在の経済的な意味での男女間に存在するあまりにも大きな格差に大きな原因がある（西尾 二〇〇三）。

杉田聡が言うように、セクシュアリティにおける女性解放にとって大事なことは、単に快楽の平等を求めるのではなく、まず何より強姦をはじめとする女性に対する性的暴力をなくすること、女性の欲しない性行為の強要をなくすることが重要である（杉田 二〇〇三）。そのためには、男性が女性を人格と切り離された性欲発散のためのモノ（手段）として見るのではなく、「性（身体）＝人格（愛）」原則に基づき、人間としての尊厳を持つ者として最大限の尊重をすることが何より必要だろう。そして、そうした意味では、今まで触れてきた近世の性愛のあり方、とりわけ性器信仰や真言立川流、不二道の思想的な根幹をなした陰陽和合の精神をいかに現代の社会に取り戻すかが今後の大きな課題とされるべきである。

最後に、二宮尊徳の次の見解を記し、本論の一応の結論としておく。

いまだ人うまれざるときは、すなはち男女なし。人うまれて自然に男女を発す。男女あれば必ず和合を発す。これなほ陰陽異にして一なるがごとし。男女もまたかくのごとく合にして一なり。（『三才報徳金主録』）

引用参考史料・文献一覧

〔史料編〕

あ行

1『会津藩家世実紀』（吉川弘文館　一九七五～一九八九年）＊
2『愛法用心集』巻下（守山聖真『立川歌放とその社会的背景の研究』附扁　鹿野苑　一九六五年）
3『安達清風日記』（東京大学出版会　一九六九年）＊
4『蜑の焼藻の記』（『日本随筆大成』Ⅱ　2、吉川弘文館、一九九五年）
5『安永比考録』（石井良助編『徳川禁令考　後集第三』創文社、一九六〇年）
6『池田家履歴略記』（吉田徳太郎編　日本文教出版　一九六三年）＊
7『以上并武家御扶持人例書』（『近世法制史料集』第三巻、創文社、一九七七年）＊
8『一話一言』（『大田南畝全集』第一五巻　岩波書店　一九八七年）＊
9『因府年表』（『鳥取県史7　近世資料』鳥取県　一九七六年）＊
10『浮世の有様』（『日本庶民生活史料』第十一巻　三一書房　一九七〇年）＊
11『雲根志』上（日本古典全集刊行会編　一九三〇年）
12『江戸時代犯罪・刑罰事例集』（原胤昭）（柏書房、一九八二年）
13『艶道通鑑』（増穂残口）（『日本思想大系』60　岩波書店　一九七六年）
14『大泉紀年』（『鶴岡市史　史料扁　荘内史料集5』鶴岡市史編纂会　一九七九年）
15『鸚鵡籠中記』（朝日重章）（『名古屋叢書続篇』9～12　名古屋市教育委員会　一九六五～六九年）＊
16『翁草』（神沢杜口）（『日本随筆大成』Ⅲ　吉川弘文館　一九七八年）＊
17『御仕置裁許帳』（『近世法制史料叢書　第一』創文社　一九五九年）＊
18『御仕置例類集』（司法省調査部編　名著出版　一九七一年～）＊

19『お染久松色読販』(『江戸語大辞典』講談社　一九七四年)
20『御目付立合申渡』(『近世法制史料集　第三巻』平松義郎監修・京都大学日本法史研究会編　創文社　一九七七年)＊

か行

21『街談文々集要』(石塚豊芥子編)(『近世庶民生活史料』三一書房　一九九三年)＊
22『加賀藩史料』(侯爵前田家編輯部　一九二九〜四三年)＊
23『長興宿禰記』(『大日本史料』第八編ノ十一　東京大学出版会　一九八五年)
24『甲子夜話　続篇』(松浦静山)(平凡社東洋文庫　一九七九〜八一年)
25『犯姦集録』(尾佐竹　猛　三崎書房　一九七二年)
26『軽口福おかし』(『川柳末摘花輪講』三篇　太平書屋　一九九七年)
27『官府御沙汰略記』第四〜五巻(小野直方編　文献出版　一九九三年)＊
28『看聞日記』(『続群書類従』続群書類従完成会)
29『喜美談語』(『川柳末摘花輪講』三篇　太平書屋　一九九七年)
30『享保通鑑』(三田村鳶魚編『未刊随筆百種』第九巻、中央公論社、一九七七年)＊
31『享保日記』(日野正府)(『随筆百花苑』第一五巻　中央公論社　一九八一年)
32『享和雑記』(三田村鳶魚編『未刊随筆百種』第二巻　中央公論社　一九七六年)
33『近世畸人伝・続近世畸人伝』(伴蒿渓)(平凡社東洋文庫　一九七二年)
34『旧事諮問録』(旧東京帝国大学史談会編　青蛙房　一九六四年)
35『近世武家思想』(『日本思想大系』27　岩波書店　一九七四年)
36『刑罰書抜』(『岡山県史』第二十四巻　一九八二年)＊
37『刑罰集抜粋』(『古事類苑　法律部三』吉川弘文館、一九七八年)
38『月堂見聞集』(『近世風俗見聞集』第一　国書刊行会　一九七〇)＊
39『源氏物語玉の御櫛』(『日本の思想』15　筑摩書房　一九七三年)
40『元禄御法式』(『近世法制史料叢書　第二』創文社、一九五九年)
41『元禄世間咄風聞集』(岩波文庫　一九九四年)＊

42『公裁録』（『近世農林政史料』第一巻　他人書館　一九六三年）＊
43『巷談贅説』（『近世農林政史料』第四巻　他人書館　一九六三年）
44『国益本論』（宮負貞雄）（『日本思想大系』51　岩波書店　一九七一年）
45『国事総記』上・下（『福井県郷土叢書』第七集　一九六一～六二年）＊
46『古事類苑』法律部二（神宮司庁編　吉川弘文館　一九六九年）＊
47『御當家令條』（『近世法制史料叢書　第二』創文社　一九五九年）
48『御用格（寛政本）』（弘前市教育委員会　一九九一年）＊

さ行

49『在方諸事控』（『鳥取県史9　近世資料』鳥取県　一九七六年）＊
50『在阪漫録』（久須美祐雋）（『随筆百花苑』第十四巻、中央公論社、一九八一年）
51『坐臥記』（『続日本随筆大成』一　吉川弘文館　一九二七年）
52『咲分五人娘』（『江戸時代文芸資料』第三巻　国書刊行会編　一九一六年）。
53『仕置方問答書』（大庭侑編『享保時代の日中関係資料二』関西大学出版部、一九九五年）
54『色道禁秘抄』兔鹿先生（太平書屋珍本双刊2　一九八〇年）
55『色道大鏡』（畠山箕山）（洋々社　一九二八年）
56『時々録』（三田村鳶魚編『未刊随筆百種』第三巻　中央公論社　一九七六年）＊
57『賤のおだまき』（森山孝成）（『日本随筆大成』3・4　吉川弘文館　一九九五年）＊
58『市中取締類集』一（『大日本近世史料（六）』1・2　東大出版会　一九五九～六〇年）
59『司法省日誌』第四巻～第七巻（日本史籍協会編　東大出版会　一九八三～八四年）
60『沙石集』（『日本古典文学大系』85　岩波書店　一九六六年）
61『赦律』（石井良助編『徳川禁令考　別巻』創文社　一九六一年）
62『拾遺雑話』（『福井県郷土叢書』第一集　一九五四年）＊
63『集義外書　巻十』（熊沢蕃山）（名著出版　一九七八年）
64『諸御触記』（『古河市史資料近世編（藩政）』古川市　一九七九年）

65『春記』（藤原資房）（『増補史料大成』臨川書店　一九六五年）
66『諸例撰要　六』（『日本財政経済史料』第九巻下　芸林舎　一九七二年）
67『諸例撰要諸家秘聞集』（工藤祐董編、創文社、一九九九年）＊
68『諸例類纂　六』（『古事類苑　法律部二』吉川弘文館、一九七八年）
69『新猿楽記』（藤原明衡）（『古代政治社会思想（日本思想大系8）』岩波書店、一九七九年）
70『信州塩尻赤羽元禄大庄屋日記』（慶友社　一九七四年）＊
71『駿台雑話』（『日本随筆大成』Ⅲ　6　吉川弘文館　一九七七年）
72『政隣記』（日置謙『加賀藩史料』第六巻、清文堂出版、一九八〇年）
73『世間娘気質』（江島其磧）（『新日本古典文学大系78』岩波書店、一九八九年）
74『世事見聞録』（武陽隠士）（『日本庶民生活史料集成』8　三一書房　一九六九年）
75『全国民事慣例類集』（風早八十二解題、日本評論社、一九九九年）。
76『仙台藩刑罰記』（高倉淳編集発行　一九八八年）＊
77『撰要類集第二』（続群書類従完成会　一九六七年）＊
78『即時考』（三田村鳶魚編『鼠璞十種』上巻　中央公論社　一九八一年）＊
79『続片聾記』（『福井県郷土叢書』第二～第四集　一九五五～五七年）＊
80『鼠璞十種』（大谷木忠醇）（国書刊行会、一九一七年）

た行

81『太政類典　第二編』第三四九巻（リール No.82）
82『只野真葛集』（『叢書江戸文庫』30　国書刊行会　一九九四年）
83『田原藩日記』（田原町教育委員会編　一九九三年）＊
84『譚海』（津村宗庵）（『日本庶民生活史料集成』8　三一書房　一九六九年）＊
85『地方公裁録』（『徳川禁令考　後集第三』（創文社、一九六〇年）
86『中世政治社会思想』上（『日本思想大系』21　岩波書店　一九七二年）
87『中典類聚』（『米沢市史　資料二』米沢市　一九八三年）＊

88『中陵漫録』（佐藤成裕）（『日本随筆大成』3　吉川弘文館　一九七六年）
89『町人常の道』（『通俗経済文庫』巻一　日本経済　叢書刊行会　一九一六年』）
90『鳥府厳秘録』（『鳥取県史　近世7　近世史料』鳥取県　一九七六年）＊
91『貞丈家訓』（『日本思想大系』27　岩波書店　一九七四年）
92『摘録鸚鵡籠中記』（朝日重章）（岩波文庫、一九九五年）
93『天保雑記』（『内閣文庫所蔵史籍叢刊』33　汲古書院　一九八三年）＊
94『天保十年農家年中行事記』（大内與兵衛）（『日本農業全集』第25巻　農山漁村文化協会　一九八〇年）
95『天保撰要類集』（続群書類従完成会　一九七九年）
96『天明記聞』（三田村鳶魚編『未刊随筆百種　第二巻』中央公論社、一九七六）＊
97『東湖随筆　上』（『古事類苑　法律部二』吉川弘文館　一九七八年）
98『東遊記』（橘南谿）（改造文庫　一九三九年）
99『東遊雑記』（古河小松軒）（東洋文庫　平凡社　一九六四年）
100『徳川禁令考』後集一〜四（石井良助編　創文社　一九六〇年）＊
101『徳川刑事裁判例集』上（司法省調査課編　橘書院　一九八六年）＊
102『徳川時代裁判事例　続刑事之部』（司法省調査部編　一九四二年）＊

な行
103『長野日記』（秀村選三編『近世福岡博多史料』第一集、西日本文化協会、一九八一年）
104『長興宿禰記』（『大日本史料』第八編ノ十一、東京大学史料編纂所編、東京大学出版会、一九八五年）。
105『南留別志』（荻生徂徠）（『日本随筆大成』Ⅱ　吉川弘文館　一九九五年）
106『南梁年録』（『茨城県史料幕末編』Ⅱ　茨城県　一九九一年）＊
107『寧府記事』（『川路聖謨文書』第二巻〜第五巻　東大出版会　一九三三〜三三年）＊

は行
108『葉隠聞書』（山本常朝）（『日本思想大系』26　岩波書店　一九七四年）＊
109『八丈實記』（近藤富蔵）（『日本庶民生活史料集成』1　三一書房　一九六八年）

110『八水随筆』(『日本随筆大成』第三巻　吉川弘文館　一九二七年)
111『鳩ヶ谷御師匠様御済渡』(小谷三志)(岡田博編『不二道孝心讃詠歌和讃集』鳩ヶ谷市教育委員会　一九七六年)
112『原宿植松家日記・見聞雑記』(『沼津市史叢書』3　沼津市教育委員会　一九九五年)
113『半日閑話』(大田南畝)(『日本随筆大成』第4巻　吉川弘文館　一九二七年)＊
114『藩法集』Ⅰ(岡山藩)(藩法研究会編　創文社　一九五九年)
115『藩法史料集成』(京都大学日本史研究会編　創文社　一九八〇年)
116『藩法史料叢書3　仙台藩(上)』(藩法史料叢書刊会編　創文社　二〇〇二年)
117『尾藩世紀上』(『名古屋叢書　三編二』名古屋市教育委員会編集発行　一九八七年)
118『校注・姫路藩の大庄屋日記』(穂積勝次郎編発行　一九六六年)＊
119『微味幽玄考』(『日本思想大系』52　岩波書店　一九七三年)
120『百箇條調書』第八巻(布施弥平治編　新生社　一九六七年)＊
121『風俗　性』解説(『日本近代思想大系』23　岩波書店　一九九〇年)
122『福岡藩　寛文延宝期御用帳』(九州文化史研究所史料集刊行会編　一九九八年)＊
123『藤岡屋日記』(『近世庶民生活史料』第一巻～第十五巻　三一書房　一九八七～九五年)＊
124『不尽言他』(『新日本古典文学大系』99　岩波書店　二〇〇〇年)
125『扶桑略記』(『改定史籍集覧　第一冊』臨川書店　一九八三年)
126『筆のすさび』(菅茶山)(『日本随筆大成』Ⅰ　吉川弘文館　一九二七年)
127『武道伝来記』(『新日本古典文学大系』77　岩波書店　一九八九年)
128『匏庵遺稿　一』(続日本史籍協会叢書　東京大学出版会、一九七五年)＊
129『(影印本)北越雪譜』(鈴木牧之)(名著刊行会　一九七八年)
130『牧民金鑑　上』(荒井顕道編　刀江書院　一九六九年)
131『本朝世紀』(藤原通憲)(『新訂増補国史大系』第九巻、吉川弘文館　一九六四年)

ま行

132『窓のすさみ』(松崎堯臣)(三浦理編　友朋堂書店　一九一五年)＊

133『見た京物語』（木村卯雲）（『日本随筆大成』Ⅲ　吉川弘文館　一九九五年）
134『道行きぶり』（『新編日本古典文学全集』48　小学館　一九九四年）
135『耳嚢』（根岸鎮衛）（岩波文庫　一九九一年）＊
136『民事慣例類集』（手塚豊・利光三津雄編　一九六九年）
137『明月記』（国書刊行会　一九一一年）
138『聞伝叢書』巻十〜巻十一（『日本経済大典』25　明治文献　一九六一年）

や・ら行

139『よしの冊子』（水野為長）（『随筆百花苑』8・9　中央公論社　一九八〇・八一年）＊
140『養生弁』（『日本衛生文庫』第三輯　教育研究新潮会　一九一八年）
141『楽寿筆叢』（河村秀頴）（『名古屋叢書　三篇』第十一巻　名古屋市教育委員会　一九八五年）＊
142『律令要略』（石井良助編『近世法制史料叢書　第二』創文社　一九五九年）
143『淩新秘策』（日置謙編『加賀藩史料』第六編　清文堂書店　一九八〇年）

県・市史

144『岐阜県史　史料編　近世6』（大衆書房　一九七二年）
145『栃木県史　史料編　近世4』（栃木県史編纂委員会編　一九七五年）
146『新潟県史　資料編9　近世四　佐渡編』（新潟県、一九八一年）
147『福井県史　資料編8　中・近世六』（福井県、一九八八年）
148『枚方市史』第三巻（枚方市史編纂委員会編　一九七七年）
149『福岡県史　近世史料篇』（西日本文化協会編、福岡県、一九九〇年）
150『古河市史　資料近世編』（古河市史編纂委員会編　一九八二年）
151『南足柄市史2　資料編　近世1』（南足柄市編集発行　一九八八年）
152『改訂・大和高田市史　史料篇』（大和高田市編纂委員会編　一九八二年）

その他

153『日本財政経済史料』（芸林舎　一九七二年）

154『日本産育習俗資料集成』（第一法規　一九七五年）
155『日本庶民生活史料集成』（三一書房　一九六八～八四年）
156『中世法制史料集』（鎌倉幕府法）（岩波書店　一九六九年）
157『随筆辞典・風土民俗編』（東京堂　一九六〇年）
158『日本経済大典』二五（明治文献　一九六一年）
159『日本女性史大辞典』（吉川弘文館　二〇〇八年）
160『日本を知る事典』（社会思想社　一九九四年）
161『民俗学辞典』（東京堂出版　一九五一年）
162『明治ニュース事典』（明治ニュース事典編纂委員会編　毎日新聞社　一九八三年）
163『国史大辞典』（吉川弘文館一九七九～九三年）

〔文献編〕

あ行

アイベスフェルト・A　一九七四年『愛と憎しみ2』（日高・久保訳、みすず書房）
饗庭斜丘　一九三二年「詫証文と油断金」（『郷土研究』七ノ五、郷土研究社）
青柳まち子　一九九五年「女をめぐる明と暗の民俗」（『日本民俗文化大系10　家と女性』小学館）
赤松啓介　二〇〇〇年『非常民の民俗学』（『赤松啓介民俗学選集』第四巻　明石書店）
二〇〇四年『夜這いの民俗学・夜這いの性愛論』（ちくま学芸文庫）
二〇〇七年『非常民の民俗境界』（明石書店）
二〇〇四年『大江戸浮世事情』（ちくま文庫）
秋山忠彌
安達清風　一九六九年『安達清風日記』（東京大学出版会）
天野　武　一九六三年「能登の恋愛習俗」（『日本民俗学会報』29号）
一九六六年「私生児の民俗」（『日本民俗学会報』45号）

網野善彦　一九七八年『増補　無縁・公界・楽』（平凡社）
一九八六年『異形の王権』（平凡社）
一九九四年『中世の非人と遊女』（明石書店）
安野真幸　一九八七年『下人論』（日本エディタースクール出版部）
家永三郎　一九六七年a「増穂残口の思想」（同『日本近代思想史研究（増訂版）』岩波書店、初出一九五三年）
一九六七年b「安藤昌益の思想」（同『日本近代思想史研究（増訂版）』岩波書店、初出一九五三年）
池田弥三郎　一九五九年「芸能に現れた性風俗」（『講座日本風俗史』別巻三、雄山閣出版）
一九七四年『おとこ・おんなの民俗誌』（講談社文庫）
池田作二郎　一九八〇年〈復刻〉「一村の下女若ひ衆の共有物」（『東京人類学報告』I-4、第一書房）
石井　進　一九七四年「中世武士団」（『日本の歴史12』小学館）
石井進ほか　一九八一年『中世の風景』（下）（中公新書）
石井良助　一九四二年「中世の婚姻法」（『法学協会雑誌』60巻12号）
一九四二年「古法制雑考　十二」（『国家学会雑誌』55巻7号）
一九七一年『人殺・密通その他』（自治日録社出版局）
一九七六年『日本法制史概説（改版）』（創文社）（初出一九四八年）
一九七九年『江戸時代漫筆上下』（朝日新聞社）
伊東多三郎編　一九六二年『国民生活史研究5』（吉川弘文館）
伊奈森太郎編　一九三七年『愛知県現存若い者文献集』（愛知県教育会）
井上和夫　一九六〇年「婚姻と恋愛の前近代（二、三）」（『中央評論』68、69号）
一九六五年『諸藩の刑罰』（人物往来社）
井上章一　一九九五年『美人の時代』（文春文庫）
井上章一編　二〇〇八年『性欲の文化史2』（講談社）
岩本　裕　一九六四年『仏教入門』（中公新書）
上野千鶴子　一九九八年『発情装置』（筑摩書房）

氏家幹人　一九九五年『武士道とエロス』（講談社新書）
一九九六年『不義密通 禁じられた恋の江戸』（講談社）
一九九六年『元禄養老夜話』（新人物往来社）
一九九六年「恋の制裁─妻敵討をめぐって─」（『新しい世界史』Ⅰ　新人物往来社）
一九九八年『江戸の性風俗』（講談社現代新書）
二〇〇七年『かたき討ち』（中公新書）
牛尾三千夫　一九八六年「田植歌のバレ唄」（同『大田植の習俗と田植歌』名著出版）
江守五夫　一九八四年「伝統的な婚姻制度」（『日本民俗文化大系8』小学館）
大島　清　一九八七年『ヒトはなぜヒトを愛するのか』（ＰＨＰ研究所）
大島建彦　一九七一年「道祖神」執筆分（『日本を知る事典』社会思想社）
太田三郎　一九八六年『性崇拝』（黎明書房）
大竹秀男・牧　英正　一九七五年『日本法制史』（青林双書）
落合恵子　一九八五年『ザ・レイプ』（講談社文庫）
大原健士郎　一九七三年『心中考』（太陽出版）
大藤ゆき　一九八五年「女をめぐる明と暗の民俗」（『日本民俗文化大系10　家と女性』小学館）
小倉千加子　一九九五年『セックス解体神話』（ちくま文庫）。
尾崎知光編　一九八〇年『和訓栞』（勉誠社）
長田かな子　二〇〇一年『相模野に生きた女たち』（有隣新書）
小田　晋　一九八〇年『狂気・信仰・犯罪』（弘文堂）
一九九〇年『性と犯罪の心理』（芸文社）
折口信夫　一九五四年「古代生活に見えた恋愛」（『折口信夫全集』第一巻、中央公論社）
一九七五年『国文学の発生』（筑摩書房）
一九七六年「仇討ちのふおくろあ」（中公文庫）

か行

河合隼雄　一九八二年『昔話と日本人の心』（岩波書店）
笠谷和比古　二〇〇一年『武士道　その名誉と掟』（教育出版）
笠松宏至　一九八三年「お前の母さん……」（『中世の罪と罰』東京大学出版会）
一九八四年ａ「折中の法」（同『法と言葉の中世史』平凡社）
一九八四年ｂ「式目はやさしいか」（同『法と言葉の中世史』平凡社）
勝俣鎮夫　一九七六年「戦国法」（『岩波講座8　中世4』岩波書店）
一九七九年『戦国法成立史論』（東京大学出版会）
加藤周一　二〇〇四年『恋愛結婚は何をもたらしたか』（ちくま新書）
鎌田　浩　一九七七年「熊本藩における刑政の展開」（服藤他編『法と権力の史的考察』創文社）
川西政明　二〇〇三年『文士と姦通』（集英社新書）
川村邦光　二〇〇四年『聖家族の誕生』（ちくま学芸文庫）
鬼頭宏至　一九八三年『日本二千年の人口史』（ＰＨＰ新書）
邱　海濤　二〇〇〇年『中国五千年性の文化史』（集英社）
倉地克直　一九九〇年「生活思想における性意識」（『日本女性生活史　第3巻近世』東京大学出版会）
一九九五年「性の文化」（『岩波講座日本通史』第14巻　岩波書店）
桑原隲蔵　一九八八年『東洋文明史論』（東洋文庫、平凡社）
神坂次郎　一九八四年『元禄御畳奉行の日記』（中公新書）
小谷三志　一九七六年「鳩ヶ谷御師匠様御済渡」（『不二道孝心讃詠歌和讃集』鳩ヶ谷市教育委員会）
小西聖子　一九九六年『犯罪被害者の心の傷』（白水社）
近藤四郎・大島清　一九八二年『人間の生と性』（岩波書店）
近藤富江　一九八〇年「女性の恋愛と結婚」（『別冊歴史読本　明治・大正を生きた15人の女たち』新人物往来社）
近藤信博　一九七八年『稲荷信仰』（橘書房）

さ行

堺　利彦　一九七二年「婦人問題」（『近代婦人問題名著選集』第二巻、日本図書センター（初出一九〇七年）

作田　明　二〇〇六年『性犯罪の心理』（河出書房新社）
笹本正治　一九九一年『辻の世界』（名著出版）
佐藤菊三　一九二五年「摂津西成郡三番村の樽入」（『風俗画報』二七八号）
佐藤紅霞　一九三四年『民俗随筆 貞操帯秘聞』（丸之内出版社）
桜井由幾　一九九三年「間引きと堕胎」（『日本の近世15　女性の近世』中央公論社）。
沢山美果子　二〇〇五年『性と生殖の近世』（勁草書房）
塩野七生　一九八九年『男たちへ』（文藝春秋）
島田　尚　一九七六年「性の民俗」（茨城民俗学会編『茨城の民俗』15号）
清水克行　二〇〇四年『室町社会の騒擾と秩序』（吉川弘文館）
　　二〇〇五年『喧嘩両成敗の誕生』（講談社）
菅野則子「幕藩権力と女性―『官刻孝義録』の分析から―」（近世女性史研究会編『論集近世女性史』吉川弘文館、一九八六年）
杉島敬志「精液の容器としての男性身体―精液をめぐるニューギニアの民俗的知識―」（『文化人類学』4号、一九八七年）
杉田　聡　二〇〇三年『レイプの政治学 レイプ神話と「性＝人格原則」』（明石書店）
杉本鉞子　一九九四年『武士の娘』（大岩美代訳、ちくま文庫（初出一九六七年）
瀬川清子　一九七二年『若者と娘をめぐる民俗』（未来社）
　　一九九一年『婚姻覚書』（クレス出版）
関　民子　一九九六年『恋愛かわら版』（はまの出版）
関口裕子他　一九九八年『家族と結婚の歴史』（森話社）
総合女性史研究会編　一九九二年『日本女性の歴史 性・愛・家族』（角川書店）
曽根ひろみ　一九九〇年「売女考」（『日本女性生活史』3、東京大学出版会）
　　二〇〇三年『娼婦と近世社会』（吉川弘文館）

た行

高尾一彦　一九九一年『近世の庶民文化』（岩波書店）

高塩　博　一九六八年「熊本藩『刑法草書』の成立過程」(三)(『国学院大学日本文化研究所紀要』67)
高群逸枝　一九六三年『日本婚姻史』(至文堂)
高柳真三　一九八八年『江戸時代の罪と刑罰抄説』(有斐閣)(初出一九四〇年)
竹内利美　一九三八年「村の制裁」(竹内他『南伊那農村誌』伊奈郷土文庫、山村書院)
竹内不死鳥　一九一九年「各地の奇風習について　上」(『郷土趣味』第12号　郷土趣味社)
橘　征一　一九二九年「妊娠・出産・育児に関する俗信」(『民俗学』一巻五号)
田中香涯　一九二六年『江戸時代の男女関係』(黎明社)
田中貴子　二〇〇四年『性愛の日本中世』(ちくま学芸文庫)
田中緑江　一九二六年「阿波の話」(『郷土趣味』46号　郷土趣味社)
谷口眞子　二〇〇五年『近世社会と法規範』(吉川弘文館)
田端泰子　一九八七年『日本中世の女性』(吉川弘文館)
丹野　顕　二〇〇三年『江戸の色ごと仕置帳』(集英社新書)
千葉徳爾　一九七五年『狩猟伝承』(法政大学出版局)
　　　　　二〇〇三年『週刊朝日百科63　仇討・殉死・心中』(朝日新聞社)
千葉徳爾・大津忠夫　一九八三年『間引きと水子』(農山漁村文化協会)
辻垣晃一　二〇〇一年「鎌倉時代における密懐」(『中世公武権力の構造と展開』吉川弘文館)
　　　　　二〇〇八年「婚姻・婚姻形態」(『日本女性史大辞典』吉川弘文館)
辻本裕成　一九九七年「密通と権力関係—ノート—」(『国文学研究資料館紀要』23号)
津田左右吉　一九五二年『文学に現はれたる国民思想の研究』三(岩波書店)
坪井洋文　一九七六年「家の祭祀的構造　上」(『国学院大学日本文化研究所紀要』37号)
戸田芳美　一九七一年「中世の封建領主制」(『岩波講座　日本歴史　中世2』岩波書店)
戸田芳美　一九七五年「律令制からの解放」(『日本民衆の歴史2』三省堂)

な行

永井義男　二〇一〇年『江戸の密通—性をめぐる罪と罰—』(学研新書)

中田　薫　一九七〇年「徳川時代の親族法相続法雑考」（同『法制史論集　第一巻』岩波書店）
中村　元　一九六二年「日本人の思惟方法」（『中村元選集』第三巻 春秋社）
中山太郎　一九二七年『改訂増補　売笑三千年史』（春陽堂）
一九二八年『日本婚姻史』（春陽堂）
一九三〇年a『日本巫女史』（春陽堂）
一九三〇年b『日本若者史』（春陽堂）
長野甞一　一九六九年「評釈 艶笑説話（古代・中世）」（『国文学　解釈と教材の研究』14、学燈社）
長野ひろ子　一九八二年「幕藩法と女性」（『日本女性史』第三巻　東京大学出版会）
波平恵美子　一九九五年「民俗としての性」（『日本民俗文化大系』10　小学館）
仁井田陞　一九九一年『増補中国法制史研究　刑法』（東京大学出版会）
西尾和美　二〇〇八年「妻敵討ち」（『日本女性史大辞典』吉川弘文館）
二階堂招久　一九二七年『初夜権』（無名出版社）
西尾和美　二〇〇三年「ジェンダー化される性愛―『今昔物語集』の分析を中心に―」（『松山東雲女子大学人文学部紀要』11号）
西岡秀雄　一九六一年『図説性の神々』（実業之日本社）
西岡まき子　一九九三年『江戸の女ばなし』（河出書房新社）
西角井正慶　一九六九年「祭りと性」（日本青年館事業部編『民俗芸能』36号）
西山松之助　一九八五年「忠孝の暴力」（『西山松之助著作集』第五巻 吉川弘文館）
野村育代　一九九一年「辻捕の風景」（『民衆史研究会会報』No.31）

は行

橋本峰雄　一九七六年『性の神』（淡交社）
羽下徳彦　一九七七年「故戦防戦をめぐって―中世的法秩序に関する一素描―」（『論集中世の窓』吉川弘文館）
原田伴彦　一九八一年「江戸人のみた京都」（『原田伴彦著作集5　近世社会史』思文閣出版）
一九八一年「近世社会の倫理と生活」（『原田伴彦著作集2　日本女性史』思文閣出版）

パンゲ・M　一九八七年『自死の日本史』（竹内信夫訳、筑摩書房）
平松義郎　一九六〇年『近世刑事訴訟法の研究』（創文社）
一九八〇年or一九八八年『江戸の罪と罰』（平凡社）
平岩弓枝　一九八七年『密通』（角川文庫）
平山和彦　一九九六年「性民俗をめぐる諸問題―いわゆる初夜権の慣習を中心に―」（『歴史人類学』24号）
フィッシャー　一九九三年『愛はなぜ終わるのか』（吉田利子訳、草思社）
深井甚三　一九九四年「近世在町の私生児と男女関係―加賀藩一在町を対象に―」（『日本史研究』三八五号）
服藤早苗　一九九五年『平安朝の女と男』（中公新書）
服藤弘司　一九八三年「刑事法と民事法」（『幕藩体制国家と法と権力』Ⅳ、創文社）
一九六六年「公事場御刑法之品々―加賀藩法制資料（一）―」（『金沢法学』12ノ1・2合併号）
藤木久志　一九八七年「身代わり・わびごとの作法」（同『戦国の作法 村の紛争解決』平凡社）
藤澤衛彦　二〇〇二年「私刑」（『明治大学刑事博物館資料　第十六集　上巻　研究扁』）
藤林貞夫　一九九五年『性風土記』（岩崎美術社）
藤巻一保　一九九九年『真言立川流』（学習研究社）
フレイザー　一九三九年『サイクス・タスク』（永橋卓介訳、岩波文庫）
ヘーベリッヒ・M　一九七一年『ドイツ法制史概説　改訂版』（世良晃四郎訳、創文社）
星野志津子　一九九〇年「中世前期における密懐法の再検討―「今昔物語」を中心として―」（『総合女性史研究』7号）
保立道久　一九九九年『中世の女の一生』（洋泉社）
穂積陳重　一九八二年『復讐と法律』（岩波文庫）（初出一九三一年）
堀江珠喜　二〇〇五年『「人妻」の研究』（ちくま新書）

ま行

前田正治　一九五〇年『日本近世村法の研究』（有斐閣）
牧　健二　一九三〇年「七両二分不義の詫証文―法律俚諺の一例―」（『法律春秋』5巻11号）
マックウェラー・G　一九七六年『レイプ〈強姦〉異常社会の研究』（権寧訳、現代史出版会）

三田村鳶魚　一九七六年『自由恋愛の復活』（『三田村鳶魚全集』第十二巻、中央公論社）（初出一九二四年）
一九九六年『江戸の女』（鳶魚江戸文庫2、中公文庫）（初出一九三四）
南方熊楠　一九七一〜一九七二年『南方熊楠全集』5・7（平凡社）
宮尾しげお　一九六九年「民俗芸能と性信仰」（日本青年館事業部編『民俗芸能』36号、邦楽と舞踊）
三宅敏之　一九七九年「稲荷詣」（『国史大事典』第一巻 吉川弘文館）
宮崎ふみ子　一九七六年「『ふりかわり』と『みろくの御世』」（『季刊現代宗教』1ノ5）
宮下美智子　一九八二年「農村における家族と婚姻」（女性史総合研究会編『日本女性史 第三巻 近世』東京大学出版会）
宮田　登　一九七七年『民俗宗教論の課題』（未来社）
一九八二年「女性と民間宗教」（『日本女性史 第三巻 近世』東京大学出版会）
二〇〇六年『女の民俗学』（『宮田登日本を語る』11 吉川弘文館）
宮武外骨　一九二三年『私刑類纂』（半狂堂）
宮本常一　一九八四年『忘れられた日本人』（岩波文庫）
宮本常一他編　一九六〇年『日本残酷物語』3（平凡社）
ムチンカー・C　一九八七年『ドイツ宣教師の見た明治社会』（新人物往来社）
女鹿淳子　一九九一年「岡山藩の不義密通について」（『岡山地方史研究』65号）
一九九五年『犯科帳のなかの女たち—岡山藩の記録から—』（平凡社）
森　銑三　一九九三年『森銑三著作集 続篇』第七巻（中央公論社）
森栗茂一　二〇〇八年「よばい・なじみ」（『日本女性史大辞典』吉川弘文館）
モリス・D　一九六九年『裸のサル』（日高敏隆訳、河出書房新社）
パンゲ・M　一九八七年『自死の日本史』（筑摩書房）
守山聖真　一九六五年『立川邪教とその社会的背景の研究』（鹿野苑）
杜山居士　一九二九年「雑録 豊永薬師と大杉」（『土佐史談』27号）

や・わ行

安野真幸　一九八七年『下人論』（日本エディタースクール出版部）

柳田国男　一九六九年「大白神考」（『定本柳田国男集』第十二巻　筑摩書房）
柳谷慶子　二〇〇八年「婚姻・婚姻形態」（『日本女性史大辞典』吉川弘文館）
藪田　貫　一九九〇年「近世女性のライフサイクル」（『日本女性生活史』第三巻　東京大学出版会）
山田雄造　一九九五年「不義密通の事例にみる近世の女たち」（『福井県史資料』第5号）
山中　至　一九八〇年・八一年「幕藩体制における密通仕置の研究—夫の私的制裁権と公刑罰権—　一・二」（『九大法学』40・43号）
山中永之佑　一九六一年「密通の仕置と内済—江戸時代における婚姻規制の一側面—」（『阪大法学』38号）
山本博文　二〇〇三年『武士と世間』（中公新書）
横山旭三郎　一九八〇年『新潟県の道祖神』（野島出版）
吉田敦彦　一九七六年『小さ子とハイヌウェレ 比較神話学の試み2』（みすず書房）
吉田タカ子　二〇〇一年『子どもと性被害』（集英社新書）
吉野裕子　一九七二年『祭りの原理』（慶友社）
米山公啓　二〇〇三年『男が学ぶ「女脳」の医学』（ちくま新書）
和歌森太郎　一九五九年「宗教に現れた性風俗」（『講座日本風俗史』別巻一、雄山閣出版）
和歌森太郎編　一九七四年『宇和地帯の民俗』（吉川弘文館）
脇田　修　一九八二年「幕藩体制と女性」（『日本女性史』第三巻、東京大学出版会）
渡瀬荘三郎　一八八六年「新婦仮に若者に婚す」（『人類学雑誌』一―四）
渡辺淳一　一九九八年『男というもの』（中央公論社）
渡辺信一郎　一九九六年『江戸の女たちの湯浴み』（新潮選書）
　二〇〇一年『江戸の知られざる風俗』（ちくま新書）
　二〇〇二年『江戸のおトイレ』（新潮選書）

あとがき

拙著を書く際に使用した史資料をいかに収集、整理してきたか、舞台裏を明らかにするようで少々気が引けるがこの頁を利用し少し紹介してみよう。

まず、それは大学時代以来、購入・所持してきた（借金までして買い集めた）書籍の売却から始まった。

それでも不足の場合は、図書館を最大限、活用する。県立図書館に必要史資料がない場合は、東北管内の図書館との「相互貸借」を利用すると、最大二〇冊くらいの書籍を借りることができる。ただし、「相互貸借」の場合の借り出しや返却は、実際に県立図書館まで出かけねばならない。また、必要論文のコピーには、県立図書館のレファレンスサービスを用いる。県立図書館になければ、国立国会図書館でコピーする。

史資料の整理は、まずは必要箇所の読み込みながら必要箇所に付箋を貼り、その綱文を記入してゆく。それから、近くのコンビニで（白い目で見られながら）次々とコピーし、史料集ごとに綴じ込み、冒頭に史料名、著者（編者・校注者）名、出版社名、刊行年をそれぞれ記入するとともに、ある程度まとまった段階で一覧表にし、さらに五十音順に並べておく。そして、史資料の種類に応じてカードかルーズリーフに書き込む。カードには年代、性犯罪の種類、意訳（微妙なところは原文のまま）、史料名、頁などを記入する。ここまで史資料を整理しておけば、実際の執筆は驚くほどはかどる。

本書をなすにあたって、膨大な史資料（図書）の相互貸借、複写、レファレンスを着実にしてくださった青森県立図書館参考郷土のスタッフの皆さん、オンラインサービスでの図書の貸出しを熱心にしてくださった黒石市図書室の皆さんに、心より感謝したい。

当初の予想通り、本書はあまりにもささやかな成果しか上げることができず、屋上屋を重ねる結果となってしまったが、残された多くの課題に対して今後とも着実に研究を進めてゆきたいと思う。

最後に、拙著の刊行に際しては、弘前大学・国立歴史民俗博物館名誉教授（故）虎尾俊哉氏、法政大学教授小口雅史氏、同成社の山脇洋亮氏のご尽力がなければ不可能であった。この場を借りて厚く謝意を表したい。

また、この拙著を、亡くなった両親と、病気がちな私をたえず励ましてくれた妻に捧げたいと思う。

平成二十四年三月

森山豊明

不義密通《ふぎみっつう》と近世《きんせい》の性民俗《せいみんぞく》

■著者略歴■

森山豊明（もりやま・とよあき）

1954年　青森県に生まれる。

1977年　弘前大学教育学部卒業。

　　　　県立高等学校教諭（在職34年）。

主要著書

『語る日本史データーベース』（文芸社 2001）

2012年 5 月10日発行

著　者　森　山　豊　明

発行者　山　脇　洋　亮

組　版　㈱富士デザイン

印　刷　モリモト印刷㈱

製　本　協　栄　製　本　㈱

発行所　東京都千代田区飯田橋4－4－8　㈱同成社

（〒102-0072）東京中央ビル内

TEL　03-3239-1467　振替00140-0-20618

ISBN978-4-88621-602-1 C3321

江戸時代史叢書 既刊書

1	江戸幕府の代官群像	村上　直著	2300円
2	江戸幕府の政治と人物	村上　直著	2300円
3	将軍の鷹狩り	根崎光男著	2500円
4	江戸の火事	黒木　喬著	2500円
5	芭蕉と江戸の町	横浜文孝著	2200円
6	宿場と飯盛女	宇佐美ミサ子著	2500円
7	出羽天領の代官	本間勝喜著	2800円
8	長崎貿易	太田勝也著	3000円
9	幕末農民生活誌	山本光正著	2800円
10	大名の財政	長谷川正次著	3000円
11	幕府の地域支配と代官	和泉清司著	3000円
12	天保改革と印旛沼普請	鏑木行廣著	2800円
13	江戸庶民の信仰と行楽	池上真由美著	2300円
14	大名の暮らしと食	江後迪子著	2600円
15	八王子千人同心	吉岡　孝著	2300円
16	江戸の銭と庶民の暮らし	吉原健一郎著	2200円
17	黒川能と興行	桜井昭男著	2600円
18	江戸の宿場町新宿	安宅峯子著	2300円
19	江戸の土地問題	片倉比佐子著	2300円
20	商品流通と駄賃稼ぎ	増田廣實著	2200円
21	鎖国と国境の成立	武田万里子	2200円
22	被差別部落の生活	斎藤洋一著	2800円
23	生類憐みの世界	根崎光男著	2500円
24	改易と御家再興	岡崎寛徳著	2300円
25	千社札にみる江戸の社会	滝口正哉著	2500円
26	江戸の自然災害	野中和夫編	2800円
27	地方文人の世界	高橋　敏著	2000円
28	徳川幕府領の形成と展開	和泉清司著	3300円
29	川柳旅日記—その一 東海道見付宿まで—	山本光正著	2400円
30	川柳旅日記—その二 —	山本光正著	（未刊）
31	江戸の水道	野中和夫編	3000円

（価格は本体価格）